U0828101

热固高性能环氧沥青阻燃隧道路面应用技术

王永俊　杨立　吴冰　高家贵　李仕宏　著

中国建材工业出版社
北　京

图书在版编目（CIP）数据

热固高性能环氧沥青阻燃隧道路面应用技术/王永俊等著．--北京：中国建材工业出版社，2025.6

ISBN 978-7-5160-3817-8

Ⅰ.①热…　Ⅱ.①王…　Ⅲ.①沥青—环氧复合材料—应用—公路隧道　Ⅳ.①U459.2

中国国家版本馆 CIP 数据核字（2023）第 161087 号

热固高性能环氧沥青阻燃隧道路面应用技术

REGU GAOXINGNENG HUANYANG LIQING ZURAN SUIDAO LUMIAN YINGYONG JISHU

王永俊　杨立　吴冰　高家贵　李仕宏　著

出版发行：中国建材工业出版社

地　　址：北京市西城区白纸坊东街 2 号院 6 号楼

邮　　编：100054

经　　销：全国各地新华书店

印　　刷：北京印刷集团有限责任公司

开　　本：787mm×1092mm　1/16

印　　张：10.75

字　　数：260 千字

版　　次：2025 年 6 月第 1 版

印　　次：2025 年 6 月第 1 次

定　　价：49.80 元

本社网址：www.jskjcbs.com，微信公众号：zgjskjcbs

《热固高性能环氧沥青阻燃隧道路面应用技术》
编　委　会

前　言

随着公路建设向深山峡谷等艰险区域延伸，隧道工程呈现里程长、规模大的发展趋势。然而，隧道路面存在空间狭窄、光线不足、环境封闭等特点，易导致行车疲劳和安全隐患，运营安全风险突出。加之隧道特殊的地理位置，养护作业往往对交通造成较大干扰。为落实“质量强国”“交通强国”战略，亟须通过创新应用新材料、新工艺、智能装备，系统提升隧道路面的安全性能和长效耐久性。

隧道路面结构主要采用水泥混凝土和复合式沥青混凝土两种类型，各具优缺点。沥青混凝土路面在油罐车燃烧等事故中易受化学腐蚀且存在燃烧风险，而水泥混凝土路面虽安全性较好，却存在抗滑性能不足、耐久性差等问题，导致运营事故率较高。这种性能矛盾使隧道路面选型面临严峻挑战。

环氧沥青材料作为一种高性能热固性材料，具有耐化学腐蚀、黏结强度高、抗疲劳性能优异及抗滑耐久等优势，其最长使用寿命可达49年，部分工程案例应用30年后仍保持良好性能。然而，由于其化学改性过程不可逆，且施工窗口期短、温度敏感性高，导致施工条件严苛、管理难度较大。为提升施工可控性，可采用后掺工艺。将参与固化反应的环氧沥青组分分两阶段添加，先在拌和阶段加入A组分，二次拌和后摊铺并立即碾压。该工艺可有效避免混合料在拌和、运输及待料阶段的固化风险，为环氧沥青的规模化工程应用提供技术支撑。

然而，环氧沥青的大规模应用仍面临诸多挑战，包括严苛的施工要求、高昂的造价、复杂的组分体系及较高的技术门槛等，致使其工程推广受到一定限制。

本书依托云南省交通科技项目（云交科教〔2019〕49号）及相关环氧沥青成果，结合多个高速公路项目的应用经验，系统阐述了环氧沥青及基于后掺法工艺环氧沥青混凝土的材料特性、力学、阻燃及抗滑特性。全书共分为七章，主要内容包括绪论、温拌环氧沥青及阻燃剂、环氧沥青后掺法工艺及装备、环氧沥青混合料级配设计、后掺法环氧沥青混合料路用性能及耐久性能、层间黏结性能、隧道路面铺装设计及应用等。

本书总结了作者及相关合作研究者多年的研究成果及应用经验，并突出了其在道路工程中的实际应用价值。书中内容出自课题组科研工作成果、硕士论文，在此对所有课题组成员的付出和努力表示感谢！同时，特别感谢云南省交通运输厅、云南省交通投资建设集团有限公司、昭通市交通运输局、昭通市高速公路投资发展有限责任公司及各合作单位的支持和帮助。

限于编者的学识水平和实践经验，书中难免有疏漏及不妥之处，恳请读者批评指正，以便进一步修改和完善。

编　者

2025 年 5 月

目　录

1 绪　论

交通运输业是国民经济的基础性、先导性、战略性产业和重要的服务性行业，需与整个国民经济的发展水平相协调，并且保持适度的超前。改革开放后，我国交通基础设施建设取得了举世瞩目的成就，截至 2021 年年底，我国已成为世界上公路隧道最多的国家，涌现出陕西秦岭隧道及港珠澳大桥沉管隧道等具有开创性和示范功能的隧道工程。隧道路面存在空间狭窄、内部光线不足、环境封闭等特点，易导致行车疲劳及安全隐患，运营安全风险突出。此外，世界上许多国家的隧道在运营过程中都发生过严重的火灾事故，隧道火灾已成为一个国际性难题。

环氧沥青材料作为一种高性能化学改性材料，具有强度高、刚度大、黏结强度高、疲劳寿命长、抗化学腐蚀、熔化点高、节能环保等优点，再掺加适当的阻燃材料及烟雾剂，是隧道路面一种潜在的理想解决方案。

1.1 公路隧道事故及分析

由于公路隧道逐步向长大化发展以及行车速度的提高和车流量的加大，使得车辆在隧道中行驶时由于相互碰撞、机械故障、货物的自燃等各种原因造成的隧道火灾事故也频繁发生。据国外统计，隧道外的公路火灾发生频率约为 0.071 辆/km，隧道内的火灾发生频率约为 0.33 辆/km。隧道火灾会造成隧道整体结构和隧道内部设施的严重毁坏，导致道路交通中断，并威胁到人们的生命和财产安全，造成无法估量的损失，而且当隧道内发生火灾时，大量的烟热不易排出，洞内烟雾弥漫，能见度急剧下降，同时会伴有高温和毒气，给安全疏散和救援工作带来很大困难。因此，一旦发生事故，后果不堪设想。

对国内外已经发生的隧道火灾事故进行分析，因隧道路面比洞外公路路面狭小，视觉空间小，能见度较差，情况比较复杂，相对隧道外的公路更容易发生车辆相撞事故。车辆碰撞引起的交通事故或由汽车故障发生自燃是导致隧道发生火灾的最主要原因。引起隧道发生火灾的另一个原因是隧道本身结构设施、电气设备和线路故障而引起的。此外，还受汽车行驶状况、驾驶员技术及操作、道路路面行车状况的影响，包括路面强度、刚度、平整度、抗滑性能等。据统计，公路隧道火灾事故的起因如图 1.1 所示。国内外大量研究表明，在同等自然环境和车辆通行条件下，沥青路面比水泥混凝土路面具有更好的行车安全性。

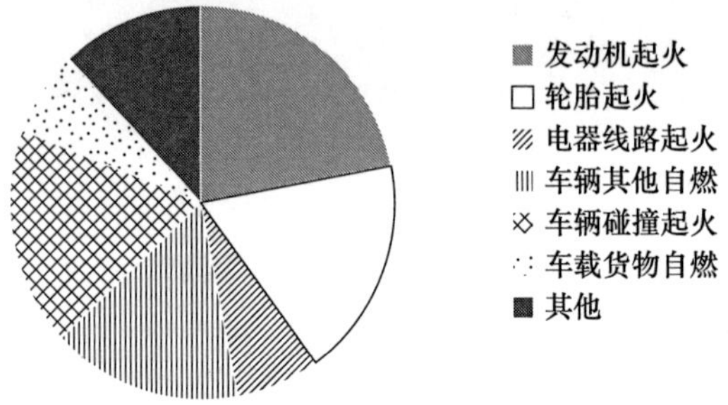

图 1.1　隧道火灾事故的起因

国外对隧道路面的铺装技术十分重视，特别注重对隧道路面使用寿命、抗滑和隧道行车噪声的降低以及隧道路面防水等研究。围绕隧道路面铺装的使用功能要求，各国根据国情开展了大量的研究工作，并取得了许多成果。一些发达国家还结合工程应用实践和经验，制定了相应的隧道路面铺装材料供货技术标准、设计、施工指南或规范。国外隧道路面铺装主要集中在隧道路面抗滑、隧道路面防火、隧道路面降噪等特性。典型的隧道路面铺装结构如图 1.2 所示。

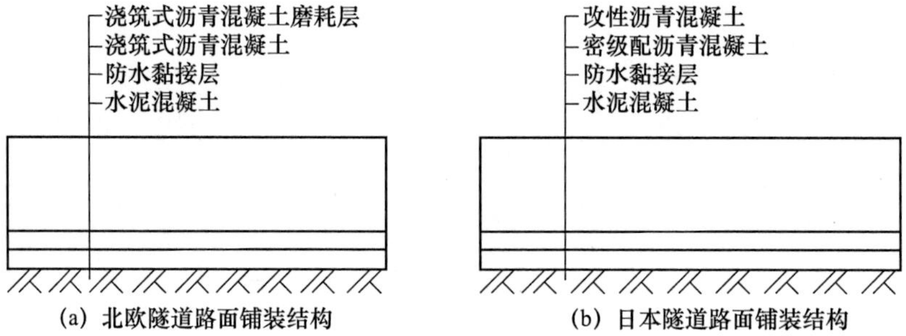

图 1.2　典型的隧道路面铺装结构

1.1.1　水泥混凝土路面的优缺点

多年来，许多国家选择水泥混凝土路面作为隧道路面结构。水泥混凝土路面主要包括普通混凝土路面、钢筋混凝土路面、连续配筋混凝土路面、预应力混凝土路面、装配式混凝土路面、钢纤维混凝土路面、碾压混凝土路面以及裸石（露石）混凝土路面。其中应用最广的是就地浇筑的普通混凝土路面。隧道内修建水泥混凝土路面有很多优点，如稳定性好、结构强度高、承载能力好、耐久性好、路面颜色浅亮利于照明、耐热性好、施工方便等。同时，水泥混凝土路面也有很多不足之处：

① 隧道内是一个相对封闭、空间狭小的管状结构，交通噪声大，严重影响乘车人员的身心健康。

② 抗滑性不足。抗滑系数主要是通过路面刻槽来实现的，在营运过程中，刻槽容易被磨掉，导致路面的抗滑性能迅速衰减，不利于行车安全，尤其在下坡刹车淋水等水泥混凝土路面表面有水时，抗滑系数会明显降低。

③ 水泥混凝土的接缝不仅对行车舒适性有影响，还降低了行车速度，影响了公路的服务水平。

④ 轮胎与水泥混凝土路面摩擦易产生粉尘，降低了隧道内的能见度及空气质量，给车辆的安全行驶带来了隐患。

⑤ 由于路面颜色较浅，路面标线颜色与路面颜色对比度低，使路面标线的效果受到影响。

⑥ 水泥混凝土路面一旦损坏，养护维修周期及费用比沥青路面大得多。

1.1.2 复合式沥青混凝土路面

水泥混凝土路面上加铺沥青混凝土的复合式路面，在国外被称为刚性组合式路面，在国内则被称为复合式路面。沥青混凝土路面水稳定性较水泥混凝土路面差，但沥青混凝土路面具有优良的抗滑性能、轮胎及路面两级减震、行车舒适性好、噪声小，而且施工机械化程度高、进度快、质量好、维修养护方便等优点。因此，采用复合式沥青混凝土路面已成为隧道路面的主要结构。沥青是一种复杂的高分子混合物，属于可燃的热塑性材料，发生事故引发火灾后会造成隧道路面燃烧、路面软化等次生灾害，尤其是路面因受热而软化后，会为救援工作带来很大的难度。同时，燃烧过程中会释放大量的热及有毒有害气体，而隧道结构具有狭长、密闭、筒状等特点，因此，隧道内发生火灾时，其消防救援及人员疏散较其他建筑物更为困难。

1.2 环氧沥青材料现状

美国圣马特奥—海沃德大桥首次采用环氧沥青混凝土进行正交异性钢桥面的铺装应用，并取得非常好的使用效果，最终使用寿命长达 49 年。随后，其他国家如荷兰、加拿大、巴西和澳大利亚等国家和地区的一部分大跨径钢桥面铺装也选用这种铺装材料。

欧洲是最早将环氧沥青混合料运用在铺道工程中的地区。1974 年英国在 Filmer 公路、1975 年法国在 Blois 公路上相继铺筑了环氧沥青混凝土路面，从后续观察来看使用状况良好。1986 年，英国在基尔 M6 高速公路上铺筑了一段环氧沥青混凝土试验路。该试验路采用热压式沥青混合料中掺加环氧树脂改性剂作为铺筑材料。直到 1990 年，该试验路的相关工作仍在进行，观测显示其采用的环氧沥青混凝土路面性能仍表现良好。目前，一些立交匝道还通过采用环氧沥青混凝土应对车辆转弯对路面施加的高应力作用。

日本在 20 世纪末对环氧沥青的研究发展逐渐成熟，这种材料在日本的应用越来越广泛，其中路面磨耗层和多孔性沥青混合料是最常见的运用之一。20 世纪 70 年代，日本北海道大学间山正一、营原照雄等就对环氧沥青混合料的配制、模量、应力松弛性能、破坏性能等方面进行了深入研究，取得了一定成果。1961 年版的《沥青铺装要览》公布了钢桥面铺装相关技术规范和准则。该规范指出，在正交异性钢桥面板中，由于横向和纵向加劲梁的存在导致各部分的刚度不同，从而常在局部产生挠曲变形；水损害对钢桥面上的钢板腐蚀影响很大；钢桥面铺装施工时间范围小导致施工难度较大。1967 年版的《沥青铺装要览》详细阐明了环氧沥青混凝土铺装与沥青混凝土联锁块路面（Asphalt Block Pavement）铺装结构，此外提出钢桥面铺装结构与桥面钢板之间的附着性能、变形追随性能、抗疲劳性能等方面的技术要求，同时规定，应对钢桥面铺装接缝处进行特殊处理。1978 年版的《沥青铺装要览》则考虑到重载交通与大交通量因素的影响，补充了钢桥面铺装结构抗变形能力的技术要求。日本在 1983 年制定的《日本本州四国连络桥桥面铺装标准》中，对环氧沥青钢桥面铺装技术从设计到施工各环节提出了相关规范和准则。

环氧沥青相容性、固化反应速度控制及柔韧性是影响环氧沥青材料的三个重要方面。相关技术及措施如下。

1.2.1 环氧树脂与沥青的增容

增容作用有两方面的含义：一方面是使聚合物之间易于分散，从而得到宏观上均匀的共混物；另一方面是能够改善聚合物之间相界面的性能，增强界面黏合力。

增容方法主要有添加增容剂、化学改性、形成 IPN 网络结构等。

1. 添加增容剂

增容剂是指在共混体系的聚合物组分之间起到增加相容性和强化界面黏结作用的共聚物。其作用机理是富集在两相界面处，通过不同性质的基团来链接两相，改善两相之间的界面结合，从而分散相组分在共聚物中的分散，使界面张力变小，界面的自由度变大，达到最大限度的均匀混合。

(1) 非反应型增容剂

非反应型增容剂是指那些本身没有反应基团，在聚合物共混过程中不发生化学反应的增容剂。其多为大分子，在非均相共混物中具有界面活性。中国林业科学研究院林产化学工业研究所黄坤等以环氧树脂、长链脂肪酸和多元醇为原料，合成出一端含羟基和环氧基团，另一端含脂肪族长链的增容剂，经测试发现相容效果良好，该增容剂即为微相分离型增容剂。随后，他又用蔗糖聚醚接枝 C12-14 烷基缩水甘油醚，合成的接枝共聚物对环氧树脂和沥青具有两亲性，能够增加共混物中环氧树脂相和沥青相的界面层厚度，能改善环氧沥青的力学性能和减小环氧固化体系的尺寸。通过加入该专用增容剂，无须对基质沥青和环氧树脂进行改性，配合常规的环氧树脂固化体系便可制得热固性环氧沥青材料。通过荧光显微镜观察发现：由于增容剂的乳化作用，沥青与树脂相容性良好。在固化后的环氧树脂中，沥青以微米级球形颗粒分散在环氧树脂和固化剂固化后形成的连续相中。

分析这类增容剂可以发现，从结构上看，大多数为嵌段共聚物或接枝共聚物，依靠其一端具有能够亲和沥青的非极性结构、另一端具有能够亲和环氧树脂的极性结构的特点，其在环氧树脂/沥青共混体系中起到乳化作用，形成胶束，将沥青分散到环氧树脂固化体系基体中，形成热固性沥青。南京大学潘磊、武汉工程大学杨隽、湖北大学蒋涛、河北工业大学王丽杰等均通过制备这类表面活性剂作为增容剂来制备高性能环氧沥青。上述学者的试验结果证明，该类具有两亲结构的聚合物能够增强环氧树脂和沥青的相容性，使原本不能均匀固化的环氧树脂/沥青体系，最终能够均匀固化成环氧沥青复合材料。

(2) 反应型增容剂

采用长碳链脂肪族酸酐固化剂能够显著提高相容性，这类固化剂虽不含有和环氧树脂相同的环氧基团，但它结构中的羧基、羟基、酸酐基等极性基团能够和环氧树脂相亲并发生反应，脂肪族聚合物的长碳链与沥青相亲。这类固化物具有反应型增容剂的结构特点，能够改善相容性，改善环氧沥青的各项性能指标。不同固化剂固化的环氧沥青材料的

SME 照片如图 1.3 所示。

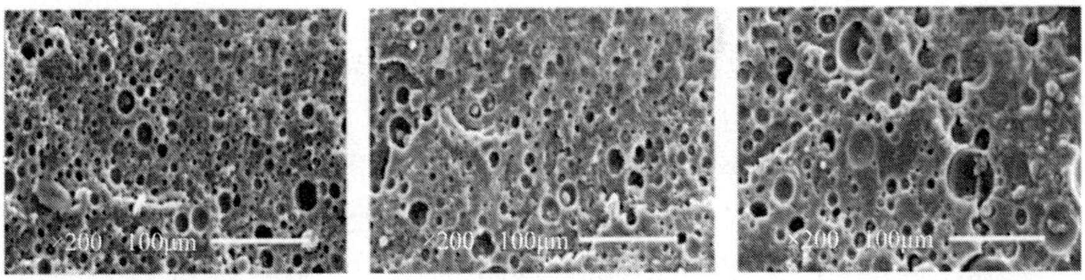

(a) 单独使用葵二酸　(b) 复配8份甲基四氢苯　(c) 复配8份桐油酸酐

图 1.3 环氧沥青的 SEM 显微照片

从图 1.4 可以看出，在环氧沥青固化物中沥青作为分散相，环氧树脂为连续相，沥青呈液滴状分散在环氧树脂中。使用癸二酸作为固化剂时［图 1.4（a)］，沥青相的粒径较为均匀，在 10～20μm 之间，分布间距较为均匀；而在癸二酸中复配 8 份的甲基四氢苯（MeTHPA）或桐油酸酐（TOA）后［图 1.4（b)、图 1.4（c)］，沥青相的粒径变得不均匀，一些在 2～5μm，另一些在 20～50μm，分布间距也变得不均匀，说明固化剂的选择对环氧沥青的相容性有一定的影响。

目前，国内大多数学者选择使用与沥青相容性好的固化剂进行环氧沥青材料的研制。黄卫、陈志明等以专利形式公开了以基质沥青、固化剂（包括脂肪族二元酸、脂肪族酸酐和聚异丁烯丁二酸酐等)、环氧树脂和促进剂为 A 组分，环氧树脂为 B 组分的环氧沥青组成物。王治流等以专利形式公开了一种以基制沥青、固化剂（包括改性桐油酸和改性蓖麻油酸)、促进剂（包括苄胺等）和消泡剂（包括环氧乙烷和环氧丙烷共聚物）合为 A 组分，以环氧树脂为 B 组分制备而成的环氧沥青组成物。上述专利中，研究者大多选用长链脂肪族的酸或酸酐作为固化剂，其原因是这些固化剂一端具有脂肪族的非极性长碳链，使其与沥青的相容性好；另一端具有羧基等极性基团，使其也容易和环氧树脂混合均匀，便于将环氧树脂带入沥青体系。

该方法既要考虑固化剂的增容作用，又要兼顾该固化剂的固化反应速度与反应后的固化产物的力学性能，使固化剂的选择难度增大。

2. 化学改性

利用分子间形成的氢键或酸性、碱性基团间生成的离子键或配位键等均可使共混聚合物获得较好的相容性。目前，采用在分子链上引入极性基团的方法来改善聚合物的相容性已普遍使用，并取得较好的效果。

(1) 顺酐化改性沥青

通过与极性单体共聚而引入极性基团来改善共混聚合物的相容性，要涉及整个聚合工艺的改变，过程比较复杂。较为简便的方法是将已合成的聚合物进行化学改性，这是聚合物后反应的一种类型。

东南大学陈志明、亢阳等在基质沥青中用顺丁烯二酸酐进行改性。通过基质沥青与顺丁烯二酸酐发生 Dies-Alder 反应，打开沥青中的双键，让顺丁烯二酸酐接枝到沥青的双键上，改变沥青的极性，改善其与环氧树脂的相容性。当采用其他酸酐类固化剂时，会与顺酐化沥青中的酸酐键发生反应形成羧酸负离子，羧酸负离子再与环氧基反应形成氧负离子。氧负离子继续与环氧基反应。上述两种链式反应几乎同步发生，产物相互缠结、穿插，最终形成三维立体互穿的聚合物网络，并通过正交设计法，以顺酐转化率为指标，以反应温度、顺酐添加量和搅拌速率为考察因素，优选出最佳制备工艺。当温度为150℃、顺酐添加量为基质沥青质量的2%、搅拌速度为200r/min时，顺酐转化率最高。由于顺酐无法与基质沥青完全反应，顺酐化沥青中残留的游离顺酐会影响环境。贾辉等采用加入高分子脂肪族多元醇中和环氧沥青中的游离顺酐，中和剂与顺酐反应生成对沥青起到改性作用的脂类聚合物，保证了环氧沥青材料的绿色制备和使用。湖北大学蒋涛等使用过氧化二异丙苯（DCP）作为引发剂制备顺酐化沥青，其制备工艺为：顺酐添加量为基质沥青质量的4%，反应时间在4～5h，温度为120～140℃，DCP用量为顺酐添加量的0.5%。北京化工大学熊金平等使用过氧化苯甲酰（BPO）作为引发剂制备顺酐化沥青，其制备工艺为：顺酐添加量为基质沥青质量的4%～5%，反应时间在4h，温度为140℃，BPO用量为顺酐添加量的0.5%～1%。

上述学者给出了三种不同的顺酐化最佳工艺，足以证明顺酐化改性沥青虽然能解决其相容性，但因石油沥青油源差异等问题，顺酐化改性沥青的最佳工艺缺乏学界共识，难以形成优质产品广泛使用，而且根据试验发现，沥青经过顺酐改性后，沥青分子质量增大，会导致沥青黏度剧增甚至结块，给顺酐化沥青与环氧树脂的混合过程造成一些潜在的困难。

（2）环氧树脂的非极化改性

由于环氧树脂属于极性物质，与沥青的相容性不好。改性环氧树脂以降低其介电常数来改善其与沥青的相容性也是一个解决问题的途径。

长安大学李炜光等通过改性环氧树脂，在环氧树脂分子的主链中接枝极性较低的基团以减小极性，使其与基质沥青之间具有较好的相容性。图1.4（a）为未改性的环氧树脂，环氧树脂分散较不均匀；而图1.4（b）为经过改性的环氧树脂，能够较均匀地分散，其尺寸较小。

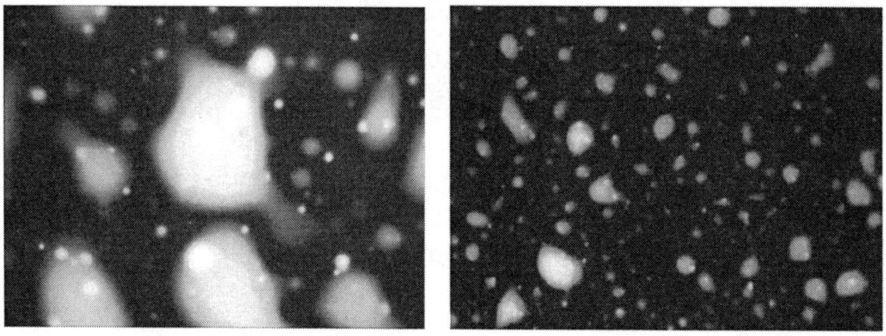

(a) 未进行环氧树脂改性的环氧沥青　　(b) 进行环氧树脂改性的环氧沥青

图1.4　环氧树脂改性前后与沥青混合物荧光照片

3. 形成IPN网络结构

互穿聚合物网络技术，又称IPN技术。互穿网络（IPN）技术可以制得互穿网络聚合物（IPN）共混物，是一种以化学法制备物理共混物的方法。它是两种聚合物分子在共混体系内互相贯穿，在分子水平上达到“强迫互容”和“分子协同”的效应，是一种有效地提高共混物相容性的方法。

交通运输部公路科学研究院的曹东伟等采用聚氨酯改性环氧树脂来制备环氧沥青，不需加入增容剂便能制备出性能优异的环氧沥青。所谓的聚氨酯改性环氧树脂，即在环氧树脂分子链段上引入聚氨酯中的柔性C—C链和C—O—C链，又有活性的酰胺基团，与环氧树脂可形成互穿网络结构，相容性增加，而且当聚氨酯改性环氧沥青交联后，相互缠结的网络使相区固定，两个聚合物网络相互协同作用，当受到外力作用时，力比单独交联网络更加分散，因此要破坏网络结构就需要形成更大的应力，进一步提升材料的强度和韧性。

通过十余年的研究，国内研究人员提供了解决相容性的相关方法，但多数研究人员都把研究重点放在环氧树脂与沥青的物理混合属性上，对环氧沥青的化学反应方面缺少研究。陈平清等采用四组分分析法研究了环氧树脂和沥青的反应机理，结果表明：环氧树脂和沥青在一定程度上发生了化学反应，消耗了部分芳香分和饱和分；基质沥青胶质和沥青质含量之和越大，即 I_C（I_C=沥青质+饱和分/芳香分+胶质）值越大，软化点差就越小，环氧树脂和沥青的相容性越好。不同沥青组分与环氧树脂的溶解度相差较大，单一手段或方法难以有效地解决环氧沥青的相容性问题。应依据各组分不同的化学性质来针对性地研究，结合物理混融方法从根本上解决相容性的问题。

1.2.2 黏度增长速度的控制

环氧沥青开始发生化学反应后黏度不断地增加，最终形成凝胶体系。因此，环氧沥青混合料要控制好摊铺和碾压时间，否则将直接影响到路面的压实效果和路面的强度，导致路面的损坏。控制好环氧沥青体系黏度增长速度是施工的核心和关键。

1. 黏度增长速度与固化剂种类的关系

黄明等试验发现，各种类型的固化剂在不同固化温度下所形成的固化物的耐热性存在很大差异。因此，在选择固化剂时应首先考虑固化温度。加成聚合型固化剂的固化温度从低到高的顺序为脂肪族多胺＜脂环族多胺＜芳香族多胺≈酚醛＜酸酐。李峰等采用S1（酸酐类）、S2（胺类）、S3（复合改性）3种不同试剂进行试验，条件均满足现行《公路工程沥青及沥青混合料试验规程》（JTG E20），测试结果如图1.5所示。

结果表明：黏度增长速度为胺类固化剂＞酸酐类固化剂。从最佳固化温度下的黏度增长速度和最佳固化温度与最佳拌和温度的差值来看，酸酐类固化剂是最佳的选择。

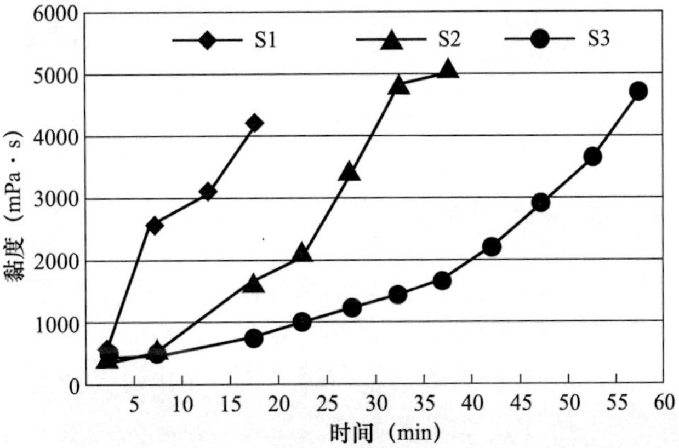

图1.5 不同类型固化体系的黏度与时间曲线

2. 黏度增长速度与固化温度的关系

陈先华等对美国产C型环氧沥青和中国产N型环氧沥青进行了不同温度下的黏度增长曲线绘制（图1.6）。可以看出，固化温度越高，环氧沥青黏度增长越快。

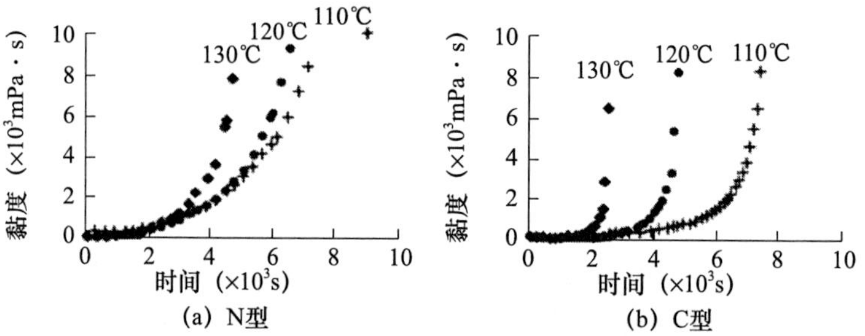

图1.6 等温固化条件下两种环氧沥青的黏度-时间曲线

3. 黏度增长速度与固化体系掺量的关系

李玮光等采用布氏黏度仪对环氧沥青的布氏黏度在一定温度下随时间的变化进行测试，绘制了黏度-时间曲线图（图1.7）。可以看出，固化体系掺量越大，黏度增长速度越快。

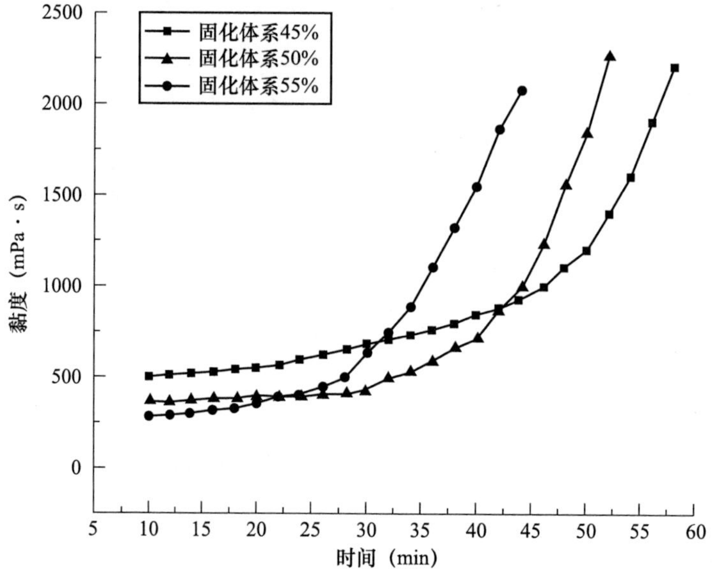

图1.7 不同固化体系掺量环氧沥青黏度-时间曲线

1.2.3 环氧沥青混合料的柔韧性

根据相关学者对钢桥面铺装病害的调查发现，裂纹为环氧沥青混合料铺装层最主要的病害。存在纵向裂纹、横向裂纹和不规则裂纹三种形式。裂纹的产生原因主要可以归结为以下两点：①低温时，由于环氧沥青混凝土模量较高，产生较大的温度应力，导致低温开裂；②我国车辆超载严重，荷载过大而引起铺装层表面拉应变过大，易导致环氧沥青混凝土铺装层表面出现疲劳裂缝。

因此，通过降低环氧沥青混凝土的模量，增加其柔性性能即变形性能，提高其韧性性能即疲劳性能，可以从本质上降低环氧沥青混凝土钢桥面铺装层的低温开裂、疲劳开裂的概率，从而减少对桥梁的翻修次数，延长桥梁使用寿命。

1. 化学手段改善环氧沥青柔韧性

周威等采用一种长链脂肪族二元羧酸作为主体固化剂，羧酸中长的非极性链可在沥青和环氧树脂之间形成柔性的桥架结构，羧酸基团可以和环氧树脂之间发生反应，更加有效地增加沥青和环氧树脂之间的相容性，最终制成具有整体交联密度低、局部交联密度高的双模海岛状结构的环氧沥青材料。通过此方法制备出抗拉强度 1.94MPa、断裂伸长率464%的高性能柔软性环氧沥青。

从培良等在 150℃沥青中加入 3%掺量的 SBS 制备 SBS 改性沥青来提高环氧沥青的柔韧性，固化剂采用甲基四氯邻苯二甲酸酐。他们深入研究了环氧树脂掺加比例对环氧沥青流变性质的影响，并研究了固化温度、固化时间和环氧树脂掺加量对环氧沥青性能的影响。

2. 物理手段改善环氧沥青柔韧性

陈仕周等开展了柔韧型环氧沥青混合料的研究。通过在环氧沥青混合料中掺加不同掺量（0.2%、0.3%、0.4%）的聚酯纤维来提高环氧沥青混合料的柔韧性，改善其低温抗裂性能和疲劳性能，并依托湖北鄂东长江公路大桥钢桥面铺装工程，评价了聚酯纤维对美国环氧沥青混凝土低温性能和疲劳性能的改善作用。

钱振东等开展了短切玄武岩纤维的掺加对环氧沥青混合料性能的影响研究。研究发现，与普通环氧沥青混合料相比，4%短切玄武岩纤维（BFCS）掺量的改性环氧沥青混合料的抗弯拉强度、最大弯拉应变和弯曲应变能密度临界值分别提高 22.5%、18.9%和47.1%，表现出较高的低温强度和较好的低温变形能力。

张争奇等通过研究掺加橡胶颗粒和聚酯纤维对环氧沥青混合料增柔增韧的作用发现，橡胶颗粒和聚酯纤维能改善环氧沥青混凝土的柔性和韧性，橡胶颗粒的最佳掺量为 2.1%，在最佳橡胶颗粒掺量下，环氧沥青混凝土的柔性有明显改善，韧性改善不明显；聚酯纤维的最佳掺量为 0.3%，在最佳聚酯纤维掺量下，环氧沥青混凝土的韧性有明显改善，柔性改善不明显。

1.2.4 环氧沥青产品性能对比

目前，在国内市场上常见的环氧沥青产品主要有美国 Chemco system 公司生产的环氧沥青、日本大有株式会社生产的 TAF 环氧沥青和江苏句容宁武化工有限公司生产的 HLJ 环氧沥青。各厂家生产的环氧沥青及其混合料性能如表 1.1 和表 1.2 所示。

表 1.1 环氧沥青技术指标

技术指标	抗拉强度（MPa）	断裂伸长率（%）	黏度至 1mPa·s 的时间（min）
日本环氧 KD（原 TAF）	3.3	205	162
美国环氧 ChemCo	2.7	261	68
国内 HLJ-2910 环氧	≥2.0	≥200	≥50

数据来源：KD 技术指标来源于 www.liangyuanroad.com，ChemCo 技术指标来源于 www.chemcosystem.com，HLJ 技术指标来源于 www.jrningwu.com。

表 1.2　环氧沥青混合料技术指标

技术指标			日本环氧沥青 TAF	美国环氧沥青 CCS	中国环氧沥青 HLJ
马歇尔稳定度试验	马歇尔稳定度（kN）		93	52	≥45
	流值（0.1mm）		39.4	45.2	20～40
浸水马歇尔试验	浸水 1h 稳定度（kN）		92.6	50.3	—
	浸水 48h 稳定度（kN）		88.2	47.6	—
	残留稳定度（%）		95.25	94.63	≥90
冻融劈裂试验	未冻融试件劈裂抗拉强度（MPa）		4.82	4.63	—
	已冻融试件劈裂抗拉强度（MPa）		4.73	4.51	—
	冻融劈裂抗拉强度比（%）		98.13	97.41	≥70
车辙试验	60℃	动稳定度（次/mm）	+∞	+∞	≥3000
		总变形量（mm）	0.331	0.487	—
	70℃	动稳定度（次/mm）	∞	∞	—
		总变形量（mm）	0.452	0.588	—
小梁弯曲试验	−15℃	抗弯拉强度（MPa）	39.27	20.88	—
		极限弯拉应变（$\times10^{-3}$）	3.12	5.13	≥2.0
		弯曲劲度模量（MPa）	12584.74	4070	—
	15℃	抗弯拉强度（MPa）	25.47	17.35	—
		极限弯拉应变（$\times10^{-3}$）	7.54	15.7	—
		弯曲劲度模量（MPa）	3394.32	1109	—
四点弯曲疲劳寿命试验	极限弯拉应变（$\mu\varepsilon$）		12600	15100	—
	四点弯拉弯曲模量（MPa）		14000	11000	—
	疲劳性能（600$\mu\varepsilon$，100 万次）		未破坏	未破坏	—

数据来源：TAF、ChemCo 技术指标来源于华南理工大学黄红明硕士论文《热拌环氧沥青钢桥面铺装材料评价与应用研究》；HLJ 技术指标来源于 www.jrningwu.com。

TAF、ChemCo 和 HLJ 三种国内外主流环氧沥青及其混合料具有优良的力学性能和路用性能，但在工程实践过程中也存在一定的问题。具体如下：

① 据不完全统计，使用 ChemCo 环氧沥青铺装的 18 座钢桥面，因其施工要求极苛刻，给施工质量控制带来很大的难度，使其完全成功率仅为 16.7%。

② TAF 环氧沥青拌和温度较高，水分能够蒸发，显著减少和避免了鼓包病害。整体

来看，TAF 的铺装效果较好，仅虎门大桥存在明显病害。

③ HLJ 属国内自行研发、生产产品，自 2006 年批量生产。目前仅有少量的工程实践，且实践工程多为城市市政道路桥，其铺装效果有待后期大量工程应用的实践。

1.3 阻燃沥青路面现状

20 世纪 50 年代，在国外阻燃沥青路面的阻燃技术的研究中采用难燃矿物纤维掺入混合物的方法。掺入纤维减少了沥青混合物中可燃组分所占的比率，并对沥青的受热流淌起到一定的阻止作用，但阻燃效果并不理想。60 年代后期，Hinds 推出一种含膨胀粒子的阻燃沥青。70 年代，随着阻燃科学和技术的发展，阻燃沥青的研制更多是采用外掺各种阻燃剂的方法。例如，英国 Robert 提出在沥青中掺入难燃的含氯有机物和微细的无机填料。日本公司 Asahi Rekisei 推出了难燃沥青混合物专利。

我国在隧道沥青路面阻燃技术的研究上也取得了一定的成果，采用的阻燃技术主要有：

① 在沥青中加入阻燃剂，达到阻燃效果，主要包括直接将阻燃剂添加至沥青中以及阻燃矿粉两种形式。

② 采用多孔结构的开级配沥青混合料排除隧道火灾中的液态燃烧物质。

③ 用不可燃的矿物纤维代替工程上的可燃聚酯纤维、木质纤维，尽可能地减少混合料中可燃成分的用量。

多种阻燃技术均在阻燃沥青制备的研究中使用，但截至目前最有实用价值的仍然是在沥青等高分子中加入阻燃剂的方式。阻燃剂按照使用方法可以分为添加型阻燃剂和反应型阻燃剂两种，而添加型阻燃剂又分为有机和无机两种。

1.3.1 添加型阻燃剂

添加型阻燃剂主要是通过机械混合的方法加入到沥青混合物中，这类阻燃剂多为粉末状的无机化合物以及有机阻燃剂。比如 MH、ATH、碳酸钙、膨胀石墨等。它们的优点是：同时起到阻燃和填充作用；燃烧时不产生有毒或腐蚀性气体；价格低廉且能抑烟；适用面广，操作简单。其缺点是阻燃效率低下，所需填充量大，至少填充 50%才能满足阻燃性能的要求，会导致高分子材料抗拉强度、断裂伸长率、抗冲击强度等力学性能降低。下面分别介绍几种添加型阻燃剂。

1. 无机金属氢氧化物阻燃剂

以氢氧化镁为例。氢氧化镁在环氧沥青中做阻燃剂时的阻燃机理如下：MH 在温度达到 300℃左右会分解脱水，形成的水蒸气会包裹在火焰周围，起到隔绝空气和稀释可燃性气体的作用，同时形成的 MgO 则会在聚合物上方形成一层绝热层作为保护层，将氧气和燃烧体隔离，起到隔热作用。氢氧化镁受热分解化学方程见式（1.1）：

$$Mg(OH)_2 = MgO + H_2O \tag{1.1}$$

这类阻燃剂因无毒、抑烟等特点被广泛使用。除 MH 和 ATH 之外，此类阻燃剂还有消石灰、滑石粉、高岭土、碳酸钙等天然的矿石粉末。

2. 磷系阻燃剂

磷系阻燃剂包括聚磷酸铵（APP）、红磷、有机磷酸酯等。这类阻燃剂体系庞大，阻燃机理较为复杂，一般认为磷系阻燃剂的阻燃机理为：当磷系阻燃剂阻燃的沥青被高温引燃时，磷系化合物受热分解成磷的含氧酸，这类酸多为黏稠状的半固态物质，可在材料的表面形成一层覆盖于焦炭层的液膜，降低焦炭层的透气性，保护焦炭层不被进一步氧化。但由于磷系阻燃剂阻燃性能较差等原因，通常不单独使用，在使用时通常会添加其他一些诸如氮系阻燃剂来增大阻燃性能。课题组成员在研究 APP 阻燃温拌型环氧沥青结合料的性能时曾观察到上述现象。在燃烧时，环氧沥青表面形成一层发泡的碳层，但由于 APP 在温拌型环氧沥青结合料中阻燃性能低下，不得不放弃使用。

3. 卤系阻燃剂

卤系阻燃剂主要包括溴系和氯系两种，其中以溴系阻燃剂居多。卤系阻燃剂数量庞大，品种齐全，可以根据高分子聚合物种类的不同而选择相应的卤系阻燃剂。比如十溴联苯醚（DBDPO）主要用在聚氯乙烯（Polyvinyl chloride，PVC）、环氧树脂和热塑性橡胶中，六溴环十二烷（HBCD）主要用在泡沫聚苯乙烯以及其他泡沫塑料中等。

这类阻燃剂在使用时通常还会添加三氧化二锑（Sb_2O_3）、硼酸锌等其他无机协效阻燃剂进行协同阻燃。阻燃机理一般是卤系阻燃剂受热分解成卤化氢和活性自由基，比如 HO·、H·、O·等。它们与化合物反应生成活性较低的卤自由基，从而减缓或者终止燃烧反应的进行。同时，生成的大量的卤化氢气体还会覆盖在材料表面并稀释空气中的氧气，从而降低燃烧速率。

此类阻燃剂的缺点就是会释放出卤化氢等其他的有毒气体，所以近年来不断有人提出阻燃剂去卤，以保护环境，只是因为此类阻燃剂阻燃性能优异，所以至今仍没有被完全取代。

1.3.2 反应型阻燃剂

此类阻燃剂主要是在高分子聚合物聚合或者缩聚过程中参加反应并结合到高聚物的主链或者侧链上，从而起到阻燃效果的一类阻燃剂。这类阻燃剂适用于合成自熄性高聚物。近年来诞生的 9，10-二氢-9-氧杂-10-磷杂菲-10-氧化物（DOPO）以及其衍生物就属于这类阻燃剂，除此之外，还有四溴双酚 A（Tetrabromobisphenol A，TBBA）及其衍生物。它们的优点是不易渗出、毒性低，对塑料的物理性能影响较小，但是在操作上远不如添加型阻燃剂方便，而且往往会在反应时改变原有的高分子聚合物基体的性质，因此现在用量仍然远远低于添加型阻燃剂。

2　温拌环氧沥青及阻燃剂

基于拌和温度，可将环氧沥青分为热拌环氧沥青、温拌环氧沥青和冷拌环氧沥青。三类材料各具优点，热拌环氧沥青具有优异的施工和易性以及相对较长的施工操作时间，但也存在低温抗裂性较差、环境污染性大等缺点，且施工过程刺激性气味强烈，具有一定毒性，不适合用于隧道路面等通风条件相对较差的路面铺装。冷拌环氧沥青省去了施工加热环节，具有施工速度快、过程简洁的特点及无污染、环保节能优点。但冷拌环氧沥青的强度、高温稳定性及抗疲劳性等都较热拌环氧沥青差，且集料含水率对性能影响很大，所以冷拌环氧沥青除常做修补材料外，多用于低等级路面或高等级路面的柔性层。温拌环氧沥青性能优越，柔韧性好，但容留时间短且受温度影响大，施工质量风险高，如果解决好施工难的问题，可用于各种工程项目。因此，本书侧重介绍温拌环氧沥青材料及冷拌冷补的环氧沥青养护材料。

环氧沥青材料的组成复杂，需着力解决材料各成分间的相容性，并基于环氧沥青的固化动力学、性能指标，确定合适的固化剂及增柔增韧材料。

2.1　温拌低树脂掺量环氧沥青材料

环氧沥青成分复杂，相容性是其研发和控制的难题，而环氧固化物的性能在很大程度上取决于固化剂。因此，需着力解决材料的相容性问题，再在筛选合适固化剂、促进剂的基础上进行改性，最终结合增柔、增韧的方式开展环氧沥青材料的研发。材料宜遵循的原则如下：

① 绿色、安全环保：组成材料符合绿色、安全环保的原则，并尽量采取生物可再生的绿色材料。

② 各组成材料相容、配伍：组成材料共混物具有相容、配伍特点，不产生负面影响。

③ 无毒或低毒，挥发性小，无刺激性气味：组成材料毒性低，挥发性小，气味少。

④ 环境适应性：组成材料应能在不同的温度、湿度、紫外线等环境因素条件下，保持良好的物理和化学性能。

⑤ 耐久性：材料具有高强度、高黏结力和高柔韧性，能抵抗交通荷载、水冲刷、冻融循环等不利因素影响，延长路面寿命。

⑥ 容留时间适中，具有良好的施工性能、质量可控性强：容留时间范围内完成所有施工是保障环氧沥青混凝土性能的关键和核心，因此，环氧沥青不仅应具有低初始黏

度、高渗透性和快速固化反应等特点，而且要有一定的容留时间，便于施工操作和质量控制。

⑦ 经济性：环氧沥青应具有合理的成本效益比，既能满足技术要求，又能节约资源。

2.1.1 环氧沥青相容剂研发

1. 环氧沥青相容性分析

相容性差是环氧沥青制备的一大难点，也是衡量环氧沥青的关键指标。目前，学者普遍认为，在环氧沥青的固化过程中，基质沥青并不与环氧树脂或者固化剂发生反应，环氧树脂、固化剂和其他添加剂是连续相，沥青是在分散相的前提下以微米级球形颗粒分散在环氧树脂、固化剂和相关助剂组成的连续相中。张翔等认为沥青和环氧树脂界面的形成应该分为两个阶段：第一阶段是环氧树脂与沥青的接触与润湿，吸附和极性基团作用使沥青和环氧树脂达到均匀分布；第二阶段是环氧树脂固化过程，环氧树脂和固化剂之间通过化学反应，逐步形成空间结构。这两个过程是同步进行的。陈平清等通过四组分分析法研究了环氧树脂和沥青的反应机理，结果表明：环氧树脂和沥青在一定程度上发生了化学反应，消耗了部分芳香分和饱和分，否定了沥青在环氧树脂固化过程中不参与反应的观点。本节将结合相关学者的研究成果，从相容性判定原则的溶解度相似原则入手，分析环氧树脂与沥青相容性问题的成因。

环氧沥青是以环氧聚合物为连续相，沥青、增容剂、增韧剂等其他助剂为非连续填充的复杂化学系统。环氧沥青不属于沥青材料，其本质是改性的环氧树脂。环氧树脂按化学结构可以分为缩水甘油醚类、缩水甘油酯类、缩水甘油胺类、脂环族环氧树脂、环氧化烯烃类以及新型环氧树脂。目前，用于环氧沥青制备的环氧树脂多为双酚 A 型缩水甘油醚（E-51）。该环氧树脂的分子结构式如图 2.1 所示。E-51 型环氧树脂介电常数 $\varepsilon=3.9$，密度$\rho=1.28\text{g/cm}^3$，黏度 Viscosity＝8000～15000（25℃），不同温度下的溶解度参数见表 2.1。

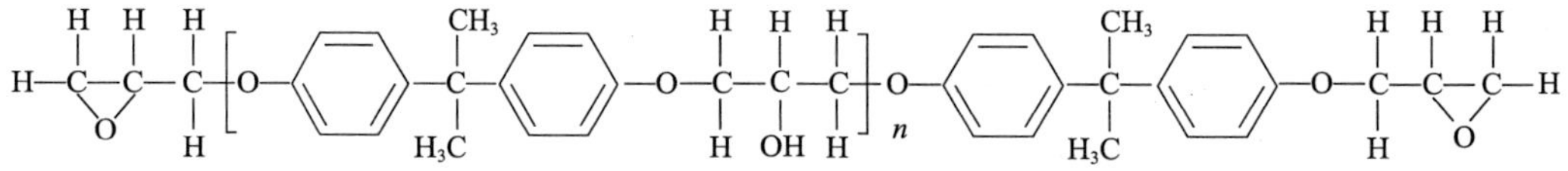

图 2.1　环氧树脂分子结构式

表 2.1　E-51 环氧树脂在不同温度下的溶解度参数

温度（℃）	30	40	50	60
溶解度参数 $(\text{J/cm}^3)^{0.5}$	11.78	11.57	11.48	11.14

石油沥青是石油经过各种炼制工艺加工而得到的产品，是由复杂化学组分组成的共混物。根据四组分法通常将沥青大致分成沥青质、胶质、饱和分、芳香分四类。按《公路工程沥青及沥青混合料试验规程》（JTG E20—2011）中所规定的试验方法 T 0618—1993 测定沥青的四组分含量，并查得各个组分对应的溶解度参数见表 2.2。

表 2.2　沥青四组分的含量及溶解度参数

含量及溶解度参数	饱和分	芳香分	胶质	沥青质
质量分数（%）	13.69	46.32	23.61	11.89
溶解度参数（J/cm^3）$^{0.5}$	7.45	9.15	10.93	10.93

环氧沥青材料是多种聚合物组分组成的共混物，多组分的沥青材料作为填充相填充于固化的交互网络结构，实现由热塑性特性向热固性特性的转变。通过掺加沥青材料，大大改善了环氧树脂固化体系的柔性、抗疲劳性能等指标，相容性好坏对环氧沥青性能影响很大。溶解度参数是最常用的相容性判据之一。根据溶解度参数相近原则，相容性好坏可以用溶解度参数 δ 之差来衡量，即 δ 越接近，其相容性越好。但从表 2.1 和表 2.2 可知，温度对环氧树脂的溶解度参数有一定影响，而不同沥青组分的溶解度参数差异较大。因此，目前将沥青视作相容材料的常用沥青顺酐化、添加表面活性剂增容及互穿聚合物网络技术等单一措施和手段，难以有效地解决复杂多组分环氧沥青的相容性差问题。

2. 环氧沥青增容剂开发及测试

项目以聚合物相容性理论、共容共混理论及界面理论为基础，依据材料组分组成，以多组分共容剂为主，辅以添加表面活性剂、助剂等多种手段相结合的措施，研发制备了一种新型增容剂，解决了不同组成的共混及共容问题，使环氧沥青最终形成稳定的多组分类溶液结构，形成稳定共混体系。通过提高环氧沥青的分散度，有效地减少了环氧树脂分散相的粒径，解决共混物的稳定性，同时由于粒径的减小，环氧固化交联网络结构的尺寸更小，从而实现在性能相当的基础或条件下，环氧树脂掺量大幅降低。

为评价该增容剂的增容效果，本节通过设计 8 个不同的增容剂掺量，环氧树脂掺量选用基质沥青质量的 40%。通过对 8 个不同掺量下的环氧树脂—沥青混合物进行离析试验来验证增容剂的增容效果及确定增容剂的最佳掺量。试验方案设计见表 2.3。

表 2.3　环氧树脂—沥青离析试验方案

组数	基质沥青（SK70＃）(g)	环氧树脂（E-51）(g)	增容剂（g）
1	100	40	0
2	100	40	2
3	100	40	4
4	100	40	6
5	100	40	8
6	100	40	10
7	100	40	20
8	100	40	30

试验依据《公路工程沥青及沥青混合料试验规程》（JTG E20—2011）中聚合物改性沥青离析试验（T 0661—2011）方法进行。根据试验方案，在 120℃的基质沥青中加入 40%掺量的环氧树脂及一定量的增容剂后置于 120℃油浴锅中。恒温搅拌 30min 使其充分

搅拌均匀后倒入铝管内，置于135℃烘箱中静置48h后取出。取出后分别测试上下两段沥青混合物的软化点差。试验数据如图2.2所示，随着增容剂掺量的增加，环氧树脂一沥青混合物的软化点差逐步减小，当掺量达到基质沥青质量的10%后，软化点差不再明显减小，有略微增大的趋势。这说明增容剂的加入能够有效地改善环氧沥青相容性，起到增容作用，且增容剂的最佳掺量为沥青质量10%。

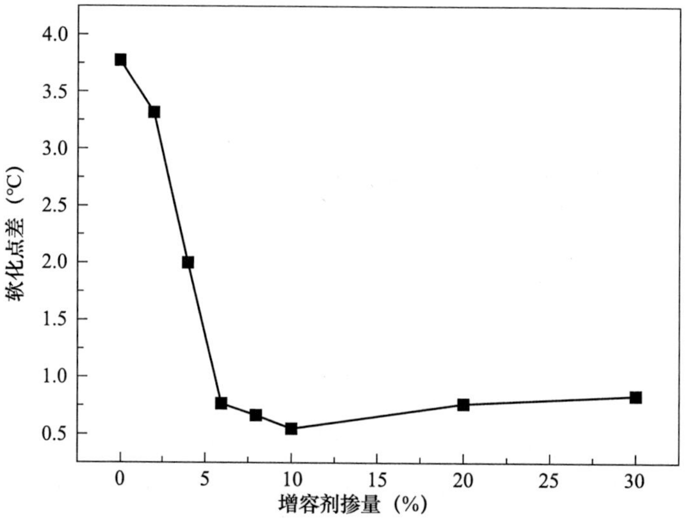

图2.2　增容剂掺量与软化点差的关系

为进一步验证研制增容剂的增容效果，将与其他增容方法的增容效果进行对比。选取张玉贞等的研究成果进行对比，其使用的增容方法为表面活性剂增容（添加十二烷基苯磺酸钠）和顺酐化改性沥青（在基质沥青中加入马来酸酐，通过接枝在沥青中引入极性基团）这两种方法对比。增容效果对比如图2.3所示。

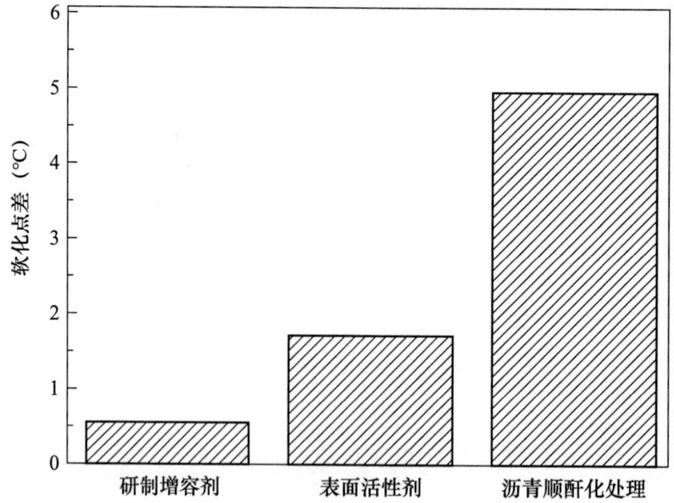

图2.3　增容效果对比图

由图 2.3 可以看出，使用自制增容剂增容的环氧树脂一沥青混合物的软化点差远小于另外两种增容方法，自制增容剂的增容效果良好。

为进一步确定自制增容剂最佳掺量，将测试在最佳增容剂掺量条件下 10%、30%环氧树脂掺量的环氧树脂一沥青混合物的软化点差与静置时间之间的关系。试验方案设计见表 2.4。

本试验依据《公路工程沥青及沥青混合料试验规程》（JTG E20—2011）中聚合物改性沥青离析试验（T 0661—2011）方法进行，具体步骤同上。试验结果如图 2.4 所示。

表 2.4　环氧树脂/沥青离析试验方案

组数	基质沥青（SK70#）(g)	环氧树脂（E-51）(g)	增容剂（g）	时间（h）
1	100	30	10	72
2	100	30	10	120
3	100	30	10	168
4	100	10	10	72
5	100	10	10	120
6	100	10	10	168

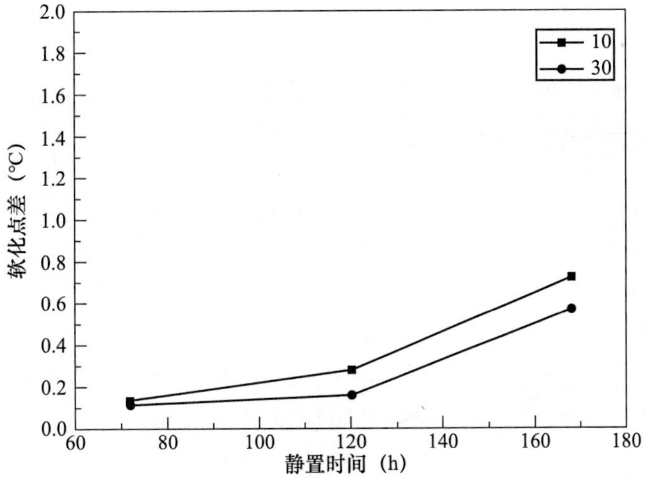

图 2.4　增容剂 10%掺量的环氧树脂—沥青不同静置时间软化点差

从图 2.4 可以看出，随着静置时间的延长，环氧树脂一沥青混合物的软化点差逐渐增大，但其静置 7d 后的软化点差仍在 1℃以内，充分证明了自制增容剂的增容效果良好。通过观察发现，10%环氧树脂掺量条件下的环氧树脂一沥青混合物随着静置时间的延长，其软化点差逐渐大于 30%环氧树脂掺量条件下的环氧树脂一沥青混合物，该情况不符合常理。经过分析发现，沥青质量 10%的增容剂掺量作为增容剂最佳掺量是基于环氧树脂掺量为沥青质量 40%的条件下得出的。故该增容剂掺量对 30%环氧树脂掺量混合物的增容效果优于 10%环氧树脂掺量混合物。增容剂作为改善两相相容效果的增容组分，其最佳掺量不能以其中单一相的质量为依据，而应该使用沥青与环氧树脂的质量之和作为依据进行最佳掺量的测定。进行系列试验测定，增容剂的最佳掺量为沥青与环氧树脂质量之和的 8%。

2.1.2 固化剂及固化促进剂的筛选和改性

按化学结构类型的不同，可分为胺类硬化剂、酸酐类硬化剂、树脂类硬化剂、咪唑类硬化剂及潜伏性硬化剂等。按硬化剂的物态不同可分为液体硬化剂和固体硬化剂两类。固化剂是环氧树脂结合剂中的一个重要组成部分，对固化物的最终性能起决定性作用。

在汇总各类固化剂特点的基础上，结合温拌环氧沥青的材料特性和要求，优选了多种酸酐固化剂进行强度、断裂伸长率、黏度增长规律等指标和要求的大量试验研究，并依据试验结果选择多种酸酐固化剂复配，再采用桐油、天然橡胶胶乳等生物基材料接枝和改性，提高固化剂的分子结构，改善固化剂、树脂及沥青的相容性。所研固化剂与环氧树脂的比例在 1.5～2.5：1，材料具备在一定潮湿条件下的固化能力，采用黏度增长至 1Pa·s 的时间原则不低于 50min。增韧的天然橡胶胶乳有很强的自黏性和可加工性能，是天然可再生资源。材料的自黏性特性还可改善环氧材料自愈性差的特点，增加抗冲击能力和柔韧性。

此外，为提升环氧沥青混凝土施工完成后的固化速率，大量比选和研究了适宜于所采用固化剂的促进剂材料对环氧沥青材料固化速率及常温条件下强度增长的影响，再依据促进剂导致容留时间减少的幅度低、基本不降低强度及断裂延伸率、促进剂材料具有绿色、环保、使用安全等原则确定了纳米 TiO_2 等无机盐潜伏型材料复配叔胺促进剂提高中常温条件下环氧沥青混凝土的固化速度，缩短养生周期。

2.1.3 环氧沥青增柔增韧

依据环氧沥青增柔、增韧的机理和方法，对比研究了废旧轮胎胶粉、SBS 改性沥青、自黏性及自愈性优的天然胶乳材料进行物理改性。为避免天然胶乳水分添加至沥青引起的鼓胀和发泡，天然胶乳少量逐渐添加至增容剂并分散均匀后再与沥青、固化剂、固化促进剂及其他助剂等混合。

通过对比研究改性剂掺量及不同种类改性剂对拉伸强度、断裂延伸率等的影响，结合初始黏度及黏度增长特性，确定了天然胶乳复配增柔、增韧的方法。

2.2 环氧沥青制备及性能研究

温拌环氧沥青为双组分材料，其中 A 组分为双酚 A 型环氧树脂（牌号 E-51 或 E44 及其改性物），B 组分采用 A 级道路石油沥青、高分子酸酐类复合固化剂、增容剂、天然橡胶胶乳、促进剂等相关助剂。天然橡胶是一种绿色、环保、清洁的生物可再生弹性体聚合物，每生产 1kg 天然橡胶可吸收二氧化碳 24.9kg。采用天然橡胶胶乳制备环氧沥青，天然橡胶可均匀分散至沥青中，形成连续的丝状网络结构，实现材料的增韧和改善自黏性。

2.2.1 环氧沥青 A 组分

环氧树脂采用岳阳石化生产的双酚 A 型环氧树脂（牌号 E-51），其技术指标见表 2.5。

表 2.5　环氧树脂技术指标

技术指标	技术要求	测试结果
黏度（23℃）（Pa·s）	11～15	14.658
环氧当量（$g \cdot mol^{-1}$）	185～192	189
含水量（%）	≤0.05	0.02
闪点（℃）	≥200	282
密度（$g \cdot cm^{-3}$）	1.16～1.17	1.166
外观	透明	透明

2.2.2　环氧沥青 B 组分

沥青在环氧沥青中起到填充作用，改善环氧材料的柔韧性。因此，环氧沥青生产用的沥青材料宜满足 A 级道路石油沥青的要求。具体采用的基质沥青为壳牌 70＃A 级道路石油沥青，技术指标检测结果见表 2.6。

表 2.6　70＃A 级沥青技术指标

技术指标	技术要求	测试结果
针入度（25℃，100g，5s，0.1mm）	60～80	68
针入度指数 PI	−1.5～1.0	0.23
软化点（℃）	≥46	47.8
延度（10℃，5cm/min，cm）	≥20	26.7
动力黏度（60℃，Pa·s）	≥180	219
闪点（℃）	≥260	273
蜡含量（%）	≤2.2	1.4
溶解度（%）	≥99.5	99.9
密度（25℃，$g \cdot cm^{-3}$）	—	1.003
RTFOT 后残留	—	—
质量变化（%）	±0.8	0.21
残留针入度比（25℃，%）	≥61	73.2
残留延度（10℃，cm）	≥6	8.6

通过提高或解决环氧沥青各组分的相容性，可实现低环氧体系掺量条件下的高性能特征和效果。研制温拌环氧沥青 B 组分技术指标见表 2.6。制备步骤如下：

① 准确称量一定量的道路用A级石油沥青，结合沥青的标号、黏度等级，温度恒定在140～160℃范围。

② 将固化剂、助剂或改性材料加热至80～120℃逐步按比例加入混合并搅拌均匀制备得环氧沥青B组分。

③ 将环氧沥青A组分、B组分所有材料全部混合均匀后，倒入聚四氟乙烯模板（模板尺寸依据美国规范ASTM D638进行制作，样品为哑铃状拉伸试件）中，并用刮刀将多余环氧沥青刮除后，放入120℃的干燥箱恒温固化12～24h，即制得热固性环氧沥青结合料（图2.6），环氧沥青的制备流程如图2.6所示。环氧沥青结合料的性能应符合表2.7要求。

图2.5 环氧沥青哑铃状试件

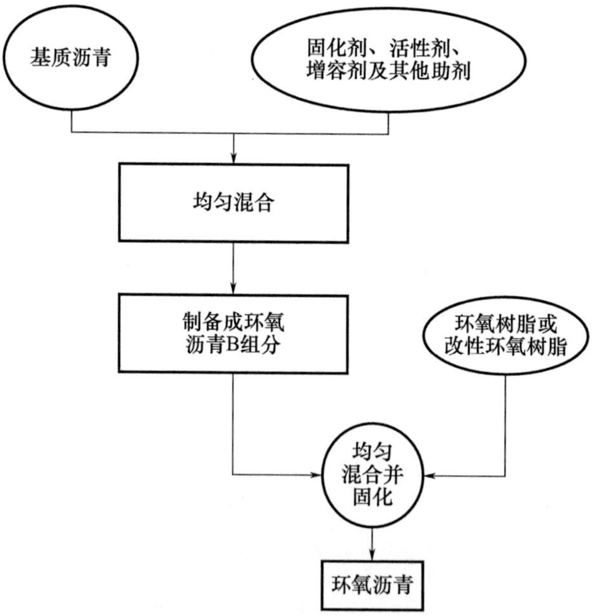

图2.6 环氧沥青的制备流程图

表 2.7 环氧沥青结合料技术要求

性能指标		单位	研制环氧沥青结果	技术要求			试验方法
				热拌	温拌	冷拌	
拉伸强度（23℃）		MPa	2.4	≥2.0	≥1.5	≥2.0	GB/T 16777—2008
断裂延伸（23℃）		%	256	≥100	≥200	≥50	GB/T 16777—2008
吸水率（7d，25℃）		%	0.12	≤0.3	≤0.3	≤0.3	GB/T 1034—2008
黏度至 1Pa·s 时间	23℃	min	—	—	—	—	T 0625
	120℃	min	64	—	≥50	—	

鉴于环氧沥青材料组分相对复杂，且属化学改性材料，组成成分的改变可能会影响固化效果、固化速度，尤其是环氧沥青的允许施工时间。因此，除按要求进行环氧沥青材料性能检验外，使用前应开展环氧沥青配伍性及相容性检测，评价和验证存储时间和温度对环氧沥青材料容留时间的影响。具体方法如下：

① 存储稳定性检测，检测环氧沥青 B 组分在现场控制温度、存放一周后 B 组分的离析均匀性和存储前后容留时间的改变；

② 老化检测，环氧沥青材料使用在表面层结构时应额外开展热老化及紫外老化对环氧沥青强度及断裂延伸率的影响研究。

环氧沥青的抗拉强度是材料抗断裂性能、层间黏结体系整体性的重要表征。环氧沥青受拉破坏时的应力应变可采用拉伸试验进行评估，拉伸试验按《建筑防水涂料试验方法》（GB/T 16777—2008）开展。试验温度为（23±2)℃，试验前应在 23℃试验温度下至少放置 3h，拉伸速率为（500±50）mm/min。环氧沥青结合料的黏度采用 Brookfield 黏度计，按《公路工程沥青及沥青混合料试验规程》（JTG E20—2011）中沥青旋转黏度试验（T 0625—2011）开展。技术指标及试验结果见表 2.8。

表 2.8 后掺法温拌环氧沥青技术指标及结果

性能指标	试验结果	技术要求	试验方法	备注
拉伸强度（23℃）（MPa）	2.4	≥1.5	GB/T 16777—2008	结合工艺特点，可适当缩短容许施工时间
断裂延伸率（23℃）（%）	256	≥200	GB/T 16777—2008	
黏度至 1Pa·s 时间（min）	64	≥50	JTG-E20—2001	

2.3 环氧沥青阻燃剂、烟雾抑制剂的优选

2.3.1 沥青阻燃剂、烟雾抑制剂的发展史

阻燃剂是指能提高易燃或可燃物的难燃性，阻止材料被引燃及抑制火焰蔓延的一种重要助剂，同时还具有消烟的功能，对于防止火灾及保障人类社会安全至关重要。人类使用阻燃剂及阻燃材料防止火灾的历史可追溯到公元前 83 年的罗马时代，据 Claudius 年鉴记载，可

利用alum溶液处理木材用于城堡阻燃。1638年Nikolas Sabbatini发表文献建议用陶土和熟石膏作为填料加入到涂料中处理剧院帆布窗帘以改善其阻燃性。我国阻燃剂起步于20世纪60年代中期，但80年代后的十几年内发展较为迅速，截至目前，我国从事阻燃剂研究的科研单位已达50余家，研究的阻燃剂品种达120余种，生产单位150余家。2001年，我国阻燃剂总产能约为15万吨，其中，氯系阻燃剂约占75%、磷系（含卤化）阻燃剂约占6%、溴系阻燃剂约占7%、无机阻燃剂约占12%。与世界发达国家和地区相比，阻燃剂消费结构差距甚大，如美国，氯系占8%、溴系占10%、磷及卤化磷系占16%、无机系占60%。从长远发展来看，阻燃高分子材料应向低毒、低烟、无卤化的方向发展。

研究表明，隧道火灾已成为一个国际性难题，随着隧道向长大化方向发展，多种阻燃技术均在阻燃沥青制备的科学研究中使用，但截至目前最有实用价值的阻燃是在沥青等高分子中加入阻燃剂的方式。阻燃剂按照使用方法可以分为添加型阻燃剂和反应型阻燃剂两种，而添加型阻燃剂又分为有机和无机两种。与有机阻燃剂相比，无机阻燃剂具有稳定性好、不挥发、不析出、烟气毒性低和成本低等优点。其中，膨胀型阻燃剂（IFR）是近几年来在国内外阻燃领域引起广泛关注的一种新型复合阻燃剂。膨胀型阻燃剂是一种新型环保阻燃剂，在高热或燃烧火焰的作用下，酸源、炭源与气源进行化学反应，形成膨胀的、多孔状的炭层，该炭层既可阻止外部热量进入聚合物基体，避免聚合物的内部分解，也可阻挡材料内部产生的可燃性挥发组分逸出，使燃烧过程中断。

沥青是由不同分子量的碳氢化合物及其非金属衍生物组成的黑褐色复杂混合物。沥青是一种可燃物质，燃烧会分解出甲烷、苯、氢及烷类易燃气体，这些气体的燃烧反应会进一步加快沥青的分解，因此沥青材料燃烧具有来势猛、扩散快、范围广、难扑灭等特点，发生事故的概率更大。但由于沥青路面在抗滑、行车舒适性等方面具有优越的路面性能，广泛地应用于隧道路面，而沥青属于可燃物，如果发生交通事故引发隧道火灾，沥青参与燃烧，会导致人员伤亡与财产损失，后果不堪设想。因此，早在20世纪80年代，欧美等国家就开始了对阻燃技术的研究，如Bonati和Troitzsch研究了阻燃剂种类技术特性和阻燃沥青混合料阻燃性能。近十年来，国内不少学者也对阻燃沥青路面技术展开了研究，如：孔宪明等研究了阻燃沥青混合料的阻燃性能；黄志义等研究了隧道沥青路面燃烧的规律；朱祖煌研究了阻燃温拌沥青混合料的制备和性能；南雪峰研究了阻燃沥青混合料的阻燃抑烟性能。环氧沥青是一种化学改性沥青，性能与传统沥青相比有本质的提升，物理力学性能产生了本质改变。但由于环氧沥青材料价格昂贵，施工工艺复杂，在隧道路面的应用较少，环氧沥青阻燃材料的相关报道及研究相对较少。当然，随着环氧树脂应用范围、应用量的不断增长，阻燃型环氧树脂的研究和应用会越来越多。

2.3.2 环氧沥青阻燃剂、烟雾抑制剂的选择原则及评价方法

项目在参照国内外现有阻燃沥青、阻燃环氧树脂选用的阻燃剂及烟雾抑制剂研究成果的基础上，结合环氧沥青燃烧三要素（燃烧物、环境温度、周围氧气）及环氧沥青材料的化学组分、比容、导热性、分解温度、燃烧热、燃点、燃烧速度、材料的氧指数等性质，在尽量减少成本和降低工艺难度，减少对原有性能的影响，材料来源可靠、阻燃效果稳定的原则

上，结合共容共混的配伍性、环保性，配制出高性能热固性阻燃环氧树脂材料。

环氧沥青与传统的沥青材料不同，环氧沥青发生固化反应后已不再具备热塑性材料特点，因此材料的阻燃、烟雾抑制材料的筛选应在配伍性、相容性原则基础上选择分解温度高、热稳定性好、环保、阻燃及烟雾抑制效果好的材料复配。阻燃及烟雾抑制效果评价应针对固化后材料开展，而不是用未固化前材料。

阻燃及烟雾抑制材料初选主要在大量文献调研及咨询的基础上，结合材料物性指标，筛选几种主要的阻燃剂，烟雾抑制剂后，按固化物直接燃烧试验、固化物是否存在析出，环氧沥青材料固化过程是否存在分层现象等，初步确定采用无毒无味、不产生腐蚀气体、吸湿性小、热稳定性高，且性能优良的非卤膨胀阻燃剂 FR-E ＋溶解度低、不易吸湿、分解温度高、热稳定性好、使用安全、成本低廉的纳米 FR-N 进行复配。

评价的试验方法及指标如下：

1. 极限氧指数试验

氧指数（LOI）是指在规定的条件下，材料在氧氮混合气流中进行有焰燃烧所需的最低氧浓度。以氧气所占体积百分数的数值来表示，是评价材料相对燃烧性的一种表示方法，以此判断材料在空气中与火焰接触时燃烧的难易程度非常有效，因此受到世界各国的重视。沥青燃烧性能的闪点及燃点指标只描述了沥青能够燃烧的条件，可有效地评价沥青在储存及施工过程中的安全性，但并不能评价沥青在着火情况下持续燃烧的能力。参照《塑料 用氧指数法测定燃烧行为 第一部分：导则》（GB/T 2406.1—2008），即通过测定极限氧指数方法评价沥青的燃烧性能。极限氧指数可判断材料燃烧的难易程度，并可用来进行材料的燃烧性分级。极限氧指数越高，表明材料越不易燃。一般认为，当 LOI＞27％时，该材料在火中是自行熄灭的材料。日本 JIS K7201 则规定：LOI＞30％为难燃 1 级，LOI 在 27％～30％为难燃 2 级，LOI 在 24％～27％为难燃 3 级，LOI 在 21％～24％为难燃 4 级，LOI 小于 21％为难燃 5 级，即为易燃材料。极限氧指数计算公式如式（2.1）：

$$LOI = [O_2] / ([O_2] + [N_2]) \times 100\% \tag{2.1}$$

式中　$[O_2]$——临界氧浓度时氧气的体积流量，L/min；

$[N_2]$——临界氧浓度时氮气的体积流量，L/min。

2. 烟密度试验

在隧道火灾中，燃烧或分解过程中的发烟量及发烟速率是材料火灾安全特性的重要参数，是造成火灾中人员伤亡的主要原因之一。烟密度法定义为规定暴露面积的试件在规定容积的烟箱内燃烧产生的烟雾，测定平行光束在烟雾中穿过单位光路长的透光率变化，再计算比光密度 D_S。烟密度通常采用烟密度箱试验仪进行，根据《建筑材料燃烧或分解的烟密度试验方法》（GB/T 8627—2007）的烟箱容积 V 为 300mm×300mm×790mm，燃气丙烷压力为 276kPa，试件的暴露面积即 A 为 25mm×25mm，光路长 L 为 300mm，计算公式如式（2.2）

$$D_s = \frac{V}{LA}\left(\lg \frac{100}{T_m} + F\right) \tag{2.2}$$

式中　D_s——比光密度；

V——试验箱容积，cm^3；

L——试验箱中平行光束的长度，cm；

A——试样的试验面积，cm^2；

T_m——最小透过率值或 20min 时的透过率值；

F——扩展滤光片的光密度值。

3. 锥形量热分析（CCT）

锥形量热仪的标准实验方法基于耗氧原理，即火灾中常见材料燃烧时，每消耗单位质量的氧气所释放的热量接近常数。该原理受完全燃烧程度和燃烧类型的影响较小。锥形量热仪作为一种燃烧测定仪器，可测量材料在给定热辐射条件下的多项指标，包括点燃时间（TTI）、有效燃烧热（EHC）、质量损失速率（MLR）、热释放速率（HRR）等，并能记录燃烧过程中烟气参数的变化规律，例如比消光面积（SEA）及燃烧产物中 CO 和 CO_2 的浓度等。通过上述参数，可预测材料在大型燃烧试验时的释热率，建立小型燃烧试验与大型阻燃试验的关系，并能分析阻燃剂的性能和大致评估阻燃材料在真实火灾中的危险程度。锥形量热仪是当前能够表征材料燃烧性能的最为理想的试验仪器之一，它的试验环境同火灾材料的真实燃烧环境比较接近，所得试验数据能够评价材料在火灾中的燃烧行为。

4. 热重分析

热重分析是对小尺寸的样条进行高分子材料的炭化试验，是在程序控制温度下测量物质的物理性质与温度关系的一类技术。主要用来研究材料在燃烧过程中物理及化学性质的变化。

5. 模拟燃烧试验

刘新权采用汽油作为试验燃烧物质，设计了直接燃烧模拟试验。选用 30cm×30cm×5cm 的标准轮碾车辙试件，放在不透油的钢制挡板上，在室外进行汽油燃烧试验，测试沥青混合料的阻燃性能。测试试件的温度变化采集点为试件表面中心温度和试件正上方 30cm 处空气温度，试件的表面温度用红外线温度感应器测定，数据采集频率为 3s/次，试件上方处的空气温度用型热电偶温度测试器测定，数据采集频率为 5s/次，用质量变化、燃烧的温度变化评价阻燃性能。陈辉强选择（45±2）g 材料放于燃烧皿中，然后将燃烧皿置于电炉上加热至着火点燃，记录点燃时间，移走电炉，让沥青在实验室室内自然燃烧，直至熄灭，记录本次燃烧所用时间及剩余产物的总质量，计算出燃烧掉的沥青质量及其占燃烧前的质量百分比，并用数码相机拍摄照片。继续用电炉点燃，重复燃烧和记录，直到不能再点燃为止，认为此时沥青已经燃烧完全。然后用每次点燃时间、燃烧时间及残留物质量来评价材料的阻燃性能。图 2.7 为模拟燃烧试验示意图。

上述评价方法在一定程度上模拟了材料的阻燃特性，但隧道火灾过程实际发生的燃烧存在较大差异。鉴于隧道事故发生时燃油外流时间有一个过程，且由于燃油的燃烧速度快，项目在开口不锈钢材料盆中添加煤油或汽油，不锈钢盆的直径约为 20cm、深约 10cm。试样直接放在不锈钢盆底面上，加入燃烧油浸泡深度至少高出试样表面 3cm，点火燃烧。记录燃烧过程的外观状况、燃烧后试样的表面损坏状况、测定冷却后的质量损失、残留马歇尔强度。

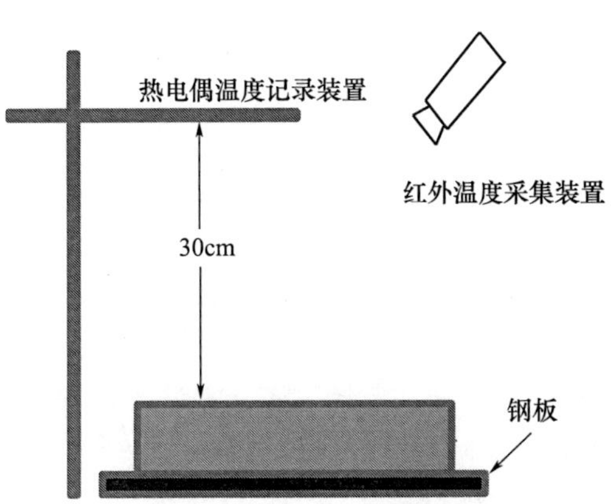

图 2.7 模拟燃烧试验示意图

2.3.3 环氧沥青阻燃剂的评价

综合考虑阻燃材料来源、成本、工艺难度、可靠性、阻燃及烟雾抑制效果、材料与环氧沥青的配伍性、环保及性能等因素。初步确定采用无毒无味，不产生腐蚀气体，吸湿性小，热稳定性高，且性能优良的非卤膨胀阻燃剂 FR-E ＋溶解度低、不易吸湿、分解温度高、热稳定性好、使用安全、成本低廉的纳米 FR-N 进行复配方案。

前期大量的环氧沥青混凝土性能试验结果表明，马歇尔稳定度试验能较好地表征环氧沥青混凝土的性能，且外在的其他因素影响马歇尔稳定度能较敏感反应。为评价环氧沥青混凝土阻燃性能，将制备的阻燃环氧沥青混凝土马歇尔试件浸泡后燃烧，评价阻燃特性。环氧沥青混凝土阻燃性能试验方案见表 2.9。

表 2.9 环氧沥青混凝土阻燃性能试验方案

序号	类型	试验指标及试样数量	备注
1	未掺加阻燃材料环氧沥青混凝土	马歇尔试验每组 2 个试样，考虑成型共 8 个	燃烧前
			燃烧后
2	15%FR-E+8%FR-N 环氧沥青	马歇尔试验，成型 4 个	燃烧前
			燃烧后
3	15%FR-E+12%FR-N 环氧沥青	马歇尔试验，成型 2 个	燃烧后
4	15%FR-E+15%FR-N 环氧沥青	马歇尔试验，成型 2 个	燃烧后
5	8%FR-E+15%FR-N 环氧沥青	马歇尔试验，成型 2 个	燃烧后
6	8%FR-E+25%FR-N 环氧沥青	马歇尔试验，成型 2 个	燃烧后

试验步骤和方法：

在开口不锈钢材料盆中添加 95＃汽油，不锈钢盆的直径约为 20cm，深约 10cm。试样直接放在不锈钢盆底面上，加入燃烧油浸泡深度至少高出试样表面 3cm，点火燃烧。通过摄像机记录燃烧的整个过程，观察并记录燃烧前后的外观变化，测量燃烧前后质量损坏、残留稳定度情况。评价环氧沥青混凝土在模拟燃烧条件作用后的强度破坏特征及阻燃、烟雾抑制的效果。

测试结果及分析：

通过直接燃烧试验即使未掺加阻燃及烟雾抑制剂的环氧沥青点燃后均能在 5s 内自熄，属难燃级别，而且环氧沥青混凝土燃烧过程火焰向上，温度相对较低，且环氧沥青含量低，用氧指数、烟密度无法有效地评价和模拟采用环氧沥青混凝土时燃烧的状态。为模拟油罐车燃烧时燃料外泄，燃料直接在隧道路面上燃烧的状况，采用直接燃烧法对马歇尔试样进行燃烧模拟，观测火焰大小，燃烧前后芯样是否存在脱渣掉粒现象；测量燃烧时间、烧失量，燃烧前后的马歇尔强度损失，燃烧时芯样温度进行评价并将阻燃 SBS 改性沥青进行对比。

图 2.8 为环氧沥青混凝土燃烧过程。燃烧快结束时，芯样试件表面温度超过 300℃，因此，SBS 改性沥青混合料在燃烧过程中会出现坍塌现象，且受燃料的溶解作用，逐渐参与燃烧中。燃烧后试件外观如图 2.9 所示，自主研发的环氧沥青混凝土由于熔融点高，约 430℃也不会发生可视形变，因此，无论是否添加阻燃材料，外观均未出现掉渣及脱粒现象。燃烧后质量损失随阻燃剂及烟雾抑制剂掺量的增加而增大，但马歇尔强度指标燃烧前后强度相当。

图 2.8　环氧沥青混凝土燃烧过程

(a) 无阻燃材料环氧沥青混凝土　　(b) SBS改性沥青混凝土　　(c) 阻燃环氧沥青混凝土

图 2.9　马歇尔试样燃烧模拟后的照片

通过模拟的燃烧试验表明下述观点的正确性，即认为国内有人在研究隧道阻燃沥青路面，这似乎在技术上已经步入了误区。从字面上看，沥青路面阻燃，似乎沥青路面不会燃烧。然而，作者仔细研究了目前国内外使用的阻燃剂技术，发现在沥青中加入阻燃剂后，沥青的燃点仅提高了 7～15℃。由于目前国内外关于沥青阻燃技术的研究均无法改变沥青的燃油本质，尽管阻燃后沥青的燃点提高 10℃左右，但根本无法阻止车辆一旦失火后沥青路面在高温火焰下的燃烧本质。在超特长隧道宜采用水泥混凝土路面或环氧沥青混凝土＋水泥混凝土的复合式路面。

3 环氧沥青后掺法工艺及装备

环氧沥青因其优异性能成为当前热门公路的铺面材料，但其施工容留时间短且受温度影响较大，导致施工要求苛刻、难度大的世界性难题限制了其推广应用。为缓解环氧沥青施工难的问题，一些学者通过研制固化速率慢的环氧沥青来延长施工容留时间，同时也带来了强度增长慢、养生时间长的问题。现有工艺下的工程质量同时受到拌和等料、运输及现场摊铺碾压三阶段的共同影响，延长施工容留时间，导致养生时间延长。缩短养生时间，则施工容留时间短，施工困难、施工质量难控制，因此无法兼顾"长容留""短养生"的矛盾需求。将拌和设备就近设置在工程附近、小型运输车辆运输，可缩短拌和等料及运输时间，降低施工风险，但无法从本质上解决施工容留时间受固化反应速度影响大、时间不可控、施工质量难保证的根本难题，从而导致环氧沥青应用受限。

3.1 后掺法工艺

3.1.1 工艺简介

环氧沥青施工要求苛刻、难度大的问题根源在于它属于固化反应不可逆的化学改性材料，A、B 组分混合当即反应开始，体系黏度随着温度升高和时间不断增大，若未在容许施工时间内完成施工，则会因环氧沥青胶凝出现结块成为死料而无法施工，由此带来严重的经济损失或质量缺陷。在现有施工工艺中，环氧 A、B 组分一次性均匀拌和后，施工容留时间内需完成混合料拌和、装料、运输、现场待料、摊铺及碾压等工作，该过程易受各环节中机械故障、不利交通、极端气候等潜在不确定性因素的影响，导致施工质量风险高，而降低环氧沥青固化速度和就近设置拌和站等措施不能从根本上解决该问题。因此本研究组从环氧沥青材料的化学改性特点出发，提出将发生反应的 A、B 组分分两次添加的创新性工艺改革，即环氧沥青"后掺法"施工工艺，工艺流程如图 3.1 所示。

后掺法是将环氧沥青 B 组分与矿料拌和均匀后运输至施工现场，在摊铺过程中加入环氧树脂 A 组分并二次拌和均匀，即拌即铺。避免了拌和等料、运输及现场待料三个时间不可控环节的不利影响，混合料容留时间内仅要求完成摊铺、碾压两个紧凑环节，对容留时间需求短，工艺可操作性强，质量可控性高。同时可通过在环氧沥青中添加促进剂的方式实现养生阶段强度增长速度快、养生周期短的目标，进而快速开放交通，调和了施工容留时间与养生时间的矛盾。

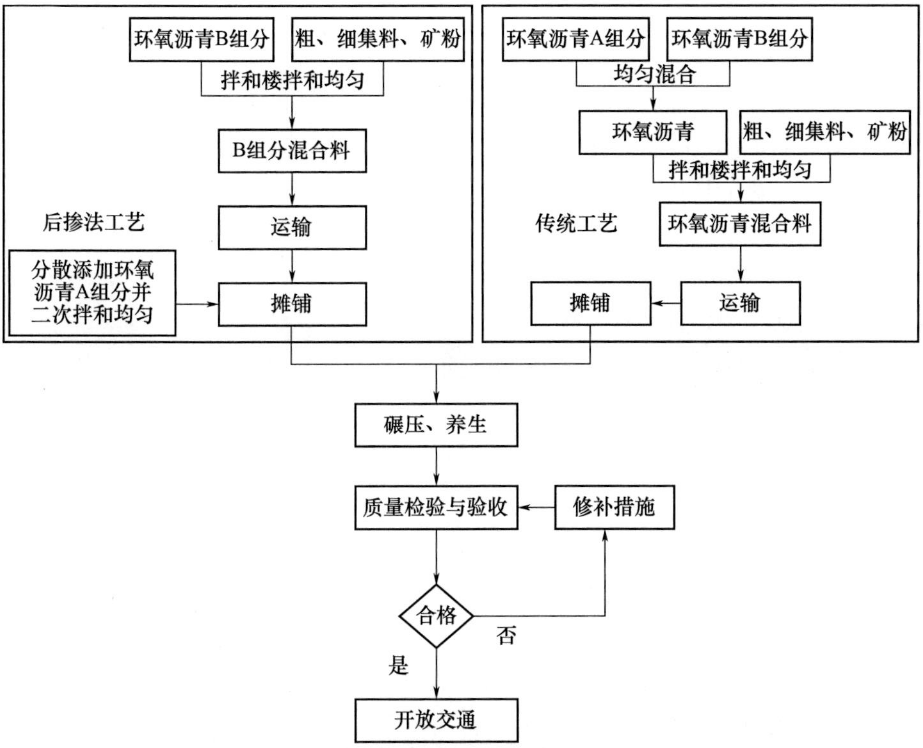

图 3.1　环氧沥青施工工艺流程对比图

具体施工工艺流程如下：

1. B 组分混合料拌和

利用沥青拌和设备将环氧沥青 B 组分与加热干燥后的设计级配集料均匀拌和成无花白料的 B 组分混合料。

① 拌和工艺：严格按照级配设计文件中提供的环氧沥青 B 组分、粗集料、细集料、矿粉、添加剂等原材料比例控制计量，使用外掺剂时，应配备带有电子计量、可输出记录的自动投量装置。

② 拌和时间：B 组分混合料采用外掺添加剂时，加入添加剂后混合料干拌时间应该增加不少于 10s；湿拌时不宜少于 30s。

③ 拌和温度：B 组分混合料拌和过程中应保证其温度稳定性，具有一定流动性，确保 B 组分混合料拌和均匀，严格按照矿料加热温度保证 B 组分混合料生产温度，见表 3.1。

表 3.1　B 组分混合料生产温度　（℃）

类型	石料加热温度	环氧沥青 B 组分温度	拌和温度
EAC、ESMA、ESAC	120～135	120～150	105～130

注：原则上，B 组分混合料温度不得高于 140℃，严禁超过 150℃，达不到要求时，应作废弃处理或采取措施有效降低温度至 130～140℃再施工，从而避免 B 组分混合料掺入 A 组分后，因容留时间过短出现质量问题。

2. B组分混合料的运输、卸载

将拌制好的B组分混合料运输至摊铺现场，卸载于专用后掺法摊铺机料斗中。

① B组分混合料的运输应根据运距、拌和设备产量配备数量足够的运料车，运料车每次使用前后必须清扫干净，在车厢板上涂一薄层防止B组分环氧沥青黏结的隔离剂或防黏剂，运输过程中宜用苫布覆盖保温、防雨、防污染。

② 运料车达到施工现场后卸载至专用摊铺机料斗中，每次卸料尽量倒净，运料车余料不得倾倒在待铺工作面，须拉至集中地点清除。

3. 二次添加及拌和，并即拌即铺

① 根据不同摊铺速度、刮板速度按量准确添加环氧A组分至B组分混合料，A组分以高压雾状形式添加，实现初步分散。

② 通过专用摊铺设备、二级强制拌和装置及螺旋布料器实现二次均匀拌和。

③ 即拌即铺。

4. 碾压、养生

① 碾压原则：尽可能高的温度条件下及时进行碾压，具体按试验路段确定设备组合及碾压具体工艺参数进行碾压。

② 碾压过程双钢轮及胶轮原则采用喷涂植物油的方式避免黏轮。

③ 筑好的环氧沥青层不得洒水降温，应严格控制交通，保持整洁养生。

5. 质量检验及验收

待路面养生完成后，检查验收环氧沥青面层的各项质量指标，包括路面的厚度、压实度、平整度、渗水系数、构造深度、摩擦系数等，检测结果应符合《公路沥青路面施工技术规范》(JTG F40—2004) 检查与验收质量标准，若不符合，应查明原因，采取修补措施。

6. 开放交通及其他设施

① 待路面温度低于40℃后，方可开放轻型交通。一般情况下，气温高于30℃，一周后可开放交通；气温低于20℃，两周后可开放交通。

② 特殊路段如重载交通、极端天气等开放条件下，应以同等条件养生试件的马歇尔稳定度为依据，一般路段不低于20kN，钢桥面及长大纵坡、弯道等特殊路段不宜低于40kN。

注：上述关于环氧沥青后掺法施工工艺没有提及的环节及要求均按《公路沥青路面施工技术规范》(JTG F40—2004) 执行。

3.1.2 工艺难点及可行性分析

采用后掺法工艺，虽解决了环氧沥青混合料拌和等料、运输及现场待料三个时长难以准确控制环节的不利影响，但增加二次添加及拌和两个环节，且第一次仅采用单一组分与集料拌和，需克服和解决以下关键问题和要求。

① 环氧沥青各组分材料要求相容性好、组分比值差异大，以实现后场单一组分均匀拌和。

应用较广的日本TAF环氧沥青（A组分：B组分=100：257）及美国ChemCo System 环氧沥青（A组分：B组分＝100：585），环氧树脂掺量占总体系比例大，仅采用单一B组分材料难以实现均匀拌和。基于节能、环保、耐久性、经济性及环境适应性原则，着重解决环氧沥青各组成材料相容性，生物基材料接枝增大固化剂分子结构等手段研发了低树脂掺量环氧沥青材料。若按传统工艺实施，该材料A、B组分比例仅为100：1540。在考虑施工不均匀性、集料岩性及材质变化、施工环境条件及后掺法工艺等影响，综合确定A、B组分的最佳掺比为100：903，可实现仅环氧沥青B组分与集料的均匀拌和。

② 环氧A组分的准确添加及二次拌和均匀。

不同工程项目设计的环氧沥青混凝土厚度、级配类型、粒径可能存在一定的差异，施工区域的气候环境条件也存在一定差异，在摊铺施工过程中，摊铺宽度、速度、厚度及刮板速度也存在一定差异，且摊铺施工是一个连续过程。因此如何保障环氧沥青A组分添加量的动态匹配及准确性，添加时机的及时性及摊铺过程环氧沥青A组分与B组分混合料的二次拌和均匀性至关重要。

③ 施工质量控制标准。

如何结合材料特点和工艺要求，考虑出料温度、压实温度、压实功、A组分添加量、二次拌和功及恶劣气候等因素对环氧沥青混合料性能的影响，制定质量控制标准。

④ 掺法工艺专用摊铺设备。

摊铺机须具有足够的功率富余及拓展功能，实现环氧A组分的准确添加及二次均匀拌和装置与摊铺机的有机统一。

3.1.3 后掺法环氧沥青混合料室内拌和及成型方法

环氧沥青后掺法施工工艺与传统施工工艺的最大区别是前者将环氧沥青A组分后掺并进行二次均匀拌和。因其工艺区别，后掺法环氧沥青混合料的室内拌和及成型方法如下：

1. 环氧沥青B组分混合料拌和

将加热到规定温度的设计级配的集料、填料、外掺改性剂及环氧沥青B组分按量添加后，在120℃下拌和120s，制得B组分混合料。

2. 环氧A组分的添加及二次拌和

将准确计量的环氧沥青A组分添加至已拌B组分混合料，二次拌和120s，完成环氧沥青混合料制备；若拌和的混合料出现花白料，则更换环氧沥青材料或增加环氧沥青用量，按上述步骤重新拌和。

3. 成型试件

在环氧沥青混合料的容留时间内，按《公路工程沥青及沥青混合料试验规程》(JTG E 20—2011）规定的击实法（T 0702—2011)、轮碾法（T 0703—2011)、静压法（T 0704—2011）的要求成型制件。

4. 试件养生

将已成型的试件放入规定温度和时间内的恒温烘箱中进行固化养生，必要时可适当延长固化养生时间。

5. 性能测试

固化试件养生完成后，自然放置至少 24h，冷却至室温方可脱模。如需快速进行马歇尔试验，可将固化后的带模试件放置在冷水中或温度较低的环境中快速冷却再脱模（相关试验应进行情况说明），再进行性能测试。

3.2 后掺法工艺影响因素模拟及评价

为评价后掺法环氧沥青施工影响环节及因素，结合后掺法环氧沥青混合料的工艺特点，以第 4 章 EAC-13 配合比开展了环氧沥青 B 组分储存条件、B 组分混合料成型温度及碾压、环氧 A 组分二次添加量及拌和的压室内模拟。

3.2.1 现场待料模拟

1. 环氧沥青 B 组分储存时间及容留时间

环氧沥青 B 组分不同储存时间及容留时间的室内模拟试验方案如下：

① 将配制好的环氧沥青 B 组分胶结料放入 120℃恒温烘箱中储存 0h、24h、48h、72h、96h。

② 将不同储存时间后的环氧沥青 B 组分成型。不同容留时间（0min、5min、10min、15min、20min）下双面击实 75 次成型标准马歇尔试件。

③ 将成型好的马歇尔试件放置于 120℃烘箱中养生 24h，取出后自然放置至少 24h，冷却至室温方可脱模，测试试件的空隙率和稳定度，试验结果如图 3.2 所示。

由图 3.2 分析可知，随着制件成型时间的延长，环氧沥青混合料的马歇尔试件稳定度总体呈下降趋势、空隙率呈上升趋势，且随着制件周期的延长，稳定度下降或空隙率上升的幅度越大。环氧沥青 B 组分储存 96h，容留 60min 后的环氧沥青混合料马歇尔稳定度仍能满足规范要求（规范要求≥40kN）。但是，当存储时间超过 24h 且容留时间超出 45min 时，随着环氧沥青的黏度增长，空隙率难以压实导致空隙率远高于目标值 4%。因此，在后掺法环氧沥青混合料施工的准备阶段，应根据每天计划的铺筑量，准确计算对应的环氧沥青 B 组分的生产量，B 组分混合料避免超过 24h 的高温储存，同时环氧沥青混合料应该尽量地在 30min 甚至更短的容留时间内完成施工。

2. B 组分混合料现场待料及现场碾压模拟

B 组分混合料现场待料不同时间及碾压的室内模拟试验方案如下：

① B 组分混合料拌制，利用拌锅在 120℃下拌制设计用量的环氧沥青 B 组分混合料，分三盘放置，贴上标签。第一盘直接放入到 120℃的烘箱中保温；第二盘的混合料待温度降低至 100℃后放至 100℃恒温烘箱中保温；第三盘的混合料待温度降低至 80℃后放至 80℃恒温烘箱中保温。

② 添加环氧沥青 A 组分，称取相应数量马歇尔试件环氧沥青 B 组分混合料放入拌锅

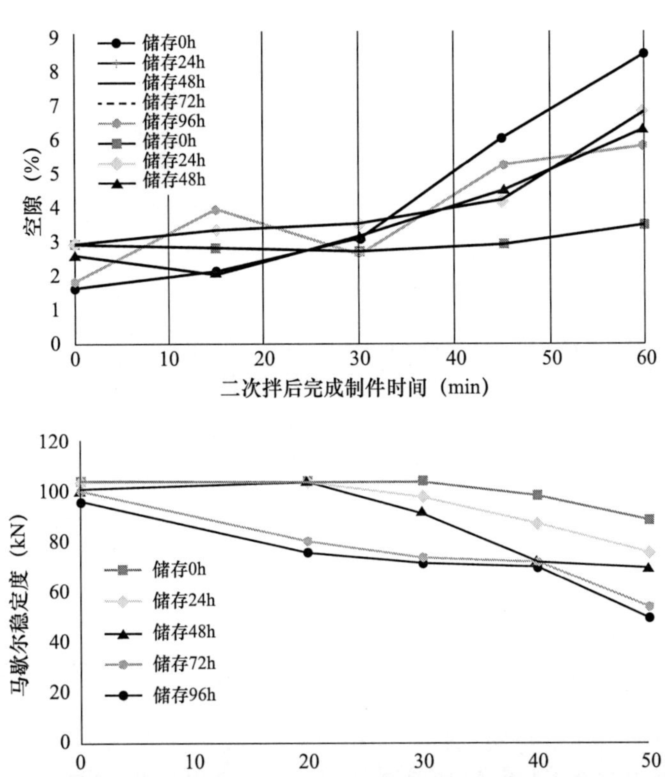

图 3.2　环氧沥青 B 组分储存对不同成型时间的试件空隙率及稳定度的影响

中，按比例添加环氧 A 组分。

③ 成型马歇尔试件，温度为 120℃的环氧沥青 B 组分混合料在添加最佳比例环氧树脂后采用标准马歇尔试验击实次数（双面击实 75 次），成型标准马歇尔试件；温度降低到 80℃、100℃的环氧沥青 B 组分混合料在添加最佳比例环氧树脂后采用的击实功通过改变双面击实次数实现，设定的双面击实次数分别为 75、100、125 和 150 次成型马歇尔试件。

④ 将成型好的马歇尔试件放置于 120℃烘箱中养生 24h，取出后自然放置至少 24h，冷却至室温方可脱模，测试试件的空隙率及稳定度，试验结果如图 3.3 所示。

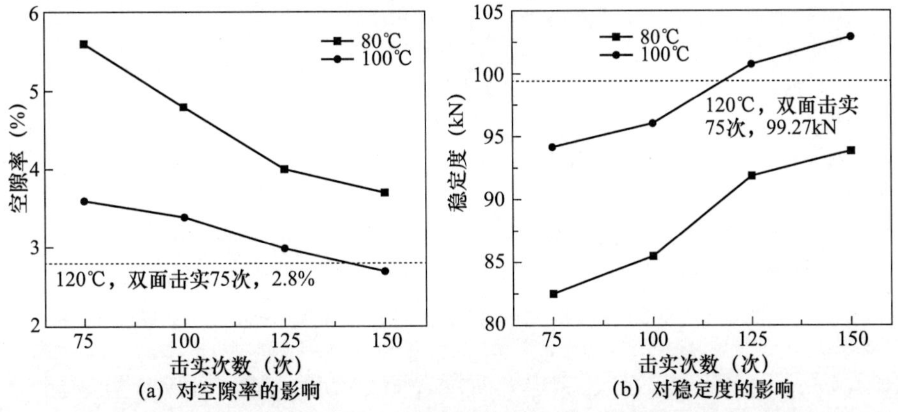

图 3.3　环氧沥青 B 组分二次拌和温度及击实功对稳定度、空隙率的影响

由图 3.3 分析可知，随着击实次数的上升，环氧沥青混合料的空隙率逐渐减小，而密度逐渐增大，且从双面击实 75 次提高到双面击实 125 次这个阶段，空隙率下降速度较快，此后再增大击实功对环氧沥青混合料的空隙率的改变幅度很小；对于马歇尔稳定度，当击实次数提高时，会有一定幅度的提升。根据上文的研究结果，主要原因在于提高击实次数会使沥青混合料的空隙率降低，沥青混合料粗集料更加紧密地嵌挤在一起，故稳定度得到提升；在相同击实功（击实次数）条件下，随着温度从 120℃降低到 100℃，再 100℃降低到 80℃沥青混合料的空隙率逐渐增大，稳定度也有一定程度的下降，主要原因在于温度降低时，沥青的黏度会增大，沥青混合料中胶结料的润滑作用下降，不易压实，故空隙率增大，稳定度减小；稳定度变小的另外一个原因是，环氧沥青 B 组分混合料温度的下降一定程度上降低了后掺的环氧沥青 A 组分与环氧沥青 B 组分混合料拌和的均匀性。因此，当施工现场环氧沥青 B 组分混合料待料时间过长，温度有所下降时，可通过增大现场压实功（使用大吨位压路机或增加碾压遍数）来弥补现场待料引起的环氧沥青混合料性能的下降，同时应选择保温效果好的运料车来运输环氧沥青 B 组分混合料，以免造成铺筑性能的下降。

3.2.2 A 组分二次添加及拌和的模拟

1. 环氧 A 组分的添加量

环氧 A 组分不同添加量的室内模拟试验方案如下：

① 利用拌锅在 120℃下拌制设计用量的环氧沥青 B 组分混合料。

② 在环氧沥青 A 组分最佳掺量的基础上，通过减少 5%、10%、20%、30%、40%、50%、60%、70%、100%和增加 5%、10%、20%、30%、40%、50%、60%、70%的环氧树脂用量加入到拌锅，在相同温度下再次拌和 120s，制备环氧沥青混合料。

③ 将上述环氧沥青混合料在 120℃双面击实 75 次成型标准马歇尔试件。

④ 将成型好的马歇尔试件放置于 120℃烘箱中养生 24h，取出后自然放置至少 24h，冷却至室温方可脱模，测试试件的空隙率和稳定度，试验结果如图 3.4 所示。

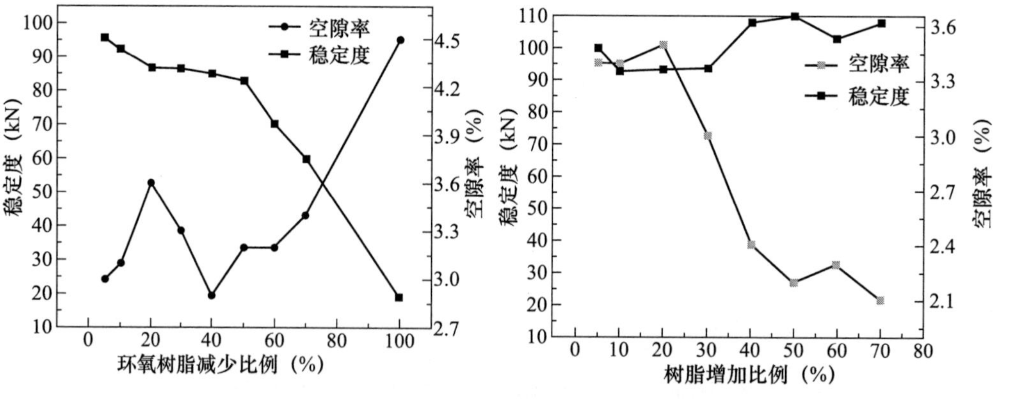

图 3.4 环氧沥青 A 组分添加量变化对空隙率及稳定度的影响

由图 3.4 可知，相比于最佳比例环氧沥青 A 组分掺量，减少树脂掺量会导致混合料空隙率升高、稳定度降低，当掺入比例少于 70%，则混合料空隙率会急剧上升，稳定度显著衰减，掺量较理论掺量减少30%以内时，则稳定度及空隙率衰减较小。环氧沥青A组分在理论掺量基础上增加A组分掺量，混合料的空隙率总体随A组分掺量比例的增加呈下降趋势，这是因为增大环氧沥青A组分，相当于增大油石比，增强了沥青的润滑作用，混合料易于击实；但稳定度虽有小幅提升，但增幅效果不明显，而且随A组分掺量的增大，表面呈"泛油"状态。为严格控制A组分的添加量，结合试验模拟确定环氧沥青A组分允许波动范围为−5%～10%。

2. 二次拌和功

为简化试验，在第二次拌和时使用二次搅拌的拌和时间替代拌和功。选取10s、20s、30s、40s、50s、60s、120s、180s、240s模拟不同拌和功，具体室内模拟试验方案如下：

① 利用拌锅在120℃下拌制设计用量的环氧沥青B组分混合料。

② 拌锅中加入最佳掺量的环氧沥青A组分，在120℃下拌和10s、20s、30s、40s、50s、60s、120s、180s、240s，制备环氧沥青混合料。

③ 将上述环氧沥青混合料在120℃双面击实75次，成型马歇尔试件。

④ 将成型好的马歇尔试件放置于120℃烘箱中养生24h，取出后自然放置至少24h，冷却至室温方可脱模，测试其的劈裂强度和稳定度，试验结果如图3.5所示。

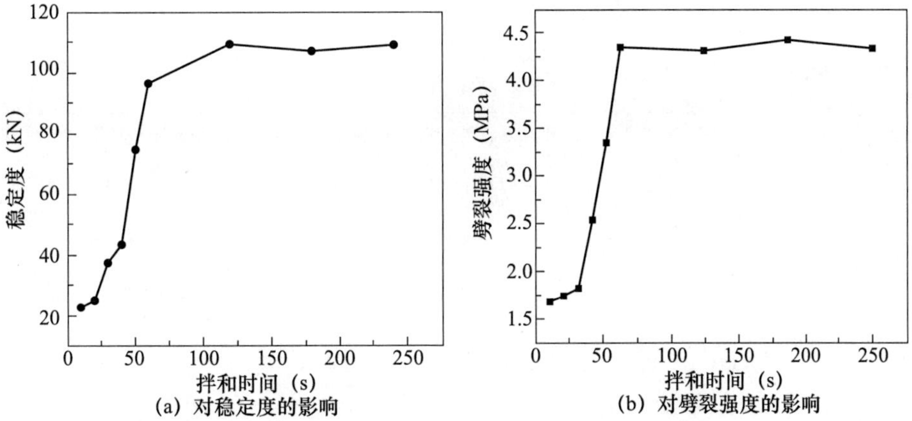

图3.5　拌和时间对后掺法工艺环氧沥青混合料稳定度及劈裂强度影响

由图3.5可知，拌和时间达到标准拌和时间（120s）的一半前，环氧沥青混合料性能随拌和时间增长而显著提升，但拌和时间增加至60s甚至标准120s拌和时间之后，性能增加不明显，表明机械拌和对环氧树脂在沥青混合料中的分散起关键作用，均匀拌和是保障环氧沥青混合料性能的基础，通过两步添加的后掺法环氧沥青混合料二次拌和功接近1/3时，性能仍能得到有效地保障，可满足钢桥面环氧铺装的性能要求，表明后掺法制备环氧沥青混凝土是一个可行的工艺。

3.3　极端及不利施工条件模拟及评价

云南省地形地貌复杂，山区高原面积占比大，地跨寒温热三带气候，基本涵盖国内降温、降雨、降雪及寒流等主要特殊气候条件，为应对施工过程中突然遭遇特殊气候情况，在实验室内模拟了环氧沥青混合料铺装过程中可能遇到的降雨、降温、降雪等九种极端气候，进而评价潜在不利气候条件对环氧沥青混合料施工质量的影响。各种不利气候条件影响的模拟方案见表 3.2。在实验室中，分别测试九种模拟条件下的环氧沥青混合料的稳定度和流值来表征其性能，同时观察不同气候条件下的混合料的外观特征。

表 3.2　极端气候的室内模拟方案

编号	气候	施工情况	模拟方法
1	雨	摊铺过程中降雨	将环氧沥青混合料出料后喷洒混合料质量 2%/5%的清水后压实成型
2		碾压后温度未降低即降雨	将环氧沥青混合料压实成型，未降温即带模具置于 20℃清水中静置 1d
3		碾压后温度降至常温后降雨	将环氧沥青混合料压实成型，带模具冷却至室温，置于 20℃清水中静置 1d
4	雪	碾压后温度未降低即降雪	将环氧沥青混合料压实成型，未降温即带模具置于水桶中脱模，放入－20℃冰柜静置 1d
5		碾压后温度降至室温后降雪	将环氧沥青混合料压实成型，冷却至室温，置于水桶中，放入－20℃冰柜静置 1d
6		碾压完成 14d 后降雪	将环氧沥青混合料压实成型，常温（20℃）养生 14d，置于水桶中，放入－20℃冰柜静置 1d
7	寒流	碾压过程中遇寒流	依靠空调将房间控温在－5～0℃之间，进行压实成型。成型后置于－20℃冰柜静置 3d
8		碾压完成后遇寒流	将环氧沥青混合料压实成型，冷却至室温后置于－20℃冰柜中静置 3d
9		碾压完成 14d 后遇寒流	将环氧沥青混合料压实成型，常温（20℃）养生 14d，置于－20℃冰柜静置 3d

九种极端天气下，环氧沥青混合料的流值和稳定度的测试结果如图 3.6 所示。

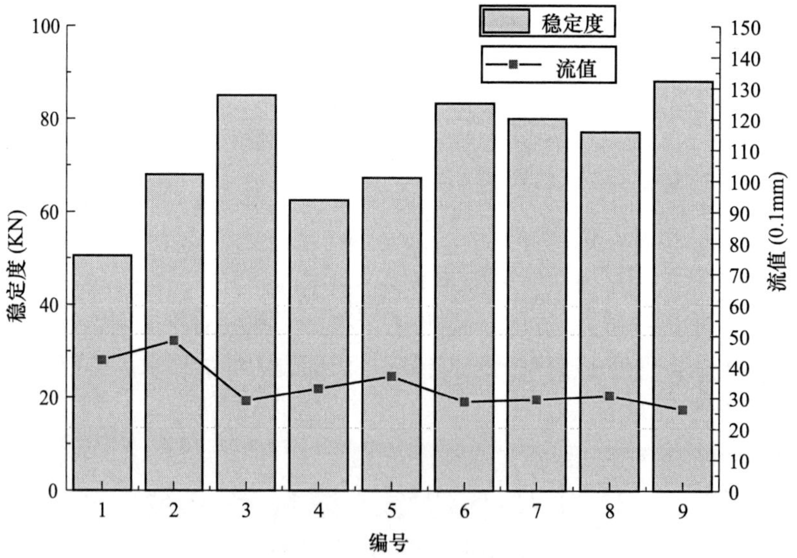

图 3.6　极端气候对环氧沥青混合料的性能影响

由图 3.6 可以看出，即便是施工各环节遭遇极端天气，摊铺碾压完成的混合料各项性能指标仍能满足规范要求，但鉴于试验组中部分极端天气情况下施工会导致混合料性能大幅下降，在应对施工遭遇极端天气时应采取相应措施：当摊铺过程中遭遇降雨、碾压完成后温度未降低且遇降雨、降雪及寒流等四种不利条件时务必停止施工，且已施工部分应当铲除后重新铺装，未铺装部分的环氧沥青混合料务必快速转移，如混合料淋水，务必弃料。其余情况原则上停止施工，已铺装部分则不必铲料，未铺装部分的环氧沥青混合料转移回料场，伺机加热重新拌和使用。按上述要求处理极端条件下的环氧沥青施工问题，可有效地保证环氧沥青混合料的施工质量。

3.4 后掺法专用设备的研发

本章 3.1～3.3 介绍了环氧沥青后掺法工艺以及该工艺的可行性、具体工艺操作及工艺环节与外界环境因素对环氧沥青混合料性能的影响，从理论上多维度验证了后掺法工艺的可行性。后掺法工艺较之传统工艺特点突出，这也对配套的施工设备提出了更多的功能要求。现有施工设备主要适配传统施工工艺，不能实现后掺法工艺中的“树脂添加”“二次拌和”等施工环节的实施，且由前面小节可知，后掺法工艺对 B 组分材料储存、二次拌和的树脂添加量及拌和功等因素的控制要求较高。因此，为实现对混合料施工质量的精准控制，进一步将环氧沥青后掺法工艺应用到实际施工中，本节对比了后掺法施工工艺与传统环氧沥青的施工工艺区别（图 3.1)，对现有施工机械装备进行了改造，保障新工艺中 B 组分混合料的运输、环氧树脂加热、环氧 A、B 组分均匀拌和等环节的有效实施，达到从根本上降低施工风险的最终目标。

3.4.1 大功率、大宽度、抗离析后掺法专用摊铺机

1. 摊铺机设计核心理念

为实现环氧沥青混合料二次添加和二次拌和系统集成，以及变宽度无纵向接缝施工，摊铺机设计核心理念如下：

发动机具有充分的富余量，具备大功率特点，螺旋布料器实现封闭输料槽，物料满埋螺旋，变输料槽为搅拌槽，变布料器为搅拌器，强制挤压，二次搅拌。

（1）区别于传统链条驱动的超大扭矩螺旋齿轮箱驱动装置

相比传统的链条驱动，传动轴与螺旋轴采用齿轮箱驱动装置，实现超大扭矩输出，进而实现物料满埋高速搅拌及二次拌和，如图 3.7 所示。

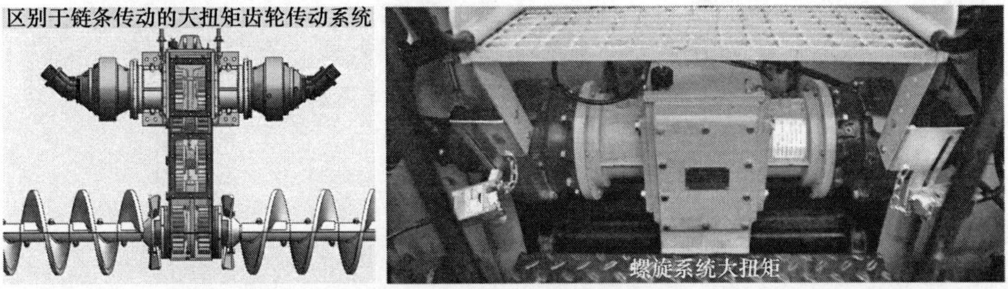

图 3.7 齿轮箱超扭矩驱动装置

（2）独特的伸缩开合式、双料斗、防离析、快速连续均衡卸供料装置

采用后掺法工艺，后场送输至前场的混合料仅为单一组分材料，是半成品，避免料车倒料过程落料是重点和核心控制环节。设备采用伸缩式辅助的双料斗，既避免卸料过程落料，也可起到防撞作用，减少车辆对摊铺设备产生的冲击，进而提升铺筑的平整度。

辅助料斗倾翻收料及主料斗开合，实现输料有效循环应用。设备装置如图 3.8 所示。

图 3.8　摊铺机独特的双料斗装置

（3）多级折叠螺旋搅拌、无级伸缩双振捣，以强力夯实熨平装置为主的超级变形金刚结构

多机并铺必然产生端部的级配离析及温度离析，进而产生质量隐患，现有液压伸缩装置，仅具伸缩功能，搅拌及夯实功能不足。设备的多级折叠螺旋搅拌、无级伸缩双振捣，以强力夯实熨平装置为主的超级变形金刚结构可实现变宽度一机摊铺，可有效地减少多机并铺的质量缺陷和隐患，设备如图 3.9 所示。

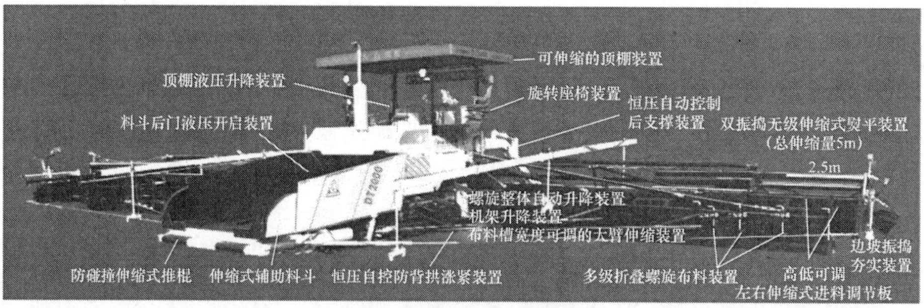

图 3.9　摊铺设备整体图

主要细部构件如图 3.10～图 3.13 所示：

多级折叠螺旋，实现多级二次拌和，解决伸缩端级配离析及夯实不足问题。全断面摊铺效果均匀如一，路面呈一字坡，平整密实。液压辅助后支撑、整体升降式螺旋高度

液压调节装置解决设备转场头重脚轻及通行能力问题。恒压自控防背拱涨紧装置、防反拱桁架装置解决设备大宽度导致的刚度不足问题，保障横断面处于一字坡，平整顺适。高低可调左右伸缩式进料调节板确保不同级配类型埋深进料量适宜，解决表面离析及局部缺料问题。

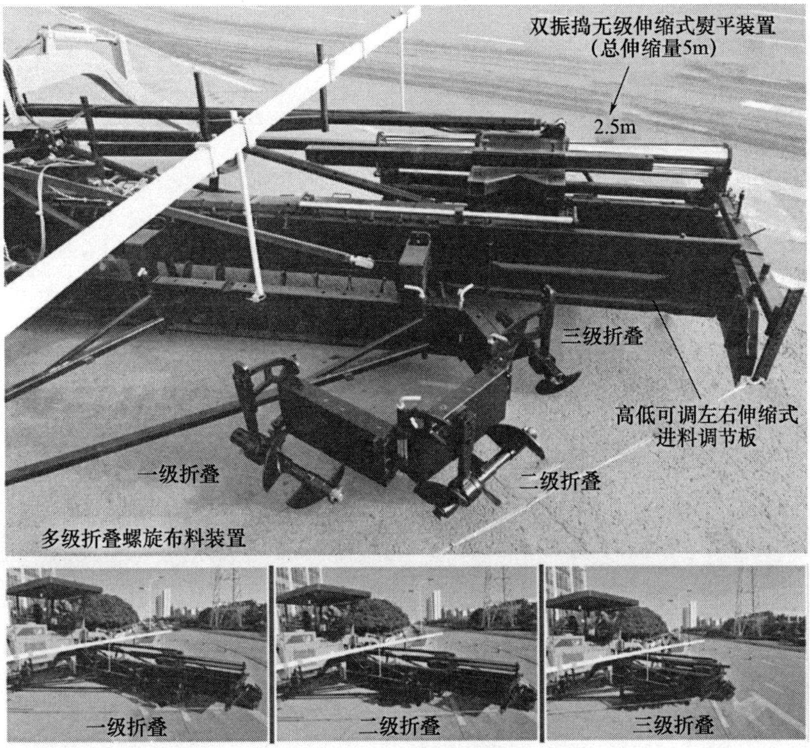

图 3.10 多级折叠螺旋

图 3.11 液压辅助后支撑解决设备转场头重脚轻的问题

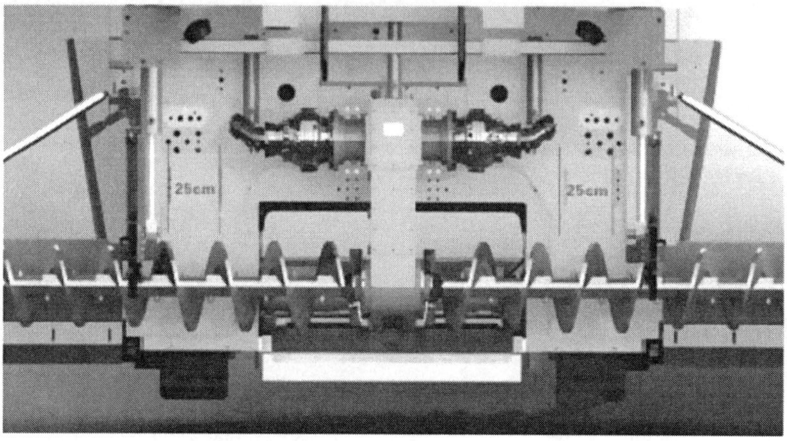

图 3.12　整体升降式螺旋高度液压调节装置，解决转场的通行能力问题

图 3.13　恒压自控防背拱涨紧装置

环氧沥青后掺法工艺中环氧树脂需要在施工现场进行同步添加，因此在该环节中需要实现环氧树脂加热及添加，环氧沥青 A、B 组分的二次均匀拌和，而传统摊铺机没有树脂加热和二次拌和装置，因此需要对现有摊铺机进行二次改装。

2. 环氧树脂智能同步添加装置

环氧树脂智能同步添加过程需要解决如何实现不同摊铺速度、刮板速度下环氧沥青 A 组分准确计量及雾状添加等关键问题。因此，需要研发一种实现环氧沥青后掺法施工摊铺过程中，在不同摊铺速度及刮板速度下实现环氧沥青 A 组分的准确计量及雾状添加装置，从而为掺入环氧沥青 A 组分后均匀分散及拌和奠定基础。环氧沥青后掺法施工过程化学固化的影响环节仅包含摊铺和碾压两个环节，施工周期及施工过程温度易于控制，从而保证环氧沥青混凝土施工质量，大大地降低了其施工难度。

图 3.14 为智能同步树脂添加装置，该装置是通过串联摊铺机主机刮板马达液压系统获取动力源，实现了不同摊铺速度、刮板速度下环氧沥青 A 组分计量的准确，并实现雾状

喷洒，计算式见式（3.1）。为有效地解决后掺法施工过程中环氧沥青A组分添加及分散问题奠定基础，且装置采用模块化设计，安装、拆卸方便，结构简单，成本低廉。

后掺法专用摊铺机中的环氧树脂智能同步添加装置（图3.14），通过调整摊铺速度、刮板速度，同时将环氧树脂精确计量后以雾状喷洒。环氧树脂的添加及分散装置串联摊铺机主机刮板马达液压系统获取动力，装置采用模块化设计，安装、拆卸方便，结构简单，成本低廉。其中，树脂添加量的精确计算见式（3.1）。

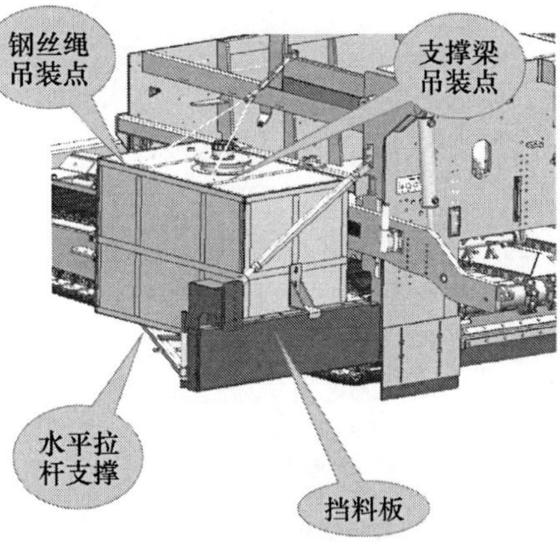

图3.14　智能同步树脂添加装置

$$Q = A \cdot S \cdot v \cdot r \cdot \rho_1 \cdot \frac{P}{\rho_2} \cdot 10^{-3} \tag{3.1}$$

式中　Q——表示每一档位下刮板运行一转所需的树脂流量，L/min；

A——刮板输料效率，%；

S——进料口截面积，m^2；

v——刮板速度，m/min；

r——摊铺机电机转速，r/min；

ρ_1——沥青混合料密度，kg/m^3；

P——环氧沥青A组分占混合料的质量比，%；

ρ_2——树脂在添加温度下的密度，kg/m^3。

主要技术方案如下：

① 储存环氧沥青A组分的保温容器悬挂在摊铺机两侧，容器内侧与台车架连接，外侧与水平拉杆相贴；后侧固定至螺旋挡料板；上外侧用软连接与机架固定，保证保温储料容器固定稳妥。

② 储存环氧沥青A组分的保温容器设置加装滤芯的加料口、储料的液位显示计、流量计、温度计及搅拌装置，环氧树脂控温范围通常为70～90℃。

③ 环氧树脂同步摊铺智能计量装置串联摊铺机主机刮板马达液压系统获取动力。刮板速度与摊铺速度有关，可通过料位器自动调整。不同刮板速度下环氧沥青A组分添加量与刮板速度呈线性关系，与进料量保持相对固定的比例。

④ 环氧沥青 A 组分的喷洒装置型号结合喷洒量的大小合理选择，确保喷洒时液体呈雾状，增加喷洒液体的均匀性。喷头型号有：6530、6520、6515、6510、6506 及 6503 几种。

3. 强力搅拌装置

添加环氧树脂前，B 组分与集料、矿粉在拌和设备的拌和均匀性是环氧树脂均匀分散的重要前提。环氧树脂分散与混合料拌和采用强力搅拌装置，如图 3.15 所示。

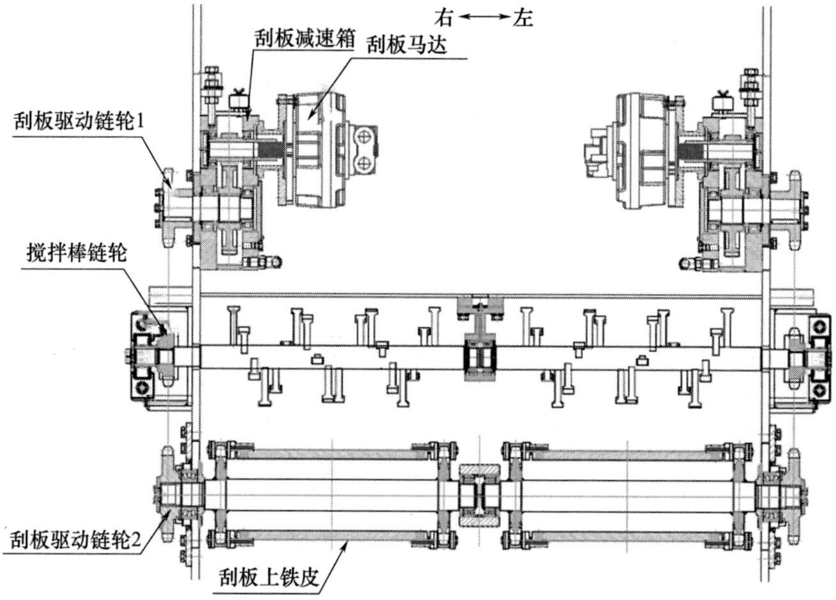

图 3.15 强力搅拌装置

强力搅拌装置的技术思路如下：

① 超大驱动力的螺旋系统带载启动能力强，可提高螺旋工作转速，加强集料布料过程的分散与拌合，改善横向离析现象。

② 物料超满埋螺旋输送，二次搅拌充分，有效地减少横向、竖向、纵向、片状离析；同时减少料车装卸料、摊铺机收斗等前道工序造成的离析。大小物料均匀输送，改善片状、V 字形离析，有效地防止离析窝的出现。

③ 调节螺旋前方挡料板高度，根据需要上下调节可有效地防止大粒料沿挡料板下沿滚落于地面，改善高度方向离析。

④ 调节螺旋料槽宽度，畅通物料输送通道，避免摊铺过程出现“死料”现象，改善横向离析和纵向带状离析。

⑤ 整幅单机超宽度摊铺，避免了并机梯形作业时接缝的带状及温度离析，螺旋反向叶片数量可变、角度可调，提高塞料能力，改善中缝处离析。

⑥ 进料坞连接摊铺机液压系统实现刮板与搅拌装置的联动。改造后的摊铺机实物图，如图 3.16 所示。

图 3.16 环氧沥青后掺法工艺专用摊铺机

3.4.2 环氧沥青 B 组分生产储存罐

环氧沥青 B 组分沥青添加罐设计简图如图 3.17 所示，可将其放置于拌和楼处，实现 B 组分的储存及添加。考虑环氧沥青组分相容性好，可实现搅拌均匀混合的需求。设备在拌和站完成相应材料添加后，在控制温度下搅拌电机带动罐内部搅拌叶片转动，实现材料的均匀拌和，同时满足液体材料实现内外循环的需求。最后，本研究组联合了昆明某机械加工公司进行了生产罐的设计，并委托该公司进行生产，实物图如图 3.18 所示。

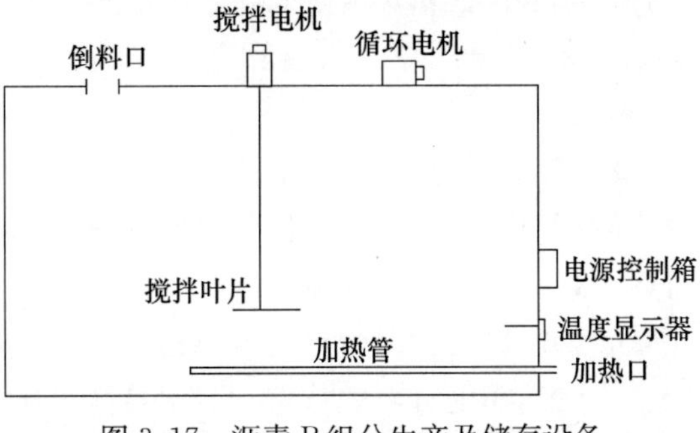

图 3.17 沥青 B 组分生产及储存设备

图 3.18 环氧沥青 B 组分添加罐实物图

4 环氧沥青混合料级配设计

4.1 配合比设计原则、步骤及流程

4.1.1 配合比设计原则

按照近代胶浆理论，沥青混合料是一种三级空间网状结构的分散系，以粗集料为分散相分散在沥青粒浆中，沥青粒浆则以细集料为分散相分散在沥青胶浆中，沥青胶浆又以填料为分散相分散在沥青介质中。粗集料颗粒之间的嵌挤作用，胶结料与集料之间的黏结力决定了沥青混合料的强度。其中沥青混合料的抗车辙能力60%由粗集料之间相互的嵌挤作用提供，在进行配合比设计时既要保证粗集料之间相互的嵌挤，又要充分保障细集料的填充密实性，使沥青混合料的性能兼顾良好的高温稳定性、低温抗裂性、水稳定性与疲劳性能。

良好的级配组成是决定沥青混合料整体性能的关键和前提。环氧沥青虽然因环氧与集料黏结力较强，级配组成影响相对较小，但配合比仍是研究的基础与重点内容。在进行环氧沥青混合料配合比设计时不仅要结合实际项目地区气候条件、水文地质特点，选择最佳的矿料级配与环氧沥青用量，准确地把握混合料的体积指标，此外也要结合环氧沥青超薄罩面温度散失快，粒径小击实影响厚度有限的特点，提出具体级配设计及成型方法。

设计过程需要考虑的原则如下：①合理的级配设计、保证一定的骨架；②良好的施工性能、压实特性；③合适的环氧沥青用量；④足够的强度和稳定性。

4.1.2 配合比设计步骤及流程

环氧沥青混合料配合比设计应通过目标配合比设计、生产配合比设计及生产配合比验证三个阶段，确定环氧沥青混合料的材料品种及配比、矿料级配、最佳环氧沥青用量，并考虑路用性能和力学性能的平衡，结合项目所在地环境条件、气候条件、应用路段路线坡度等因素确定。目标配合比设计流程如图4.1所示，生产配合比设计也可参照执行。

4.1.3 试验方法的选择

常见的配合比设计试验方法主要有：马歇尔设计法、Superpave法、旋转压实剪切试验（GTM）设计法。

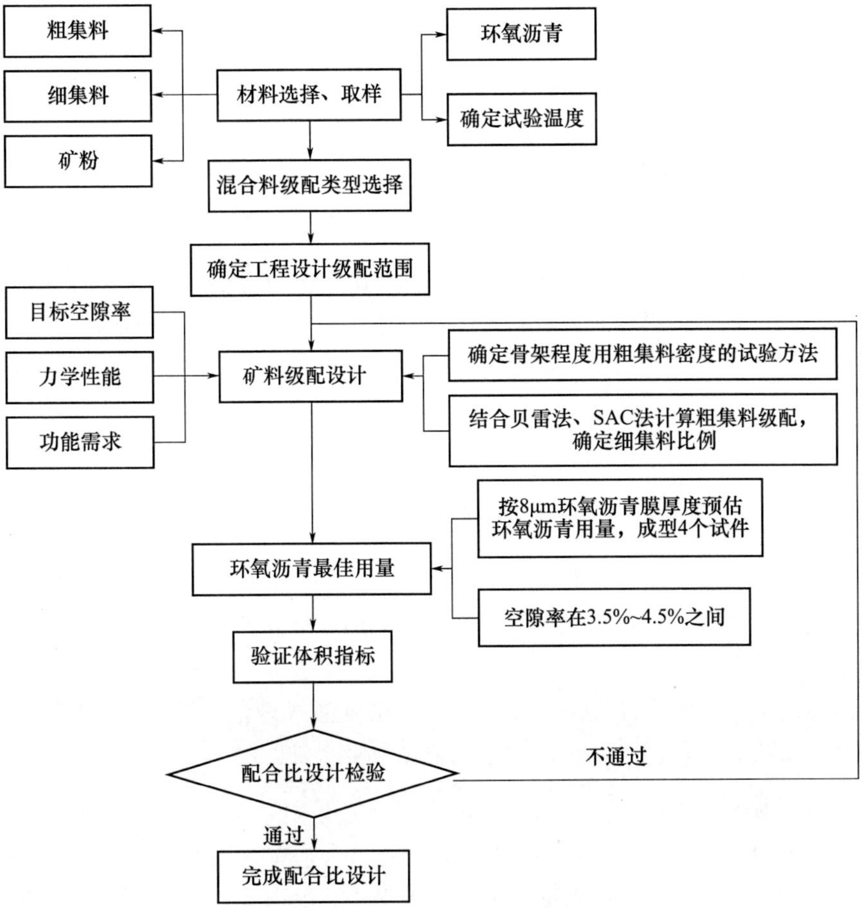

图 4.1　混合料目标配合比设计流程

1. 马歇尔设计法

马歇尔设计法是由美国 Bruce Marshall 提出，后来经美国陆军工程兵团改善而成的一种方法。它以马歇尔试件的毛体积密度、空隙率、矿料间隙率、饱和度、稳定度、流值等作为设计指标，力求得到体积参数、稳定度和流值之间相互平衡的沥青混合料。现规范推荐的传统马歇尔配合比设计方法依赖工程设计人员的经验，一般在规范设计要求的上下限之间选取三组级配进行，不同的人选取的标准和范围存在一定差异，导致最后设计的级配变异性大、试验耗费时长、缺乏有依据性的调整等问题。

2. Superpave 法

Superpave 法是美国 SHRP 计划的重要研究成果之一，该方法的亮点是基于 0.45 次方图，增加了控制点和禁区两个附加特征限制级配范围；同时提出用旋转压实仪（SGC）搓揉成型混合料试件的方法。Superpave 法针对不同等级的路面提出了三种水平的混合料设计与分析体系，但目前较为成熟的只有沥青混合料体积设计。该法要求在满足控制点和禁区要求的前提下，预先准备 3 或 4 个试验级配，进行体积特性的验证和水敏感性分析，最终选定一组为合适的级配。然而，在沥青混合料体积设计体系中，其矿料级配设计仍然依赖经验。沥青混合料的性能与沥青用量之间的关系缺乏力学试验验证和评价，设计者对设计出的沥青混合料性能是否满足要求是未知的。另外，其级配曲线的禁区是否合理仍颇受争议。

3. 旋转压实剪切试验（GTM）设计法

GTM（Gyratory Testing Machine）旋转压实剪切试验机是美国工程兵为解决重型轰炸机机场跑道而研究发明的。GTM 采用和应力相关的推理方法，可以较真实地模拟路面材料的实际受力状况及达到疲劳极限时的应力应变特点。早期 GTM 设计方法主要以控制车辙变形为目标，因此比较适合重载交通和高湿地区。GTM 曾被列入美国 ASTM 规范，然而由于其试验设备昂贵，适用范围窄，最终没有推广应用。

结合工程项目、材料特性等综合分析，选择应用广泛、操作简便的马歇尔试验方法进行配合比设计。

4.1.4 常用的矿料级配设计方法

常用级配设计一般在规范设计要求的上下限之间结合已有工程案例选取三组级配进行，级配曲线选择具有一定随机性，不同的人选取的标准和范围存在一定差异，导致最后设计的级配变差性大，级配的合理性有待商榷。因此，选取合理的方法进行级配设计是关键。目前常用的矿料级配设计方法主要有：最大密度曲线理论、粒子干涉理论、SAC 法、CAVF 法、贝雷法等，各种级配设计方法的要点及特点归纳如下：

1. 最大密度曲线理论

1901 年，W. B. Fuller 等认为固体颗粒的排列组合是有规则的，粗细颗粒按粒度大小均匀搭配，由此排列紧密可获得密度最大（空隙最小）的混合料，基于此思想和试验提出了一种理想曲线——最大密度曲线。因在理想的曲线中粗细集料的曲线计算复杂，应用困难，后逐渐发展演变为“抛物线最大密度理想曲线”，即颗粒级配曲线越接近曲线，则可认为混合料密度更大，计算式见式（4.1）。

$$P=100\times\left(\frac{d}{D}\right)^{0.5} \tag{4.1}$$

式中 P——通过率，%；

D——集料的最大粒径，mm；

d——筛孔尺寸，mm。

根据富勒最大密度曲线理论，国内外先后基于此提出了 n 法、k 法、i 法等设计方法，但由于在实际应用过程中沥青混合料的设计往往要根据路面结构组成及其使用层位的功能需求作一定的调整，使得 n、k、i 等系数选择存在困难。

2. 粒子干涉理论

粒子干涉理论认为，在整个级配组成中，上一级集料形成的空隙刚好由下一级集料填充，依次逐级填充，使得整体达到最密实的状态。若出现下一级集料粒径大于上一级集料产生空隙时，则大小集料颗粒之间必定会产生干涉现象。然而该理论也是一种理想模型，实际中由于集料的粒径、棱角等均不同，其排列组合也是随机的，不同粒径集料之间的填充和嵌挤多是部分填充和部分干涉同时存在的状态，因此，基于此设计出理想的嵌挤型级配是较困难的。

3. SAC 法

SAC 法由我国沙庆林院士于 1988 年研究提出的粗集料断级配矿料级配设计方法，其可根据式（4.2）计算级配。SAC 法将粗细集料的分界线统一定为 4.75 mm，级配设计应用时由于式（4.2）中存在 A 和 B 两个未知系数，为此要预先设定关键筛孔的通过率，再根据级配设计范围分别选择最大公称粒径筛孔通过率和 0.075 mm 筛孔通过率，再依次结合关键筛孔可分别计算出粗细集料的级配通过率方程，即可得到预期的目标级配，最后根据混合料用的各档集料通过率合成逼近目标级配，由此可完成矿料配合比设计。该方法将 4.75 mm 筛孔统一定为粗细集料的分界筛孔，不能满足砂粒式粒径较小级配的特点。另外，其预设的筛孔通过率是否合理，暂无快速检验的方法，后期反复调整耗时较长。

$$P_{di}=A\left(\frac{d_i}{D_{\max}}\right)^B \tag{4.2}$$

式中 d_i——某一筛孔尺寸，mm；

$D_{\max}$——集料的实际最大粒径，mm；

P_{di}——筛孔 d_i 的通过率，%；

A、B——两个待定系数。

4. CAVF 法

CAVF 法是张肖宁教授提出的主骨料空隙体积填充法（CAVF 法），其优点在于运用了骨料逐级填充理论，使得主骨架形成的空隙率可由细集料、矿粉、沥青和纤维填充，从而可得到骨架密实结构的级配组成，但 CAFV 法仍然不够完善，关于粗细集料划分、骨架结构形成、主骨架空隙率试验方法确定等方面还存在模糊不清的问题。但 CAVF 法可较好地用来检验矿料级配的骨架密实程度，还可验证矿料比例及预估沥青用量等是否合理，计算式见式（4.3）、式（4.4）。

$$W_c+W_f+W_p=1 \tag{4.3}$$

式中 W_c、W_f、W_p——分别为粗、细集料和矿粉的质量分数。

$$\frac{W_c}{\rho_{sc}}\left(VCA_{DRC}-V_V\right)=\frac{W_f}{\rho_{tf}}+\frac{W_p}{\rho_{tp}}+\frac{W_a}{\rho_a}+\frac{(1+W_a)\,W_{fib}}{\rho_{fib}} \tag{4.4}$$

式中 W_a——油石比；

W_{fib}——纤维对混合料的掺加质量比例；

VCA_{DRC}、V_V——分别为主骨架空隙百分率和混合料目标空隙率；

ρ_{sc}——粗集料捣实密度；

ρ_{tf}、ρ_{tp}——分别为细集料、矿粉的表观密度；

ρ_a、ρ_{fib}——分别为沥青及纤维密度。

5. 贝雷法

贝雷法是由美国 Robert D. Bailey 提出的一种沥青混合料级配设计方法，目前主要用来检验和调整级配。贝雷法适用于骨架密实型、悬浮密实型和骨架空隙型沥青混合料，其思想体现了以粗集料堆积形成的骨架结构为承重主体，使沥青混合料拥有较高的抗车辙性能；通过采用调整粗细集料关键筛孔通过率比例关系以获得适当的矿料间隙率（VMA），使沥青混合料的矿料级配良好。

贝雷法的独到之处在于针对集料的关键筛孔定义相对合理和完整，对粗、细集料的定义完全有别于传统划分方法。贝雷法规定能在单位体积中产生空隙的即为粗集料，能填充粗集料形成空隙的部分即为细集料。因此，对公称最大粒径不同的沥青混合料而言，其粗、细集料的分界关键筛孔是动态变化的，更符合实际，更利于确定不同公称最大粒径混合料的粗集料堆积骨架结构。贝雷法提出三个关键控制筛孔，依次为第一、第二和第三控制筛孔——依次以 PCS、SCS 和 TCS 表示，其对应值依次为公称最大粒径（NMPS）的 0.22 倍、PCS 的 0.22 倍及 SCS 的 0.22 倍。根据以上三个控制筛孔，提出较好的评价混合料级配的三个参数（CA、FA_c 和 FA_f），用于合成级配分析有较好的应用效果，三个参数计算式见式（4.5）～式（4.7）。在设计沥青混合料时，贝雷法不能独立完成，常与马歇尔法和其他方法相互融合使用。

$$CA=\frac{P_{D/2}-P_{PCS}}{100-P_{D/2}} \tag{4.5}$$

式中　$P_{D/2}$——粒径为 $D/2$ 的通过率，%；

P_{PCS}——基本控制筛孔的百分率，%。

$$FA_c=\frac{P_{SCS}}{P_{CSC}} \tag{4.6}$$

式中　P_{SCS}——第二控制筛孔的百分率，%。

$$FA_f=\frac{P_{TCS}}{P_{SCS}} \tag{4.7}$$

式中　P_{TCS}——第三控制筛孔的百分率，%。

4.2　原材料

4.2.1　胶结料

1. 环氧沥青

除明确标明外，本项目所用环氧沥青均为自主研发的低树脂掺量、温拌、双组分环氧沥青材料，材料采用 70＃A 级道路石油沥青生产，其技术指标见表 4.1。采用常规工艺的 A 组分（环氧树脂 E-51）∶B 组分（基质沥青、固化剂、增容剂和助剂等）的质量比例为 100∶1540，其性能参数见表 4.2。

表 4.1　基质沥青主要技术指标

试验项目	单位	技术要求	试验结果
针入度（25℃，5s，100g）	0.1mm	60～80	71

续表

试验项目		单位	技术要求	试验结果
针入度指数 PI		—	−1.5～1.0	0.544
软化点（环球法）		℃	≥45	51
延度（10℃，5cm/min）		cm	≥25	31
闪点		℃	≥260	283.8
相对密度（25℃）		—	实测	1.029
RTFOT 后	质量变化	%	±0.8	0.286
	针入度（25℃）	%	≥61	74.3
	延度（10℃）	cm	≥6	14

表 4.2　环氧沥青（23℃）主要技术指标与试验结果

试验项目	单位	试验结果	技术要求
拉伸强度	MPa	2.4	≥1.5
断裂延伸率	%	256	≥200
黏度至 1Pa·s 时间	min	64	50

2. SBS 改性沥青

采用的胶结料 SBS 改性沥青（I-D）是由壳牌基质沥青改性制成的成品，其各项技术指标测试结果及技术要求见表 4.3。

表 4.3　SBS 改性沥青主要技术指标与试验结果

试验项目		单位	技术要求	试验结果
针入度（25℃，5s，100g）		0.1　mm	40～60	56.0
针入度指数 PI		—	≥0	0.348
软化点（环球法）		℃	≥60	79.8
延度（5℃，5cm/min）		cm	≥20	31.0
闪点		℃	≥230	283.8
相对密度（25℃）		—	实测	1.032
弹性恢复（25℃）		%	≥75	88.2
储存稳定性（48h 软化点差）		℃	≤2.5	1.5
RTFOT 后	质量变化	%	≤±1.0	0.020
	针入度（25℃）	%	≥65	77.6
	延度（5℃）	cm	≥15	22

4.2.2　集料

1. 集料技术性质

所用粗集料采用坚硬、清洁、耐磨的优质玄武岩集料。粗集料规格为 5～10 mm

(4#)和 3～5 mm（5#）的优质玄武岩集料，细集料为 0～3 mm（6#）的石灰岩集料，矿粉为石灰岩磨制而成的填料。粗、细集料和矿粉的主要技术性能指标见表 4.4～表 4.6；各档料的性能参数均需满足《公路沥青路面施工技术规范》(JTG F40—2004) 要求。

表 4.4　粗集料技术指标要求及试验结果

试验项目	单位	技术要求	试验结果
压碎值	%	≤26	11.9
洛杉矶磨耗损失	%	≤28	16.5
磨光值 PSV	—	≥42	44
坚固性	%	≤12	5.0
吸水率	%	≤2.0	0.60
颗粒含量（小于 0.075mm）	%	≤1.0	0.3
针片状颗粒含量	%	≤15	5.2

表 4.5　细集料技术指标要求及试验结果

试验项目	单位	技术要求	试验结果
砂当量	%	≥60	67
亚甲蓝值	g/kg	≤1.4	1.0
棱角性（流动时间）	s	≥35	37.2
坚固性（ >0.3 mm 部分）	%	≤12	8.9
吸水率	%	≤1.5	0.60

表 4.6　矿粉技术指标要求及试验结果

试验项目		单位	技术要求	试验结果
塑性指数		%	≤4	3.8
亲水系数		—	≤1	0.7
外观		—	无团粒结块	无团粒结块
含水率		—	≤1	0.3
表观相对密度		—	≥2.5	2.705
粒度范围	<0.6 mm	%	100	100
	<0.15 mm		90～100	95.0
	<0.075 mm		75～100	86.5

2. 集料筛分及密度

采用 5～10mm（4#）、3～5mm（5#）、0～3mm（6#）和集料进行水洗筛分，各档集料的筛分结果、各项密度指标见表 4.7 和表 4.8。

表 4.7　矿料筛分结果

矿料规格	通过筛孔（方孔筛，mm）质量百分率（%）							
	9.5	4.75	2.36	1.18	0.6	0.3	0.15	0.075
5～10mm	100	0.3	0	0	0	0	0	0
3～5mm	100	80.5	0.3	0	0	0	0	0
0～3mm	100	100	89.2	61.1	42.1	20.2	7.2	1.2
矿粉	100	100	100	100	100	100	95.0	86.5

表 4.8　各档料密度

密度类型	5～10mm	3～5mm	0～3mm	矿粉
毛体积密度（$g \cdot cm^{-3}$）	2.794	2.809	2.634	—
毛体积相对密度	2.802	2.815	2.637	—
表观密度（$g \cdot cm^{-3}$）	2.896	2.900	2.776	2.705
表观相对密度	2.903	2.906	2.782	2.705
松装密度（$g \cdot cm^{-3}$）	1.502	1.507	—	—
干捣密度（$g \cdot cm^{-3}$）	1.568	1.575	1.756	—

4.3　级配类型及工程设计级配范围

4.3.1　环氧沥青混合料级配类型的选择

环氧沥青混合料因胶结料黏结力相对较强，级配对性能影响和差异相对较小，但良好的骨架结构有利于减少环氧沥青用量，提高混合料抗裂性能。级配类型选择应根据相应的材料特性、交通状况和气候等条件综合筛选。根据集料分布、空间结构形态以及环氧沥青胶浆含量等可划分为骨架密实结构、骨架空隙结构和悬浮密实结构三类。

悬浮密实结构：此类环氧沥青混合料其细集料含量较高，粗集料用量相对较少，粗料之间不能相互嵌挤，骨架的支撑作用相对较小，但因环氧沥青的热塑性特点，高温抗车辙能力依然较优，且因空隙较小（2%～5%），水稳定性表现良好。

骨架空隙结构：此类环氧沥青开级配抗滑磨耗层（EOGFC），其空隙率要求在18%～25%之间，粗集料用量较多，细集料和矿粉用量较少，其强度主要为骨料之间的嵌挤力，高温性能较好，但由于大孔隙的原因，马歇尔稳定度降幅大，且养生周期较长才能开放交通。

骨架密实结构：此类沥青混合料其特征表现为“三多一少”，即粗集料多、矿粉多、沥青含量多，细集料少，粗集料形成骨架强度，大量胶浆填充空隙形成骨架密实结构，综合性能表现突出。

随着交通强国战略的实施，高速公路的建设要求不断提高。长寿命路面是道路研究及建设的关注热点，欲实现道路的长寿命，需要从功能及结构耐久性方面入手。环氧沥青混合料较普通沥青混合料在耐久性、使用寿命等方面性能更好，是一种优质的长寿命铺装材料。对比分析常用的三种级配类型，悬浮密实结构无法形成强骨架结构，骨架空隙结构耐久性较差，骨架密实结构拥有强度高、抗车辙能力强、密水及抗滑性能好等众多优势，可避免或延缓早期破坏，延长路面的使用寿命。因此，环氧沥青路面混合料设计可优先考虑骨架密实结构。

4.3.2 工程设计级配范围的确定

环氧沥青混合料的工程设计级配范围应结合公路等级、工程性质、气候条件、交通条件、材料品种等客观条件，并结合类似工程使用情况进行调查研究后调整确定。不同类型环氧沥青混合料级配范围见表 4.9。

表 4.9 环氧沥青混合料级配范围

级配类型		通过下列筛孔（mm）的质量百分率（%）										
		19	16	13.2	9.5	4.75	2.36	1.18	0.6	0.3	0.15	0.075
EAC	EAC-16	100	90～100	76～92	60～80	34～62	20～48	13～36	9～26	7～18	5～14	4～8
	EAC-13	100	100	90～100	68～85	38～68	24～50	15～38	10～28	7～20	5～15	4～8
	EAC-10	100	100	100	90～100	45～75	30～58	20～44	13～32	9～23	6～16	4～8
	EAC-5	100	100	100	100	90～100	55～75	35～55	20～40	12～28	7～18	5～10
ESMA	ESMA-16	100	90～100	65～85	45～65	20～32	15～24	14～22	12～18	10～15	9～14	8～12
	ESMA-13	100	100	90～100	50～75	20～34	15～26	14～24	12～20	10～16	9～15	8～12
	ESMA-10	100	100	100	100	90～100	28～60	20～32	14～26	12～22	10～18	9～16
	ESMA-5	100	100	100	100	90～100	28～65	22～36	18～28	15～22	13～18	12～15
ESAC	ESAC-20	100	86～88	73～79	55～63	30～40	22～29	16～21	12～15	9～11	6～8	4～8
	ESAC-16	100	100	83～87	60～68	30～40	23～29	17～22	13～16	10～12	7～9	4～8
	ESAC-13	100	100	100	68～75	30～40	24～31	19～24	15～19	12～14	10～11	7.5～10
	ESAC-10	100	100	100	100	30～40	24～31	19～24	15～19	12～14	10～11	7～10
EOGFC	EOGFC-16	100	90～100	70～90	45～70	12～30	10～22	6～18	4～15	3～12	3～8	2～6
	EOGFC-13	100	100	90～100	60～80	12～30	10～22	6～18	4～15	3～12	3～8	2～6
	EOGFC-10	100	100	100	90～100	50～70	10～22	6～18	4～15	3～12	3～8	2～6

4.4 强骨架型环氧沥青混合料级配设计

4.4.1 级配设计步骤和流程

以粗集料堆积试验、简化后的粗集料设计骨架程度的粗集料间隙率 VCA_{DS}检验法来设计环氧沥青 WEAC-13 型骨架密实型环氧沥青混合料。WEAC 的沥青膜厚度为 6～8μm，基于环氧沥青材料的高品质特点，使用寿命较长，因而，必须保障环氧沥青的油膜厚度，宜提升沥青膜厚度，推荐采用 8μm 环氧沥青油膜厚度进行环氧沥青用量的初估，并按 8～10μm 油膜厚度控制用油量。最后，通过成型标准马歇尔试件，以空隙率为评价指标，开展粗、细集料干涉作用对环氧沥青混合料空隙率影响的试验研究，综合确定矿料级配及最佳环氧沥青用量，具体试验步骤如下：

① 确定级配的骨架程度：基于原材料备料控制水平、施工机械设备配备、施工管理能力及水平等确定设计级配的骨架程度。骨架程度可分为弱骨架、一般骨架及强骨架三种。

② 基于贝雷法级配离析及压实特性的要求，确定不同粗集料比例，并结合不同粗集料比例成型的 CBR 最大值，确定各规格粗集料比例。

③ 骨架设计。由于骨架密实结构中骨架的紧密程度是有一定范围的，因此，采用粗集料的松装密度设计弱骨架结构，用捣实密度设计一般骨架结构，用粗集料施压成型密度设计强骨架结构。为避免细集料干涉产生不利影响，沥青混合料试件粗集料骨架间隙率（VCA_{mix}）不宜高于设计骨架程度的粗集料间隙率 VCA_{DS}。

④ 填充设计。按不同粗集料比例设计骨架程度的粗集料间隙率 VCA_{DS} 由细集料、填料、有效沥青及目标空隙去填充间隙。

⑤ 修正和调整。计算①、②步骤设计级配，利用贝雷法检验粗集料比、细集料细比、细集料粗比及填料用量是否在范围内。再按马歇尔试验方法成型试验测定体积指标。若体积指标满足要求，则可以进行混合料性能检验；若体积指标不满足要求，调整粗集料粗比或细集料的级配组成、环氧沥青用量直到合格，调整后若经济性差，可考虑适当降低设计级配的骨架程度，增大 VCA_{DS} 再设计。

⑥ 性能检验。根据设计的级配，开展最佳环氧沥青用量确定及高温、低温、水稳定性检验。

4.4.2 级配设计案例

1. 骨料堆积试验

以项目 AC-13 为例，介绍级配设计步骤及方法，将不同比例的 9.5～13.2 mm、4.75～9.5mm 两档料按松装及捣实进行弱骨架或一般骨架级配组成设计。不同比例粗集料密度确定方法的试验结果见表 4.10。

表 4.10 粗集料堆积

粗料比（%）	自然堆积（kg/m³）	VCA_{mix}（%）	捣实密度（kg/m³）	VCA_{mix}（%）
80∶20	1.701	40.5	1.723	40.1
70∶30	1.714	40.0	1.732	39.7
60∶40	1.726	39.6	1.744	39.3
58∶42	1.740	39.1	1.755	38.9
50∶50	1.721	39.8	1.747	39.2

续表

粗料比（%）	自然堆积（kg/m³）	VCA_{mix}（%）	捣实密度（kg/m³）	VCA_{mix}（%）
40∶60	1.722	39.7	1.736	39.3
30∶70	1.722	39.7	1.741	39.1

当集料组成的干捣密度取得最大值时，各档矿料表面之间会紧密接触，最有利于发挥骨架级配的骨架作用。结果表明：当9.5～13.2mm、4.75～9.5mm两档粗料比例为58∶42时，设计粗料密度最大，间隙率VCA最小。

2. CBR骨架检验

试验按《公路土工试验规程》(JTG 3430—2020)，进行对应比例的粗集料CBR试验。

由图4.2的CBR试验结果可知，5mm对应的CBR值大于2.5mm对应的CBR值，所以选择5mm对应的CBR值来评价骨架结构。当粗集料比例在70∶30～58∶40的范围内CBR值出现波峰，其中60∶40的条件下力学性能最优，其结果对应堆积试验中粗料间隙率VCA最小，并且满足紧密骨架级配的粗集料总含量的60%以上的条件。证明粗料中粗细比为6∶4时，其骨架结构的力学性能为优。对应AC-13型骨架密实级配中粗骨料比例为70∶30～58∶50的范围，可形成骨架结构。

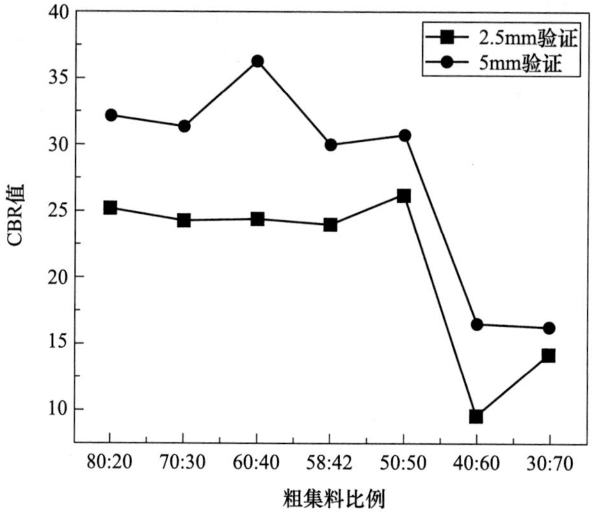

图4.2　CBR结果

3. 确定细集料的比例

骨架级配设计中粗集料要互相紧密接触，成为承受行车载荷的主体。沥青砂胶填充在骨料的孔隙中，并黏结骨料成为整体，起到共同承受载荷的作用。沥青混合料须设计3%～4%的空隙率，这样的骨架密实结构既有良好的密实防渗水性能，又能很大程度地提升高温抗变形能力，并且兼具表面粗糙度大的防滑特点。根据公式（4.8），现预设级配的空隙率为4%，预设矿粉用量为6%，根据堆积试验结果，当粗料比例为6∶4时，粗料间隙率为

39.6%，代入式（4.9）得：

$$VCA_{mix}=\left(1-\frac{\rho}{\rho_b}\right)\times 100\% \quad (4.8)$$

式中　VCA_{mix}——粗集料骨架间隙率，%；

ρ——粗集料的自然堆积密度，t/m^3；

ρ_b——粗集料的毛体积密度，t/m^3。

$$P_{CA}\times 39.6\%-V_a=\frac{P_D}{G_D}+\frac{P_{fa}}{G_{fa}}+\frac{P_{fi}}{G_{fi}} \quad (4.9)$$

式中　P_{CA}——混合料中粗集料的含量；

39.6%——6∶4时的粗料间隙率；

P_D——混合料中沥青含量，4.8%；

G_D——环氧沥青的相对密度，1.030；

P_{fa}——混合料中细集料含量，$100-P_{CA}$；

G_{fa}——细集料的平均毛体积密度，2.600；

P_{fi}——混合料中矿粉的含量，6%；

G_{fi}——矿粉视密度，2.700；

V_a——设计空隙率，4%。

在确定骨架比例后，上、下限之间的变化范围不宜过大，且为提升高温稳定性，掺配后的级配曲线须保持圆滑。式（4.9）计算可知，粗、细集料比例为6∶4。

4. 确定级配并计算固定油石比

根据计算可确定空隙率为4%、油石比为4.9%，基础级配见表4.11。

表4.11　由4%空隙率确定的基础级配

级配类型	通过率（%）									
筛孔尺寸（mm）	16	13	9.5	4.75	2.36	1.18	0.6	0.3	0.15	0.075
合成级配	100	94.9	64.5	40.1	31.4	22.1	15.4	8.3	8.2	6.7
上限	100	100	85	68	50	38	28	18	14	8
下限	100	90	68	38	24	15	10	7	5	4

对应粗集料$VCA_{mix}=39.03\%$小于粗集料松装空隙率$VCA_{DLC}=39.6\%$，满足贝雷法提出的密级配沥青混合料的骨架紧密程度。以基础级配的4.9%最佳油比，可反推油膜厚度为8.05μm，以这个厚度为基准，根据集料变化，保持不同级配油膜厚度不变，可除去因沥青量对空隙率的影响。

集料的比表面积S_A计算式为：

$$S_A=\sum(P_i\times FA_i) \quad (4.10)$$

式中　S_A——所有集料的比表面积；

P_i——粒径i的通过百分率；

FA_i——粒径i的集料的表面积系数。

4.4.3 不同因素对空隙率影响

为评价空隙率影响，将粗集料分为 3 个粒级（分别为 16.0～13.2mm、13.2～9.5mm 和 9.50～4.75mm），试验采用的骨架型级配设计空隙率为 4%，在 9.5～13.2mm、4.75～9.5mm 两档集料比例为 6∶4 时，粗料间隙率 VCA_{mix} 最小、堆积密度最大，骨架结构最优。在骨架干涉作用中，4.75～9.5mm 用量为影响因素之一，贝雷法中比例参数 CA 值比可作为骨架检验方法。

1. 尺寸为 9.5mm 筛孔通过率对沥青混合料空隙率的影响

保持粗、细集料比例为 6∶4（即 9.5～13.2mm 和 4.75～9.5mm 矿料的比例为 6∶4），2.36mm 以下细集料通过率不变。通过标准的马歇尔试验方法，以 5%为间隔变化 9.5mm 通过率，改变 4.75～9.5mm 用量，研究其对混合料空隙率的影响。5 个级配 4.75～9.5mm 的用量分别为 34.4%、29.4%、24.4%、19.4%、14.4%，试验结果见表 4.12。

表 4.12 尺寸为 9.5mm 筛孔 9.5mm 通过率对应空隙率

对应筛孔通过率（%）					空隙率（%）	油石比（%）	油膜厚度（μm）
16.0	13.2	9.5	4.75	2.36			
100	94.9	74.5	40.1	31.4	5.1	4.91	8.050
100	94.9	69.5	40.1	31.4	4.8	4.90	8.051
100	94.9	64.5	40.1	31.4	3.9	4.90	8.053
100	94.9	59.5	40.1	31.4	3.9	4.88	8.053
100	94.9	54.5	40.1	31.4	3.6	4.87	8.053

由图 4.3 可知，空隙率与 4.75～9.5mm 用量相关程度较大。随着其用量增大，空隙率增大，并且在 19.4%～24.4%范围内稳定。当用量占比超 24.4%临界条件时，会撑开

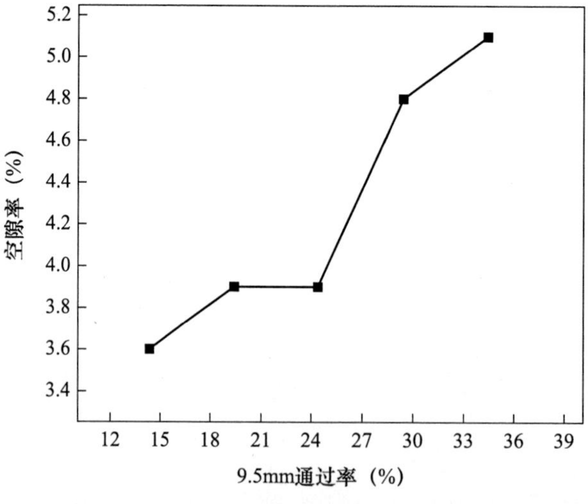

图 4.3 尺寸为 9.5mm 筛孔通过率变化对应空隙率

骨架结构导致混合料空隙率迅速变化。24.4%临界值之前，9.5mm 通过率每增大 5%，空隙率增大 0.3%。超过临界值 24.4%时，空隙率显著增大，这是因为粗集料间隙率逐渐改变为单一集料的堆积情况，空隙率快速变化。继续增加用量后，空隙率变化较小为 0.3%。因为试验在骨架的条件下进行，空隙率随 9.5mm 通过率的变化幅度小。因此 4.75～9.5mm 用量在 19.4%～24.4%时空隙率接近骨架型级配设计空隙率 4%。

2. CA 值对沥青混合料空隙率的影响

贝雷法是沥青混合料的设计方法和检验方法。通过 CA 值对粗集料中骨架进行设计和评价，具体计算见式（4.11）。以最大公称粒径 D 的 0.22 倍对应的筛孔孔径（PCS=$D\times$0.22）作为粗料中粗细集料的分界点。

$$CA=(P_{D2}-P_{PCS})\div(100-P_{D/2}) \tag{4.11}$$

式中　$P_{D/2}$、P_{PCS}——分别为混合料级配曲线在 $D/2$ 筛孔孔径、PCS 的通过率。

对于 AC-13 沥青混合料，D=13mm，PCS 取最近的 2.36mm 孔径，$D/2$ 取 4.75mm。

试验设计：粗集料中 9.5～13.2mm：4.75～9.5mm 的比例保持 6：4 骨架结构。细集料 2.36mm 以下细集料通过率不变，通过以 5%的变化规律改变 4.75mm 通过率，从而改变粗料中 CA 值的变化。通过标准马歇尔试验测定空隙率，设计通过率见表 4.13。

表 4.13　CA 值设计通过率试验结果

通过率（%）					CA 值	空隙率（%）	VMA	VCA_{mix}	稳定度（kN）	油膜厚度（μm）
16.0	13.2	9.5	4.75	2.36						
100	94.9	58.8	31.4	31.4	0.00	4.1	14.3	39.5	13.2	8.06
100	94.9	62.6	37.6	31.4	0.10	5.1	15.1	46.6	11.8	8.05
100	94.9	64.5	40.1	31.4	0.15	3.9	13.9	47.0	13.4	8.05
100	94.9	65.7	42.8	31.4	0.20	6.1	14.9	50.0	11.6	8.04
100	94.9	70.6	51.0	31.4	0.40	7.1	15.2	57.5	12.8	8.05
100	94.9	74.3	57.1	31.4	0.60	8.1	16.0	63.1	20.1	8.05
100	94.9	77.1	61.9	31.4	0.80	9.1	16.0	67.3	14.0	8.05

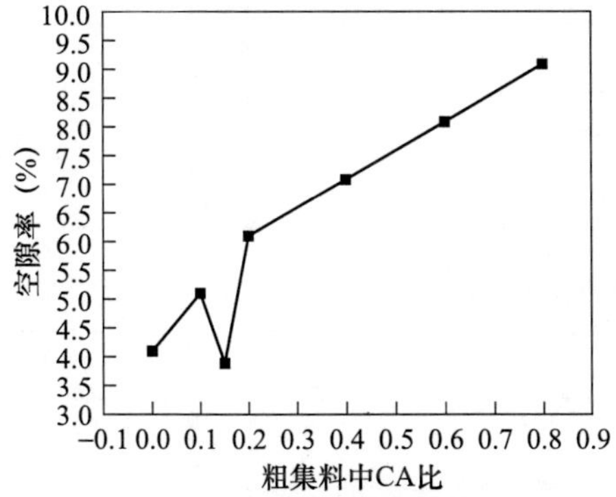

(a) 不同CA值对应空隙率

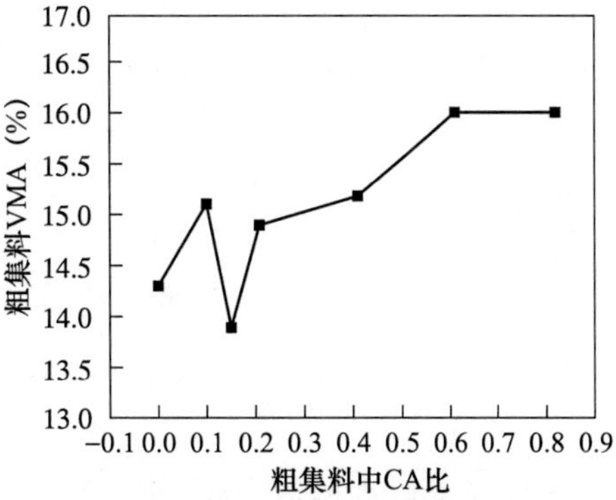

(b) 不同CA值对应粗集料间隙率

图 4.4　不同 CA 值对应的体积指标

通过图4.4可知，随着CA值增大，细集料对粗集料的干涉作用越来越明显。因为整个粗集料组成向单一粒径方向发展，集料间隙率越来越大，造成沥青混合料难以压实。当CA值<0.15时，由于粗骨料在粗料中所占的比例较高，填充不充分，导致空隙率变大；*CA*值=0.15时，骨架空隙填充充分，VMA最小，骨架强度最高；当CA值>0.15时，粗料中的细骨料增多造成干涉，撑开骨料形成的空隙，导致混合料中的空隙率大幅度变大。通过表4.12可知，在集料骨架形成以后，不同CA值的沥青混合料在力学性能方面相当，且在集料骨架的形成过程中无规律性关系。综上所述，当粗集料的CA值为0.15时，WMA最小，骨架强度最高。

3. 细集料对沥青混合料空隙率的影响

逐级填充理论中粗骨料形成的空隙由细集料来填充，并以此推广到下一级的细集料，以此类推填充骨架。贝雷法提出将细集料分为可控的第二、三控制筛孔，以FA检验法对相应筛孔进行控制计算，而其他非控制筛孔通过泰波公式设计以减少对试验结果的影响。矿粉用量对沥青混合料的路用性能影响较大，而贝雷法中并未提及计算矿粉相关的方法。因此，结合贝雷法的*FA*比检验方法，将矿粉作为第四筛孔控制，可得到矿粉对试验的具体影响，计算公式见式（4.12）。

$$FA_P = P_{MCS}/P_{TCS} \tag{4.12}$$

试验设计：骨架条件下，第二、三、四控制筛孔3个因素，设计正交试验，以单档关键筛孔变化，考虑细集料综合变化条件下对应空隙率的变化，正交试验因素见表4.14，因素水平表设计见表4.15。细集料通过率设计中，保持2.36mm的第一控制筛孔通过率不变，通过FA公式计算对应正交因素来确定第二、三、四控制筛孔的通过率，而未参与FA公式计算的1.18mm、0.3mm的通过率，通过 $(P_1/P_2) = (d_1/d_2)^n$ 插值计算，减少这两档细集料对试验结果的影响，试验设计通过率见表4.16。

表4.14 正交试验因素

组数	FA_c（A）	FA_f（B）	FA_p（C）
1	0.4	0.3	0.6
2	0.45	0.4	0.7
3	0.5	0.5	0.8
建议值	0.35～0.5	0.35～0.5	0.6～0.85
基础级配计算值	0.49	0.53	0.82

表4.15 因素水平表设计

编号	因子1	因子2	因子3	空白组
1	1	1	1	1
2	2	2	2	1
3	3	3	3	1

续表

编号	因子 1	因子 2	因子 3	空白组
4	3	2	1	3
5	2	1	3	3
6	1	3	2	3
7	1	2	3	2
8	2	3	1	2
9	3	1	2	2
筛孔号	FA_c（A）	FA_f（B）	FA_p（C）	D
平均值 K_1	8.767	9.567	8.367	7.30
平均值 K_2	8.133	8.267	8.400	8.13
平均值 K_3	7.000	6.067	7.133	8.47
极差 R	1.767	3.500	1.267	1.17

表 4.16 细集料变化设计通过率

编号	对应筛孔通过率（%）						油石比（%）	油膜厚度（μm）	空隙率（%）
	2.36	1.18	0.6	0.3	0.15	0.075			
1	31.4	15.3	12.6	5.9	3.8	2.3	3.5	8.06	10.1
2	31.4	18.4	14.1	8.6	7.5	4.0	3.7	8.04	8.2
3	31.4	21.5	15.7	11.7	7.9	6.3	4.9	8.06	3.6
4	31.4	18.1	15.7	8.3	6.3	3.8	3.7	8.06	8.2
5	31.4	17.5	14.1	7.7	4.2	3.4	3.3	8.05	9.4
6	31.4	19.1	12.6	9.2	6.3	4.4	3.9	8.04	7.8
7	31.4	18.5	12.6	8.7	5.0	4.0	3.6	8.05	8.4
8	31.4	18.9	14.1	9.0	7.1	4.2	4.0	8.05	6.8
9	31.4	17.3	15.7	7.6	4.7	3.3	3.4	8.06	9.2

结合表 4.17 及图 4.5 可知：通过极差计算 $FA_f > FA_c > FA_p$，方差结果中 $F_{0.1}$（2，2）$=9 < FB = 9.1 < F_{0.05}$（2，2）$=19$。所以，因素 FA_f（B）对空隙率有影响。图 4.5 中细集料通过率变化，对应最大变化差可达 6.5%，细集料对骨架填充作用影响较大，细集料填充效果顺序为：B>A>C。即 0.15～0.3mm 粒径的细集料对沥青混合料的空隙率影响作用最大，其次为 0.6～1.18mm，最后为 0.15～0.075mm。其中，$A_3B_3C_3$ 为最优方案，即细集料关键控制筛孔控制为 $FA_c=0.5$，$FA_f=0.5$，$FA_p=0.8$ 时填充效果最好。

表 4.17 方差结果

源	平方和	自由度	均方	F	P	临界值
A	4.8	2	2.4	2.218	0.311	$F_{0.1}$（2，2）=9
B	18.8	2	9.4	9.168	0.103	$F_{0.05}$（2，2）=19
C	3.2	2	1.6	1.443	0.409	$F_{0.01}$（2，2）=99
误差	2.2	2	1.1			
总和	29.0	8				

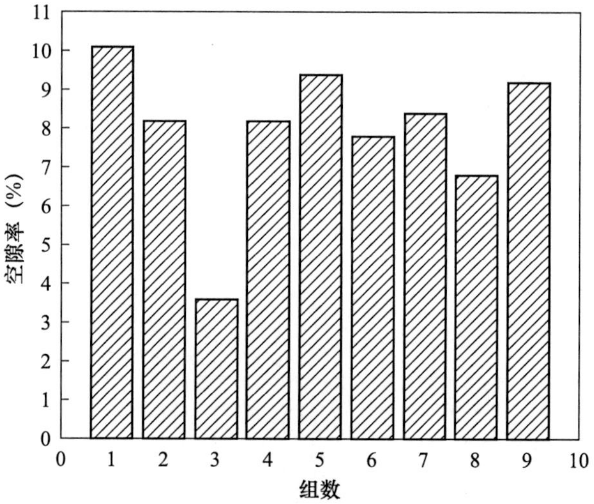

图 4.5 细集料通过率变化对应空隙率

5 后掺法环氧沥青混合料路用性能及耐久性能

环氧沥青是一种高性能、长寿命路表材料，但环氧沥青铺面材料在我国的使用年限仅有 23 年，应用年限相对较短。本章采用常规车辙试验、大型轮碾试验、高温加速加载模拟研究了环氧沥青混合料高温性能，并通过多周期浸水马歇尔、多次冻融循环劈裂强度比评价了水稳定性，低温弯曲试验评价了低温性能，并通过疲劳试验、高温浸水条件的加速加载模拟、抗滑持久性研究等评价了环氧沥青混凝土的耐久性。

5.1 高温稳定性

环氧沥青混合料是一种典型的黏弹性材料，具有流变行为的特征，其力学性能受温度影响大，但其热固性特点与常用沥青及改性沥青混合料存在一定差异。为客观评价环氧沥青混合料的高温性能，项目通过多种高温性能试验方法进行系统评价。主要评价及试验方法如下：

5.1.1 常规车辙试验

按《公路工程沥青及沥青混合料试验规程》（JTG E20—2011）的试验要求，采用试验温度为 60℃、轮压 0.7MPa 进行试验，同时，鉴于车辙动稳定度较大，现行车辙仪变形测量精度低，提高试验温度至 70℃、80℃进行对比，并开展不同粒径及环氧沥青用量混合料车辙试验，试验过程如图 5.1 所示。

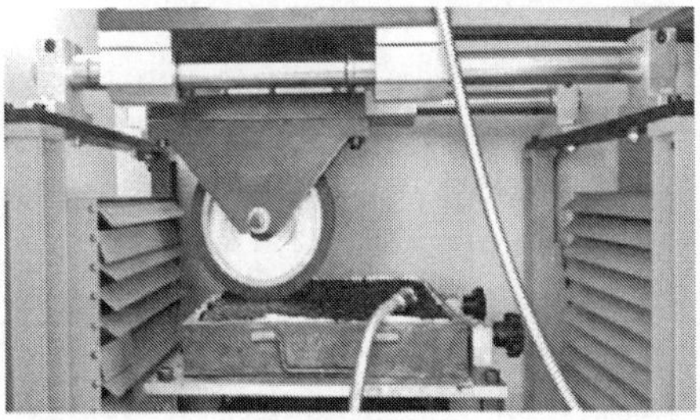

图 5.1 车辙试件成型及试验过程

采用钢桥面悬浮密实型环氧沥青混合料 EAC-10，最佳环氧沥青油石比用量为 6.7% 的环氧沥青混合料车辙动稳定度与主流产品汇总见表 5.1，超薄环氧沥青 EAMS-8 的车辙动稳定度见表 5.2。

表 5.1 车辙动稳定度试验结果

胶结料类型	0～45min 变形（mm）	45～60min 变形（mm）	总变形（mm）	动稳定度（次/mm）
SBS 改性沥青	0.906	0.134	1.041	4774
HLJ 环氧沥青	0.260	0.021	0.281	30068
TAF 环氧沥青	0.301	0.013	0.314	48750
研发环氧沥青	0.477	0.020	0.497	31500

表 5.2 ESMA-8 混合料车辙试验结果

试件编号	45min 变形量（mm）	60min 变形量（mm）	动稳定度（次/mm）	平均值（次/mm）
环氧 1	0.301	0.324	27391	30692.7
环氧 2	0.296	0.315	33157	
环氧 3	0.311	0.331	31500	
SBS 改性沥青	1.024	1.146	5164	5164

据表 5.1 及表 5.2 试验结果显示，环氧沥青混合料动稳定度约为 SBS 改性沥青混合料的 6 倍，高温性能远远优于 SBS 改性沥青混合料，表现出优异的抗车辙性能，因此针对高温地区、重载路面和钢桥面铺装，环氧沥青材料具有显著的优势。

5.1.2 大型轮碾试验模拟

为研究环氧沥青混合料在仿真交通下的抗车辙能力，使用英国 Cooper 公司生产的大型车辙成型仪制备尺寸为 500mm×180mm×50mm 的车辙试件，然后使用大型车辙仪 CRT-WTENLD 对研发的环氧沥青 EAC-10 及 SBS 与 4‰抗车辙剂复合改性沥青混合料 AC-20C 型车辙深度进行对比分析。测试前，首先将试件温度调整到室温（20±5）℃并进行 1000 次循环的加载轮碾压，通过在指定位置测量其位移读数得到初始的表面轮廓。然后将温度升高到 60℃，胶轮压力设定为 0.7 MPa，开始大型车辙测试，试验设备如图 5.2 所示。

测试的总循环次数为 30 万次，环氧沥青混合料 EAC-10 与 4‰抗车辙剂及 SBS 复合改性 AC-20 试件循环 30 万次时的形貌图，如图 5.3 所示。

随着循环次数的增加，环氧沥青混合料几乎没有产生变形，结合图 5.3，即使测试总循环次数到达 30 万次，环氧沥青混合料车辙板试件的表面状况仍完好，未出现混合料飞散、削落的现象；在 10000～40000 循环次数期间，SBS 改性沥青混合料的车辙深度发展与环氧沥青混合料类似；循环 40000 次以上后，SBS 改性沥青的车辙深度不断增加，当循环次数到达 30 万次时，SBS 改性沥青与环氧沥青混合料的车辙深度分别为 12.17mm 和 1.372mm，前者的车辙深度大约为环氧沥青混合料的 9 倍；加速加载 3.75 万次、10 万次及 30 万次的情况下，环氧沥青混合料变形基本重合，最大车辙深度为 1.5mm，由此可以看出，在 60℃条件下，环氧沥青混合料相比 SBS 改性沥青混合料有超强的耐久性。

图 5.2 大型轮碾试验

图 5.3 大型轮碾高温 60℃条件下重复作用 30 万次试验结束后形貌图

5.1.3 加速加载模拟试验

近年来，随着公路建设的难度加大，大跨径桥梁、特长隧道和长纵坡路段的不断增多，高性能特殊铺面材料——环氧沥青在我国得到了快速的发展。由于环氧沥青在我国使用年限较短，其长期使用性能如何，一直是人们关注的热点。加速加载试验能够真实反映铺装体系的性能，试验结果与实际路面的使用性能有着良好的相关性，深受广大道路工程学者的重视。利用加速加载试验来模拟工程现场实际情况，研究环氧沥青铺装层的耐久性，以对环氧沥青铺装体系的材料选择、材料组成设计以及结构组合设计进行指导，对于延长环氧沥青铺装层的使用寿命意义重大。

1. 试验设计

(1) MMLS3 设备参数

采用南非研究开发的 MMLS3 加速加载设备进行试验。小型设备 MMLS3 可在已建公路和实验室进行加速加载试验。其优点是体积小，移动方便，加载速度快，可达 7200 次/h，设备如图 5.4 所示，其设备参数见表 5.3，速度调节范围见表 5.4。

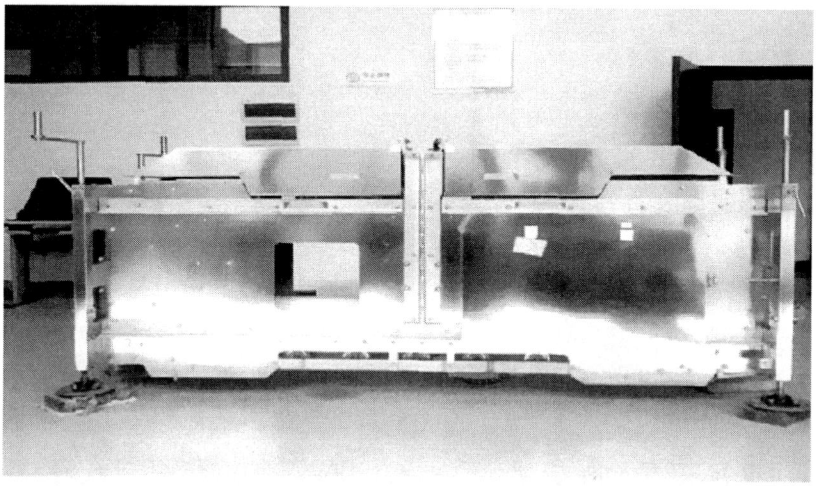

图 5.4 MMLS-1/3 比例加速加载试验设备外观图

表 5.3 MMLS3 设备参数

类型	规格	类型	规格
测试长度	1m	荷载驱动力	环形驱动力
车轮轨道宽度	80mm	动力	电力
测试断面尺寸	1mm×0.4mm	滚轮描述	弹力悬挂
构台尺寸	2.5m×0.76m	数据采集系统	半机械化
车轮构造	单一的	荷载控制方法	机械化
车轮荷载	1.9～2.9kN	最大量	0.7t
车轮悬挂	弹簧弹力	车轮速度	2.5m/s
数据采集	每个设计	位移（车辙量）	10mm
系统容量	柔性化	通行条件	干燥、潮湿、热
车辆尺寸	2.5m×0.7m×1.2m	通行宽度	80～240mm
车轮数量	4	横向荷载分布	渠化分布
轮胎	4 个工作空气胎	动力和功率系统	交流电
轮胎压力	400～800kPa	运转速度	8km/h
车轮通过数量	7000 次/h		

表 5.4 速度调节范围一览表

速度 v（$km \cdot h^{-1}$）	转速（次 · h^{-1}）	电机频率（Hz）	荷载频率（Hz）
1	800	5.30	0.400
2	1600	10.67	0.889
3	2400	16.00	1.333
4	3200	21.33	1.778
5	4000	26.67	2.222
6	4800	32.00	2.667
7	5600	37.33	3.111
8	6400	42.67	3.556
9	7200	48.00	4.000

（2）荷载设定

MMLS3 可在 0～2.7kN 范围内逐步施加荷载，鉴于隧道道面铺装模拟周期性限制，综合考虑设备的保护和最不利荷载下的使用状况，本试验轮胎加载压力为 0.7MPa 模拟加载。

（3）速度设定

在本试验中，加速加载试验频率分别采用 26.67Hz 与 32Hz，其速度转换公式见式（5.1）：

$$v = x \times 9 \div 48 \tag{5.1}$$

通过式（5.1）计算可得，所用试验速度为 5～6km/h 模拟碾压。

（4）试件制作

试件采用室内旋转压实设备成型的圆柱形试件直径 150mm，高度 100mm。按要求尺寸切割成型，一次试验需要 9 个试件。试件切割好后依次编号摆入试槽中，然后用螺丝固定好，试件尺寸如图 5.5 所示，其设备内部结构如图 5.6 所示。

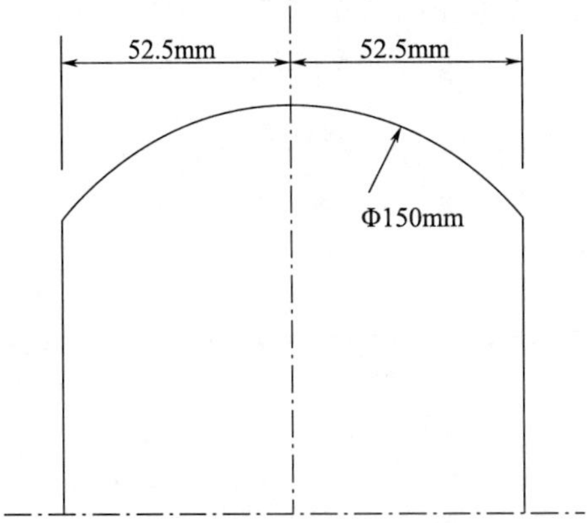

图 5.5 加速加载测试试件的尺寸

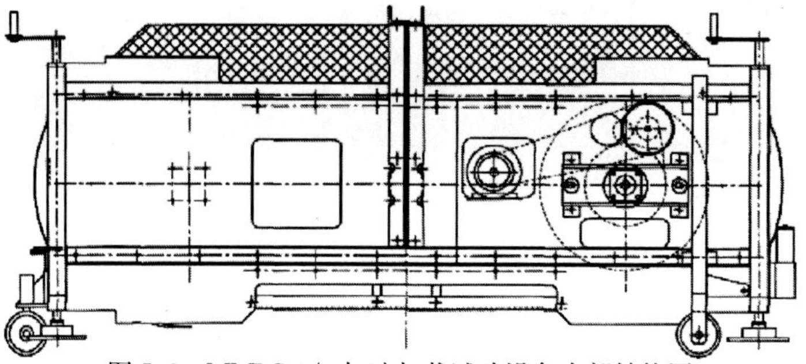

图 5.6　MMLS-1/3 加速加载试验设备内部结构图

(5) 数据采集

检测仪器为系统配备的剖面仪，剖面仪用来准确测量地试验后路面的车辙，它的底面安装在 MMLS-1/3 的下面，这样就不用从路面升起或者移除机器进行测量。它需要 1 台 PC 机，并配有 RS232 端口，剖面仪沿轨道垂直及横向测量可自动进行，沿轨道水平向按提示槽（位置）布置，间隔 50mm，在 2 个指示针之间（路面或板上所示）。剖面仪示意图如图 5.7 所示。

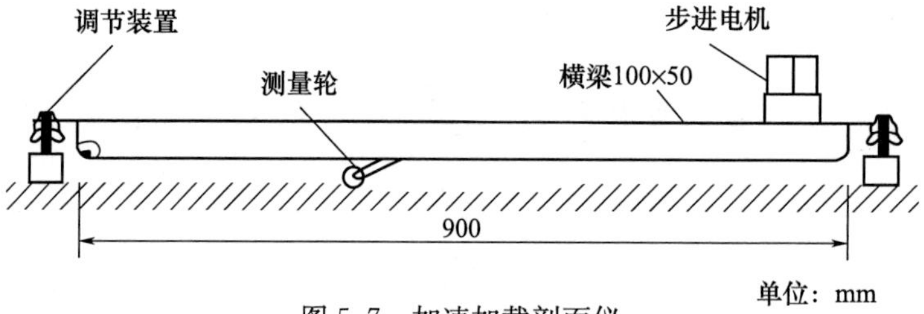

图 5.7　加速加载剖面仪

2. 试验数据分析

采集每个试件中部断面，测点数 200 个，加载至 5000 次时测量试件断面数据作为初始读数，后续采集 3.75 万次、10 万次及 30 万次。混合料的级配为 ESAC-13，环氧沥青油石比为 5.0%。加速加载测得数据的典型图如图 5.8 所示，从图 5.9～图 5.11 中可以看出 SBS 改性沥青 50℃10 次作用后车辙深度接近 10mm。

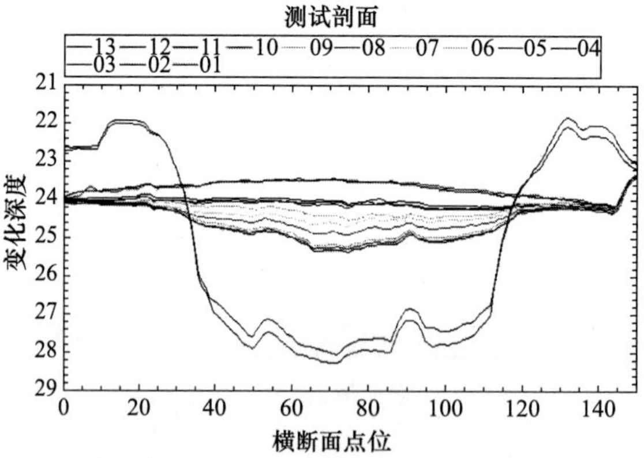

图 5.8　SBS 改性沥青 60℃10 万次断面图

图 5.9～图 5.11 为三组多碎石环氧沥青 SAC-13 在 60℃浸水试验条件下不同加速加载作用次数下的车辙变形图，从图 5.9～图 5.11 中可以看出，除两端与中间工件不平，局部下凹外，加速加载作用 3.75 万次与 10 万次、30 万次的变形基本重合，最大车辙深度仅为 1.5mm，表明环氧沥青混凝土即使在浸水条件下，仍具有良好的抗车辙能力。

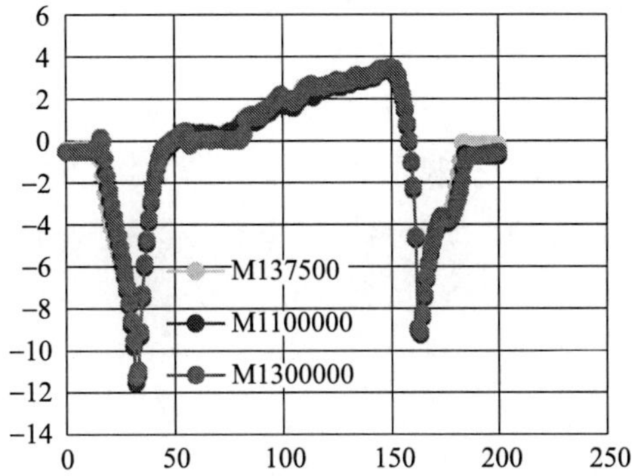

图 5.9　第一组环氧沥青 SAC-13 在 60℃车辙深度

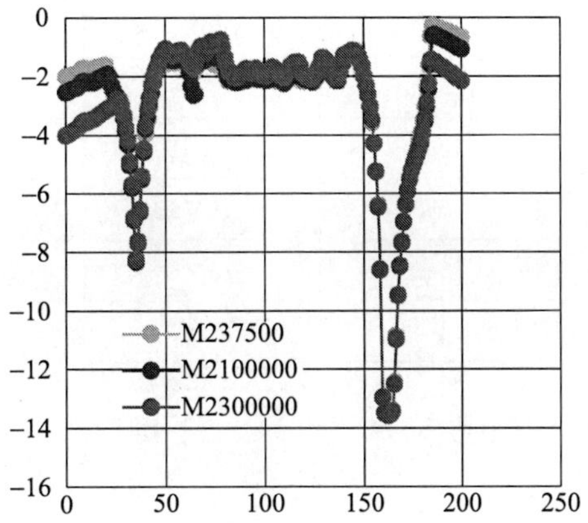

图 5.10　第二组环氧沥青 SAC-13 在 60℃车辙深度

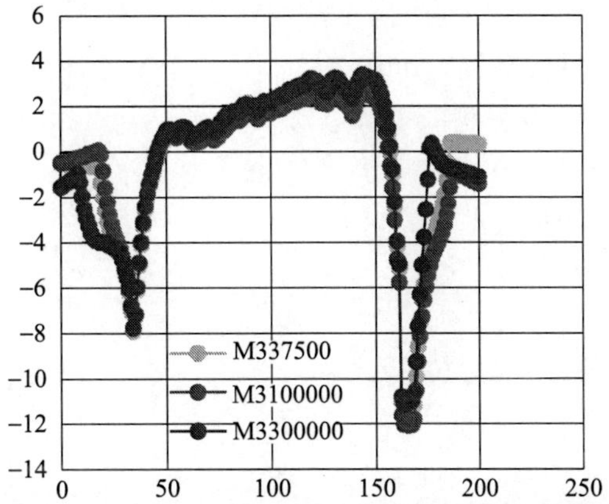

图 5.11　第三组环氧沥青 SAC-13 在 60℃车辙深度

5.2 低温性能

裂缝是沥青路面的主要病害之一，而低温开裂又是裂缝的主要成因，故应对环氧沥青混合料的低温性能进行评价。低温抗裂性的评价方法主要有：① 间接拉伸试验（劈裂试验）；② 弯曲试验；③ 断裂温度试验；④ 弯曲蠕变试验；⑤ 弯曲应力松弛试验；⑥ 收缩试验。

我国《公路工程沥青及沥青混合料试验规程》（JTG E20—2011）中的小梁低温弯曲试验，通常将试件切割成 250mm×30mm×35mm 的棱柱型小梁，在－10℃条件下，以 50mm/min 的速率在跨中加载直至试件断裂破坏，测定其破坏强度、破坏应变、破坏劲度模量，并根据应力应变曲线的形状，综合评价沥青混合料的低温抗裂性能。《公路沥青路面施工技术规范》（JTG F40—2004）中规定，严寒区改性沥青混合料的破坏应变应不小于 2500$\mu\varepsilon$。环氧沥青混合料低温稳弯曲试验结果见表 5.5。小梁低温弯曲试件如图 5.12 所示。

表 5.5　环氧沥青混合料低温弯曲试验结果

级配类型	跨中挠度（mm）	最大荷载（N）	抗弯拉强度（MPa）	弯拉应变（$\times10^{-3}$）	劲度模量（MPa）
ESAC-10	0.542	1623	13.25	2846	4656
EAC-10	0.523	1385	11.31	2746	4119
ESMA-10	0.548	1563	12.76	2877	4435
ESMA-8	0.550	1649	13.46	2888	4661
SBS	0.489	1461	11.93	2567	4647

试验时，试件破坏时的抗弯拉强度、最大弯拉应变、弯曲劲度模量的计算见式（5.2）～式（5.4）：

$$R_B=\frac{3\times L\times P_B}{2\times b\times h^2} \tag{5.2}$$

式中　R_B——试件破坏时的抗弯拉强度，MPa；

b——跨中断面试件的宽度，mm；

h——跨中断面试件的高度，mm；

L——试件的跨径，mm；

P_B——试件破坏时的最大荷载，N。

$$\varepsilon_B=\frac{6\times h\times d}{L^2} \tag{5.3}$$

式中　ε_B——试件破坏时的最大弯拉应变。

$$S_B=\frac{R_B}{\varepsilon_B} \tag{5.4}$$

式中　S_B——试件破坏时的弯曲劲度模量，MPa；

d——试件破坏时的跨中挠度，mm。

图 5.12　小梁低温弯曲试件

从表 5.5 中对比四种类型下沥青混合料环氧沥青混合料低温弯曲试验结果分析，由此可以得出环氧沥青 EAC-10 混合料的抗弯拉强度为 11.31MPa，弯拉应变为 2746μm，劲度模量为 4119MPa，四种环氧沥青混合料的弯拉应变值都在 2500×10^{-3} 以上，但总体差异不大。综合各项指标来看，环氧沥青混合料具有良好的低温性能。

5.3　水稳定性

沥青混合料良好的水稳定性是功能层性能保障的关键，是保证沥青混合料耐久性能的前提。沥青路面在水或冻融循环作用下，经行车荷载的反复作用，水分渗透到沥青混合料内部，会削弱集料与沥青之间的黏结力，沥青膜剥落，易导致沥青混合料出现掉渣、掉粒和松散等病害，进而使沥青路面的承载能力大幅衰减，沥青路面会进一步出现唧浆、坑洞等更严重的病害，极大地影响行车舒适性及安全性。水稳定性的评价方法主要有：① 浸水马歇尔试验；② 真空饱水马歇尔试验；③ 冻融劈裂试验；④ 浸水轮辙试验；⑤ ESC (Environment Conditioning System) 试验。

对比几种评价方法，冻融劈裂与浸水马歇尔试验简单、便捷，耗费成本低，因此依据《公路工程沥青及沥青混合料试验规程》(JTG E20—2011) 中的规定的 T 0709 和 T 0729，选择此两种试验来评价环氧沥青混合料的抗水损害能力。

5.3.1　浸水马歇尔试验

对环氧沥青混合料马歇尔试件进行浸水马歇尔试验时（图 5.13），将固化后马歇尔试件分为 2 组，每组 4 个平行试件。第一组常温下放置 48h，在 60℃的水中保温 30min，测定其马歇尔稳定度；第二组在 60℃水中保温 48h 后测定其稳定度，并按式（5.5）计算残留稳定度比，试验结果见表 5.6。

$$MS_0=\frac{MS_1}{MS} \tag{5.5}$$

式中 MS_0——试件的浸水残留稳定度，%；

MS_1——试件浸水 48h 后的残留稳定度，kN；

MS——试件浸水 0.5h 后的稳定度，kN。

图 5.13 马歇尔试件浸水过程

表 5.6 环氧沥青混合料浸水马歇尔试验结果

级配类型	0.5h	48h	残留稳定度比（%）
环氧 1	87.9	84.9	96.6
环氧 2	97.2	93.7	96.4
环氧 3	95.3	91.3	95.8
常规沥青混合料	16.1	13.6	84.5

从表 5.6 对比三种级配类型的环氧沥青混合料浸水残留稳定度试验可以看出：无论是 0.5h 下还是 48h 下，环氧沥青混合料的残留稳定度比均大于 95%，而常规沥青混合料的残留稳定度比只有 85%左右，远小于环氧沥青混合料，说明环氧沥青混合料具有优异的水稳定性。

5.3.2 冻融劈裂试验

冻融劈裂试验与实际路用情况紧密相关，是检验沥青混合料水稳定性最常用的试验方法，选择冻融劈裂比（TSR）作为环氧沥青混合料水稳定性的评价指标之一。在进行环氧沥青混合料冻融劈裂试验时，将环氧沥青混合料分为 2 组，每组 4 个试件。第一组试件放置于常温条件下不做冻融循环处理，在温度为 25℃的恒温水浴箱中放置 2h 后测其劈裂强度；第二组先对马歇尔试件进行真空饱水处理，然后将试件放入温度为－18℃的恒温冰箱中冷冻 16h，将试件取出，立即放入温度为 60℃的恒温水槽中浸泡 24h，最后，在温度为 25℃的恒温水浴中放置 2h 后测其劈裂强度，TSR 计算见式（5.6），试验结果见表 5.7。

$$TSR=\frac{R_2}{R_1}\times 100\% \tag{5.6}$$

式中　TSR——沥青混合料的冻融劈裂试验强度比，%；

R_1、R_2——分别为未经冻融循环的第一组试件和冻融后的第二组试件的劈裂抗拉强度，MPa。

$$R_1=\frac{0.006287P_1}{h_1} \tag{5.7}$$

式中　P_1——第一组试件的试验荷载的最大值，N；

h_1——第一试件的高度，mm。

$$R_2=\frac{0.006287P_2}{h_2} \tag{5.8}$$

式中　P_2——第二组试件的试验荷载的最大值，N；

h_2——第二组试件的高度，mm。

表 5.7　冻融劈裂试验结果

级配类型	未冻融劈裂强度（MPa）	冻融劈裂强度（MPa）	劈裂强度比（%）
ESAC-10	3.34	3.12	93.4
EAC-10	3.65	3.4	93.2
ESMA-10	3.78	3.61	95.5
SBS	1.34	1.19	88.8

从表 5.7 的冻融试验结果可知，对比三种级配类型的环氧沥青混合料冻融试验结果可以看出，环氧沥青混合料 ESMA-10 冻融劈裂强度比值最高，达到 95.5%，水稳定性能最好，三种环氧沥青混合料的冻融劈裂强度比值都高于规范 80%的要求，表明环氧沥青混合料具备较好的水稳定性能。

5.4　抗裂性能

开裂是沥青路面主要病害之一，路面开裂会导致路表水浸入裂缝，引起基层软化、面层水损害、路面承载能力骤降等问题，在交通荷载反复作用下，路面将进一步出现唧泥、坑槽和网裂等次生路面病害问题。环氧沥青混合料由集料、矿粉与环氧沥青混合后发生固化反应形成高温不溶、不熔且不可逆的热固性材料。由于热固性环氧沥青混合料柔韧性较差，加之铺筑厚度较薄，因此需着重关注环氧沥青材料本身的抗裂性能。为此，本节综合考虑混合料类型、沥青种类、集料公称最大粒径、纤维种类、沥青用量等因素，系统地评价环氧沥青混合料的低温抗裂性能。

5.4.1　IDEAL-CT 试验

近年来，一种新的 IDT 试验分析方法——沥青间接拉伸开裂试验（indirect tensi asphalt cracking test，IDEAL-CT）被引入，以研究沥青混合料的抗裂性。研究表明，该试验的优点有以下几点：试件制作简单、易操作、效率高（1min 可完成）、试验设备便宜、数据变异性小（COV＜25％）、敏感性高及与现场相关性好。

IDEAL-CT 试验常用尺寸参数有：直径（100mm 或 150mm）、厚度（38mm、50mm、62mm 或 75mm）。科研人员根据典型荷载—位移曲线，提出新的沥青混合料开裂性能指标：抗裂指数（cracking test index，CT_{index}），该指标能更准确地反映沥青混合料开裂性能，其定义如下：

$$CT_{index}=\frac{t}{62}\times\frac{G_f}{|m_{75}|}\times\left(\frac{l_{75}}{D}\right) \tag{5.9}$$

式中 t——试件厚度，mm；

G_f——断裂能，J·m^{-2}；

$|m_{75}|$——荷载—位移曲线 75％峰值力处斜率，kN·mm^{-1}；

l_{75}——75％峰值力处位移，mm；

D——试件的直径，mm。

典型荷载—位移曲线图 5.14（b）中：P_{100} 代表试件承受的最大荷载，反映混合料的整体强度；W 代表荷载—位移曲线下的面积（断裂功），即指定位移范围内的曲线积分；G 代表试件破坏面单位面积下的断裂能，即试件在受力到破坏过程阶段混合料所需的能量，可评价混合料的抗裂性能，其值越大混合料抗裂能力越强，G 的计算见式（5.10）。黄卫东等利用 IDEAL-CT 试验评价超薄磨耗层沥青混合料的抗裂性能，试验结果表明，G_f 变化无显著规律，该指标分析结果与其他指标相悖，不能作为评价指标。

$$G=\frac{W}{D_t}\times10^6=\frac{\int P\mathrm{d}l}{D_t}\times10^6 \tag{5.10}$$

式中 D——试件直径，mm；

T——试件厚度，mm。

(a) 试验装置

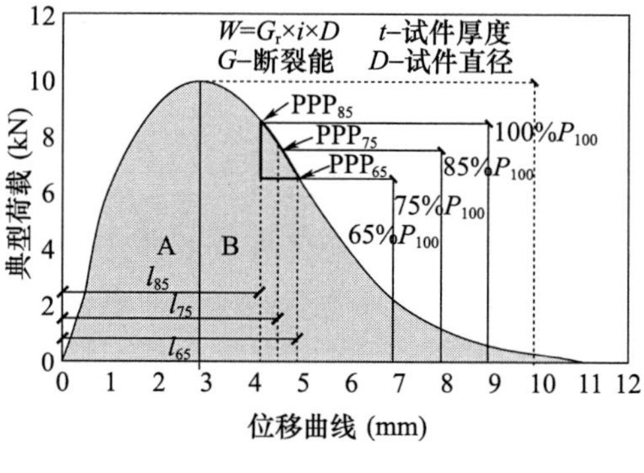

(b) 典型荷载—位移曲线

图 5.14　IDEAL 试验

1. IDEAL-CT 试验过程

因环氧沥青不同于热塑性沥青，其受荷载后表现较脆，总的变形值较小，为充分保护试验设备及试验过程安全，试验中采用荷载下降旋转压实和马歇尔击实成型等方式获取，常用的尺寸参数有：直径（100mm 或 150mm）、厚度（38mm、50mm、62mm 或 75mm）。结合试验条件及简易性，本节环氧沥青混合料 IDEAL-CT 试验，均采用马歇尔法成型试件，成型后的试件高度仍应控制在（63.5±1.3）mm 范围内，若不满足，则予以废弃。试件制备完成后，为减少表面构造对测试结果的影响，则通过万光 WG-800 多型切割机将试件切割成直径（101.6±0.2）mm、厚度为（50±0.5）mm 的标准试验尺寸，如图 5.15（a）所示。

IDEAL-CT 试验选择压条宽度为 12.7mm、内侧曲率半径为 50.8mm 的劈裂试验夹具，试验在深圳万测万能材料试验机上进行，试验温度为 25℃，试验加载速率为 50mm/min。因环氧沥青不同于热塑性沥青，其受荷载后表现较脆，总的变形值较小，为充分保护试验设备及试验过程安全，试验中取荷载下降至最大荷载的 10%（P_{10}）为控制结束条件。试验前，需保证试件内部温度达到目标温度，因此需提前在 25℃环境箱中保温至少 4h 再进行试验，如图 5.15（b）所示。另外，在试件保温过程中要注意不同位置的试件温度差异，且试件在加载到结束整个过程不超过 1min。试件加载过程及破坏试件如图 5.15（c）（d）所示。

(a) 试件切割

(b) 试件保温

(c) 试件加载过程

(d) 试件破坏形貌

图 5.15 IDEAL-CT 试验

为研究公称最大粒径和级配类型不同对沥青混合料的抗裂性能影响，故增加了 ESMA-13 和 EAC-8 两组沥青混合料，同样 AC-8 级配使集料 9.5mm 筛孔通过率 100%，两种沥青混合料的合成级配见表 5.8。经马歇尔验证级配，确定 ESMA-13 级配最佳沥青用量为 6.3%，EAC-8 级配最佳沥青用量为 5.7%。

表 5.8 ESMA-13 和 EAC-8 合成级配

级配类型	通过筛孔（mm）质量百分率（%）									
	16.0	13.2	9.5	4.75	2.36	1.18	0.6	0.3	0.15	0.075
ESMA-13	100	90.7	63.5	29.9	19.4	17.5	15.0	13.2	11.7	10.5
AC-8	100	100	100	55.2	36.0	26.3	20.7	15.2	10.3	7.6

2. 试验结果及分析

（1）纤维对环氧沥青混合料抗裂性能的影响

在荷载与环境共同作用下，沥青路面易出现松散、车辙、开裂等早期病害，从而降低路面的使用寿命。为提高沥青路面的耐久性，广大路面材料研究者致力于添加废橡胶粉、聚合物、天然橡胶和纳米材料等对沥青进行改性研究，提高沥青品质以缓解沥青路面的早期病害问题。然而，因沥青层的拉伸和剪切强度较弱，路面永久变形和开裂问题仍然存在。相关研究表明，纤维的加入可显著提高沥青混合料的抗裂性能、高温稳定性及水稳定性等路用性能，还可延缓路面反射裂缝，有利于解决沥青路面早期病害问题。

因此，本节选择木质纤维、聚酯纤维以及玄武岩纤维对环氧沥青混合料抗裂性能进行评价。同时，成型薄层试件与正常试件评价纤维对环氧混合料的抗裂影响，试验结果如图 5.16 所示。

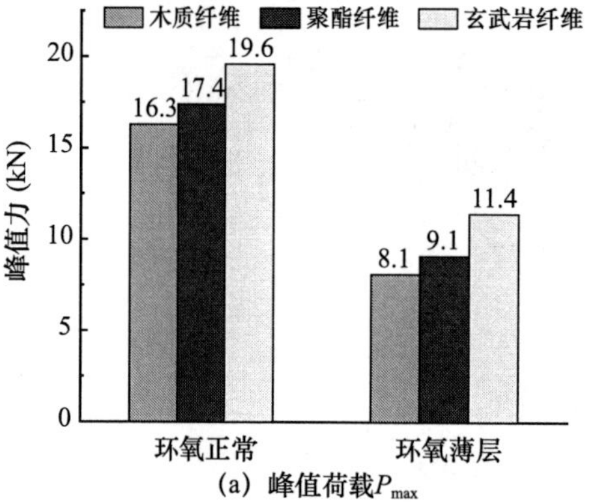

(a) 峰值荷载P_{max}

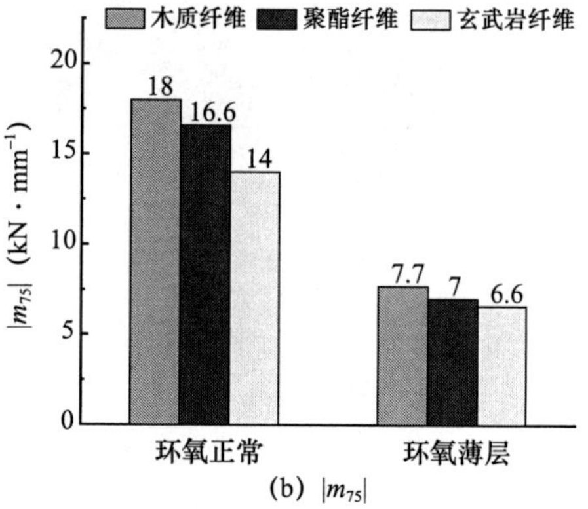

(b) $|m_{75}|$

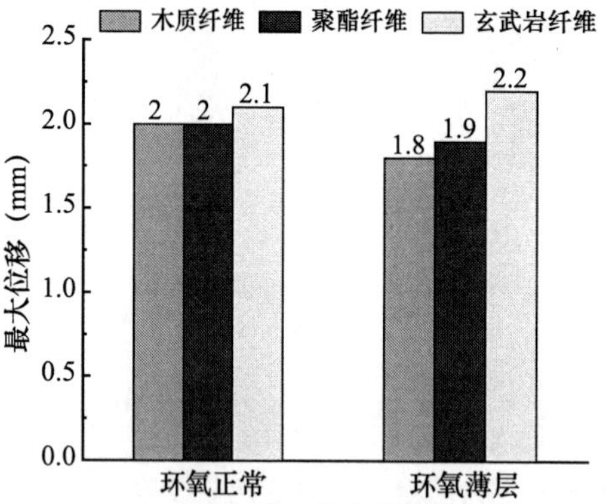

(c) 最大位移

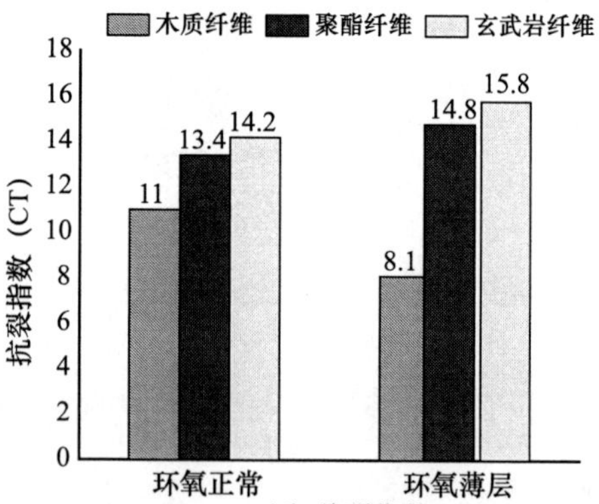

(d) 抗裂指数

图 5.16 试验结果

从图 5.16 中环氧薄层试件和正常试件的抗裂试验结果显示，其峰值荷载及 $|m_{75}|$ 差别较大，但两种试件总体规律保持一致。图 5.16（a）和图 5.16（b）表明，两种不同厚度的环氧试件，聚酯纤维和玄武岩纤维环氧沥青混合料较木质纤维环氧沥青混合料具有更好的承受荷载的能力，环氧沥青混合料的抗裂缝延展性能表现为玄武岩纤维＞聚酯纤维＞木质纤维，这是由于试件在破坏时玄武岩纤维与聚酯纤维在混合料内部具有加筋作用，可传递和消散部分应力，减缓了裂缝的形成和扩展，提高了材料的延性，从而表现为峰值力变大、$|m_{75}|$ 值变小，但玄武岩纤维抗裂缝延展性能较聚酯纤维更优。

从图 5.16（c）中可看出，环氧薄层试件与正常试件的最大位移相差较小，最大位移仅差 0.3mm，且不同纤维环氧沥青混合料之间位移差异也很小，其原因可能是环氧沥青属热固性材料，其变形值本身较小，厚度差异难以体现在同种材料的变形值上。从图 5.16（d）中可知，环氧薄层试件和正常试件的抗裂指数变化规律一致，但环氧薄层中木质纤维与其余两者的差异较正常试件的大，其变异相对较大，这是由于环氧薄层未消除表明构造等对其抗裂的影响，加之厚度减薄，变异相对较大。抗裂指数整体表现为玄武岩纤维最优、聚酯纤维次之、木质纤维最差。综合峰值荷载、$|m_{75}|$、最大位移及抗裂指数等指标可知，纤维的加入可延缓裂缝的快速发展，显著提高混合料的抗开裂及裂缝延展能力，其中玄武岩纤维表现较聚酯纤维更优，另外，环氧薄层试件的抗裂总体规律与正常试件保持一致，可用以评价环氧沥青混合料抗裂性能，但变异相对较大。为此，针对后面的抗裂试验，优先选择正常厚度的试件进行。

（2）沥青种类、公称最大粒径及级配类型对沥青混合料抗裂性能的影响

沥青混合料是由不同粒径骨料与沥青相结合形成具有特定空间结构的多相混合材料，其沥青类型、粒径大小、级配类型及矿质混合料空间分布等影响沥青混合料的力学性质。通过选择 SBS 沥青与环氧沥青作对比，着重考虑同种级配类型下不同公称最大粒径（ESMA-8 与 ESMA-13）和公称最大粒径相同下不同级配类型（ESMA-8 与 EAC-8）的混合料抗裂性能变化规律，试验结果如图 5.17 所示，试验结果按沥青种类、公称最大粒径及级配类型分别进行分析。

（3）沥青种类对环氧沥青混合料抗裂性能的影响

从图 5.17 可知，在温度为 25℃条件下，SBS 沥青混合料与环氧沥青混合料所有指标均相差较大，尤其抗裂指数相差几十倍到上百倍。但 SMA-8、SMA-13 与 AC-8 沥青混合料的抗裂性能表现出一定规律。环氧沥青混合料的峰值荷载及 $|m_{75}|$ 均远大于 SBS 改性沥青混合料，而最大位移和抗裂指数远远小于 SBS 改性沥青混合料。从 $|m_{75}|$、最大位移指标可以看出，SBS 改性沥青混合料的抗裂缝延展能力远远大于环氧沥青混合料，再加上抗裂指数值远远大于环氧沥青混合料，其综合抗裂性能应为 SBS 改性沥青优异。然而峰值力指标表明，环氧沥青混合料承受荷载更强，本身抵抗开裂的能力更优异，但其由于本身的热固性特性，其延展性较差，故 $|m_{75}|$ 较大，导致抗裂指数更小。如果材料开始抵抗荷载的能力太差，即使裂缝延展性能再好也不能改变其总体抗裂性能，亦不能满足路面其他功能的要求，因而提高沥青混合料的抗裂性能应该先重视其抵抗开裂的能力，再考虑提高其抗裂缝扩展性能。

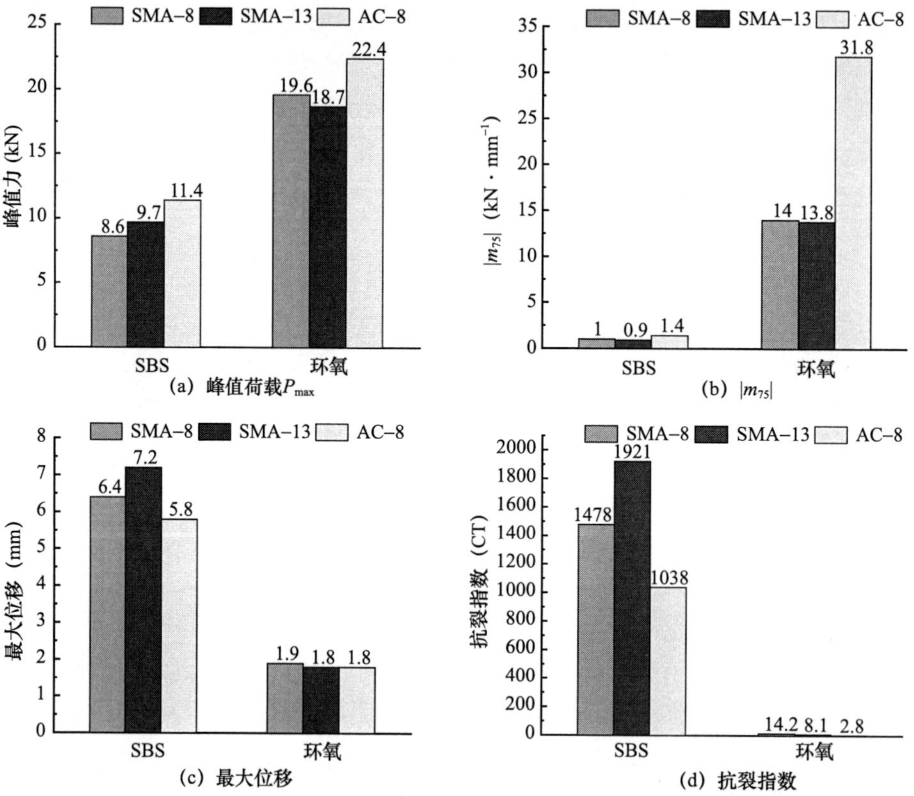

图 5.17　不同沥青种类、公称最大粒径及级配类型的沥青混合料抗裂测试结果

通过以上分析表明，在常温下，抗裂指数、最大位移及 $|m_{75}|$ 指标不能用于评价不同特性的沥青混合料综合抗裂性能，在应用时混合料抗裂性能应该将抗开裂性能和抗裂缝延展性能分开单独分析。同时，环氧沥青混合料体现出更优异的抗开裂能力，更适合于重载交通、长下坡和急转弯等急刹车路段。

（4）公称最大粒径对环氧沥青混合料抗裂性能的影响

从图 5.17 可知，不同公称最大粒径混合料中，SBS 改性 SMA-13 沥青混合料最大荷载大于 SMA-8（大 12.8%），其原因是 SMA-13 级配粗集料较多，骨架更强，其承受荷载能力越大；另外，虽环氧 SMA-13 沥青混合料最大荷载又较 SMA-8 小（小 4.8%），但两者差异较小，出现这种情况的原因是环氧沥青较 SBS 沥青对级配的敏感性更低。由于 SMA-13 粒径更大，抗裂缝延展性能更优，故 $|m_{75}|$ 较 SMA-8 小。SBS 沥青 SMA-13 最大位移比 SMA-8 大，因此抗裂指数综合而言亦比 SMA 大，而环氧沥青下，两种级配混合料的最大位移均无明显差异，但抗裂指数 SMA-8 比 SMA-13 大。从以上分析可得出：SBS 沥青 SMA-13 级配沥青混合料综合抗裂性能优于 SMA-8，而环氧沥青 SMA-13 级配沥青混合料综合抗裂性能较 SMA-8 差，因此公称最大粒径对混合料的抗裂性能影响应该考虑在不同特性的沥青条件下进行比较。

（5）级配类型

从图 5.17 可知，由于 AC-8 沥青混合料是密级配混合料，密度大孔隙小，因而两种沥

青下峰值力均大于 SMA 沥青混合料。但在两种沥青条件下，其抗裂纹扩展的能力较差，$|m_{75}|$ 均大于 SMA 沥青混合料，尤其环氧沥青条件下，其 $|m_{75}|$ 值远远大于 SMA 沥青混合料。SBS 改性沥青下，两种 SMA 沥青混合料的最大位移均大于 AC-8 沥青混合料，具有更好的变形能力。三种混合料环氧沥青的最大位移极小且几乎无差距，由此也不能体现出环氧沥青混合料热固性的特点。最后，AC-8 沥青混合料的抗裂指数均小于 SMA 沥青混合料，由此说明密级配 AC-8 沥青混合料具有较好的抵抗开裂的性能，但其抗裂缝延展能力较差，综合抗裂性能较 SMA 级配沥青混合料差，故可得出骨架型密级配沥青混合料的抗裂性能优于密级配沥青混合料。

（6）沥青用量对沥青混合料抗裂性能的影响

沥青混合料的抗裂性能除受沥青与级配等影响较大外，沥青用量的多少对其性能影响也较大。若沥青混合料中沥青用量过少，内部沥青膜厚度较薄沥青与集料黏附力不够，加之空隙增大，易使混合料路用性能大大降低。沥青用量过多，对常规沥青混合料而言易导致高温性能变差，沥青路面出现泛油、车辙等病害，而环氧沥青混合料是化学改性的热固性材料，油量增多不会出现常规沥青路面的问题。因此，为研究油量对环氧沥青混合料抗裂性能的影响，选择贫油、最佳油比及富油三个油比进行抗裂试验，不同油比分别为 6%、6.5%和 7%，为增加试验的准确性，选择木质纤维和玄武岩纤维两种环氧沥青混合料进行试验，试验结果如图 5.18 所示。

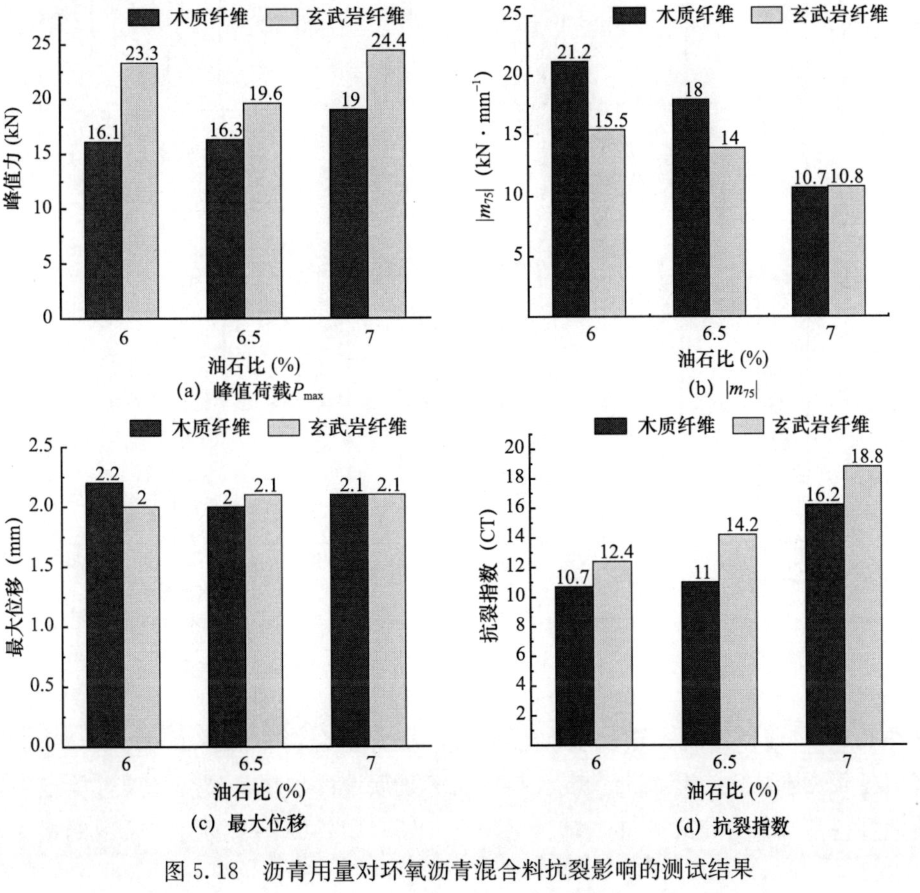

图 5.18 沥青用量对环氧沥青混合料抗裂影响的测试结果

从图 5.18 可知，两种环氧沥青混合料的抗裂峰值荷载随油量变化有稍许波动，总体有一定程度增加但差异较小，两种环氧沥青混合料抗裂峰值荷载表现为玄武岩纤维大于木质纤维。$|m_{75}|$ 值均随油石比的增加而减小，表明沥青用量越多，其裂缝扩展的速率越小，其中玄武岩纤维环氧沥青混合料的抗裂缝延展速率小于木质纤维环氧沥青混合料。最大位移值随油量变化同样无较大差异，两种环氧沥青混合料之间差异极其细微。两种环氧沥青混合料的抗裂指数值均随油石比的增加而增大，表明环氧沥青混合料的整体抗裂性能随沥青用量的增加而提升，其中玄武岩纤维的抗裂性能仍然表现更优异。因此，同种级配沥青混合料条件下增加沥青用量，混合料内部有效沥青含量增多，其混合料整体强度有一定程度提升，混合料抗裂缝延展性能增强，抗裂性能表现更优异。

（7）空隙率对沥青混合料抗裂性能的影响

为研究空隙率对环氧沥青混合料抗裂性能的影响，在最佳油量下分别以 50 次、75 次和 100 次成型环氧沥青混合料，不同击实次数表示不同空隙率大小，试验结果如图 5.19 所示。

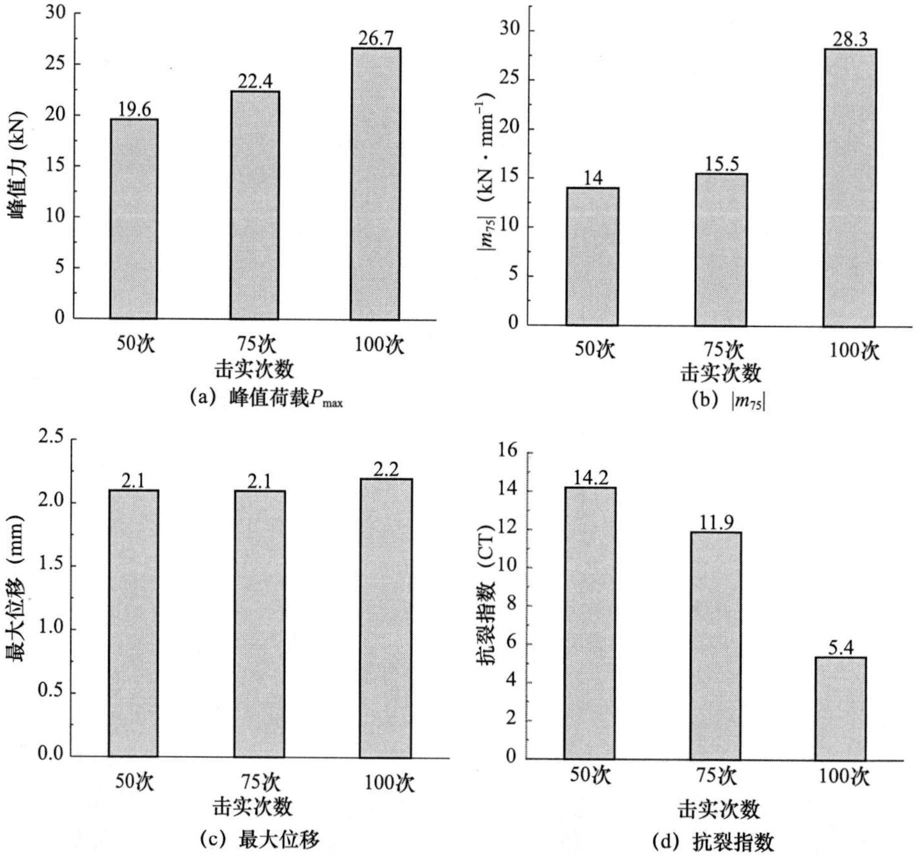

(a) 峰值荷载P_{max}　(b) $|m_{75}|$

(c) 最大位移　(d) 抗裂指数

图 5.19　压实功对环氧沥青混合料抗裂影响的测试结果

从图 5.19 中可以发现，随击实次数增大，沥青混合料空隙率减小，$|m_{75}|$ 逐渐增大，峰值荷载逐渐增大，环氧沥青混合料抗裂缝延展速度加快，裂缝延展性能变差，但环氧沥青混合料最大位移仍无差异，结合（1）～（3）中各种环氧沥青混合料的最大位移分

析，其总体均在 2.0mm 左右，无明显差异，其表明最大位移不能用以评价环氧沥青混合料的抗裂性能。最后，环氧沥青混合料的抗裂指数随空隙率减小也逐渐变小，总体表现为环氧沥青混合料密实度越大，其抗裂性能越差。因此，环氧沥青混合料具有合理的击实功和空隙率大小是保证其抗裂性能的关键要素之一。

5.4.2　冲击韧性试验

车辆在路面上高速行驶，若遇到不平整的情况，会使车辆出现“跳车”现象，进而对路面某点位置施加较快的冲击荷载。另外，在突然刹车减速情况下，路面也会受到冲击荷载的影响，若沥青混合料抗裂性能不足，则在冲击荷载作用下易发生开裂破坏。尤其对超薄层沥青路面而言，厚度减薄更容易发生开裂，因而相较传统路面需对抗冲击荷载能力提出更高要求。

材料抵抗冲击荷载的能力，可用冲击韧性表征。冲击韧性是指材料在冲击载荷作用下吸收塑性变形功和断裂功的能力，也是评价沥青混合料抗反射裂缝性能和疲劳性能的指标之一。材料在抵抗开裂破坏时需消耗一定的能量，该能量即是荷载—位移曲线下方的面积，常用 I 表示，计算见式（5.11）。I 值越大，表明材料破坏消耗能量越多，抗冲击性能越好。根据材料特性不同，其存在脆性破坏和屈服破坏两种形式，不同破坏的典型冲击韧性曲线如图 5.20 所示。

$$I = \int_0^{l_p} P(l)\,\mathrm{d}l \tag{5.11}$$

式中　l_p——为试件承受荷载达到最大荷载 P_{max} 时对应的变形位移，mm；

l——为试件变形位移，mm；

$P(l)$——为试件变形位移达到 x 时对应的荷载，N。

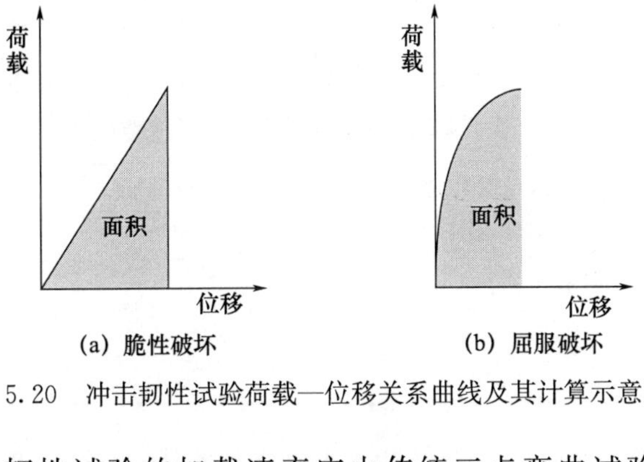

图 5.20　冲击韧性试验荷载—位移关系曲线及其计算示意图

研究表明，冲击韧性试验的加载速率应由传统三点弯曲试验的 50mm/min 变为 500mm/min，这样能更好地模拟瞬间荷载对试件的冲击作用。另外，由于环氧沥青混合料是热固性材料，试件在受冲击荷载时，荷载—位移曲线图如图 5.20（a）所示，试件加载至峰值荷载时会出现突然断裂，具有典型的脆性破坏特征。为改善环氧沥青混合料的抗冲击荷载能力，对混合料中加入不同纤维（玄武岩纤维、聚酯纤维）及增加油量进行测试。

1. 冲击韧性试验过程

冲击韧性试验试件与低温弯曲试件一样，需成型 300mm×300mm×50mm 的车辙试件，成型时为保证环氧沥青混合料固化完全，需在 120℃烘箱中带模养生最少 4h，最后切割成 250mm×30mm×35mm 的棱柱型小梁。本次冲击韧性试验用华龙电子万能材料试验机进行，试验温度设置为 15℃，加载速率为 500mm/min，测试前同样将小梁试件保温 4h 以上。测试时，提前调整好夹具支座间距为 200mm，将试件快速从 15℃的环境箱内取出放置在支座上，保证试验在水平和垂直位置上均符合对称要求。为避免小梁温度变化带来试验结果的变异，整个测试过程要求在 1min 内完成，并用温枪实时记录小梁表面温度变化。试验过程如图 5.21 所示。

加载过程　　破坏试样

图 5.21　冲击韧性试验

2. 试验结果及分析

不同环氧沥青混合料冲击韧性试验每组进行 4 组平行试验，记录玄武岩纤维环氧沥青混合料（XESMA-8）、聚酯纤维环氧沥青混合料（JESMA-8）、富油量环氧沥青混合料（FESMA-8）及未添加纤维环氧沥青混合料（ESMA-8）的最大荷载（P_{max}）及对应位移，通过式（5.11）计算冲击韧性 I 值，试验结果见表 5.9。

表 5.9　环氧沥青混合料冲击韧性试验结果

混合料类型	最大荷载 P_{max}（N）	临界位移（mm）	冲击韧性 I（N·mm）
ESMA-8	1026.0	0.75	236.2
XESMA-8	1304.4	1.07	457.9
JESMA-8	1103.9	0.94	330.6
FESMA-8	1314.0	0.93	220.0

冲击韧性试验结果显示，环氧沥青混合料中添加玄武岩纤维、聚酯纤维及增大沥青用量，其冲击最大荷载增大明显，XESMA-8、JESMA-8 和 FESMA-8 较 ESMA-8 分别增加了 27.1%、14.3%和 28.1%。试验过程中发现，环氧 ESMA-8 小梁试件在受荷载后试件断裂为两部分并从支座上掉落，而其他三种环氧沥青混合料试件断裂后仍保持为整体，如图 5.22 所示。由于 ESMA-8 未添加纤维，脆性破坏特征更明显，而添加纤维可明显提高环氧沥青混合料的柔性，聚酯纤维和玄武岩纤维混合料的冲击韧性值分别提高了 40%和

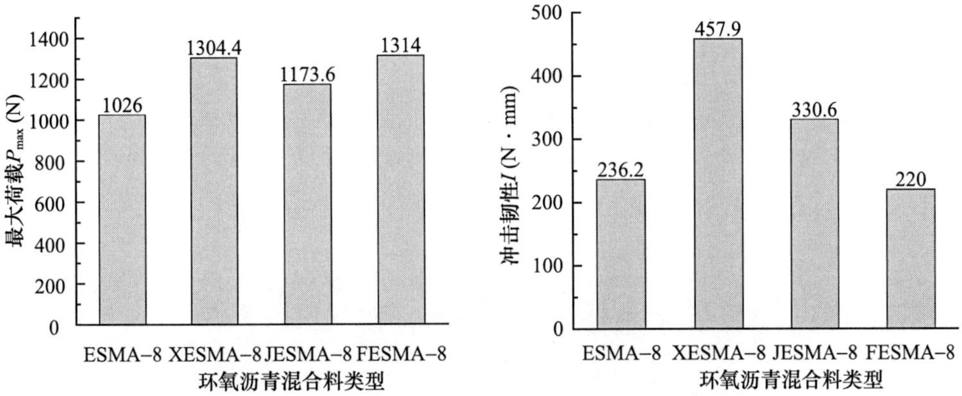

图 5.22 环氧沥青混合料最大冲击荷载及韧性

93.9%。因此，纤维的使用可显著提高环氧沥青混合料的抗冲击性能，其中玄武岩纤维表现最突出。另外，由于 FESMA-8 只单独增加了油量而未添加纤维，因此表现为冲击最大荷载提升明显，而冲击韧性无显著变化。综合分析而言，环氧沥青混合料如果合理添加纤维和沥青用量可以提高混合料的抗冲击性能。

5.4.3 Overlay Tester 试验

目前没有任何文献通过试验的方法探究适用于做环氧沥青混合料 OT 试验的最佳目标位移值，为验证 TEX-248-F 规范要求目标位移值 0.635mm 及文献推荐目标位移值 0.063mm 是否适用于分析环氧沥青混合料的抗反射裂缝性能，设置了 0.063mm、0.135mm、0.235mm 及 0.635mm 四个目标位移值，开展 OT 试验研究，根据不同目标位移值条件下重复试验结果的标准差、拉伸荷载峰值与试验循环周期数的拟合逼近程度（对数函数或幂函数拟合）及试验结束时试件的损伤程度可以判断选择最佳目标位移值。为探究外界环境因素对沥青铺装层材料抗反射裂缝性能的影响，根据确定的最佳目标位移值，测定了环氧沥青、SBS 改性沥青混合料在常规条件下及长期老化、冻融后的抗反射裂缝性能。参照《公路工程沥青及沥青混合料试验规程》（JTG E20—2011）中相关试验方法对 OT 试件进行长期老化、冻融处理。试验温度按照规范要求均为 25℃，每个试验方案设置 3 次重复试验。

1. 试件加载

OT 试验参考美国标准试验规范 TEX-248-F 进行，具体试验参数见表 5.10。加载前，需将切割好的标准 OT 试件用 AB 胶黏结在拉伸底盘上，如图 5.23 所示，每个试件上放置 0.8kg 的配重块，待 24h 后认为强度足够，即可将整个试件安装在 OT 试验机上，试件需保温 4h 以上才可开始加载。

表 5.10 OT 试验参数设计

温度（℃）	目标位移值（mm）	加载波形	荷载循环周（s）	结束条件
25	根据设计值设定	三角波	10	某个循环的峰值荷载与初始循环峰值荷载相比衰减达到 93%以上或最大运行周期为 1200 次

图 5.23　黏结 OT 标准试件

OT 试验机在加载过程中可自动记录第一个周期拉伸荷载峰值 F、每个周期的拉伸荷载峰值、试验周期数 N、荷载损失率 R、位移 L 和温度 T 等参数。选取自动记录的试验参数有：试验周期数 N、荷载损失率 R、第一个周期拉伸荷载峰值 F。同时，根据前人研究，引入总断裂能 G 和第一周期断裂能 G_f 来进一步评价沥青铺装层材料的抗反射裂缝性能，其中总断裂能由每个周期拉伸荷载峰值—周期数关系曲线下所包围的面积（即整个周期内所有荷载的总和）表示混合料开裂的总断裂能，如图 5.24 所示；试件第一周期开裂所需断裂功 W，如图 5.25 所示，根据式（5.12）得出第一周期断裂能。

$$G_f = \frac{W}{t \times b} \tag{5.12}$$

式中　G_f——断裂能，J/m^2；

W——断裂功，J；

t——试件厚度，m；

b——试件宽度，m。

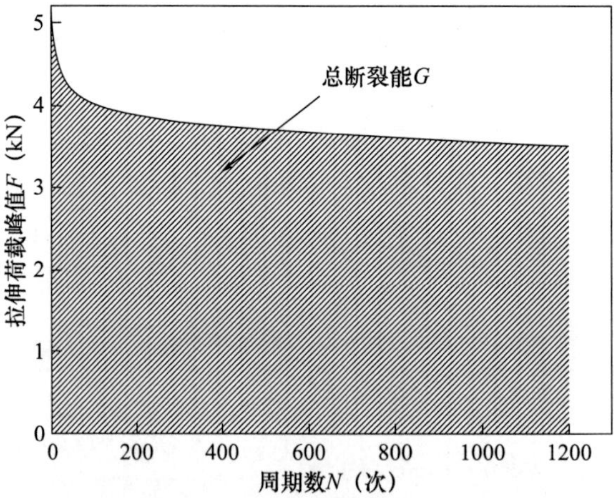

图 5.24　总断裂能示意图

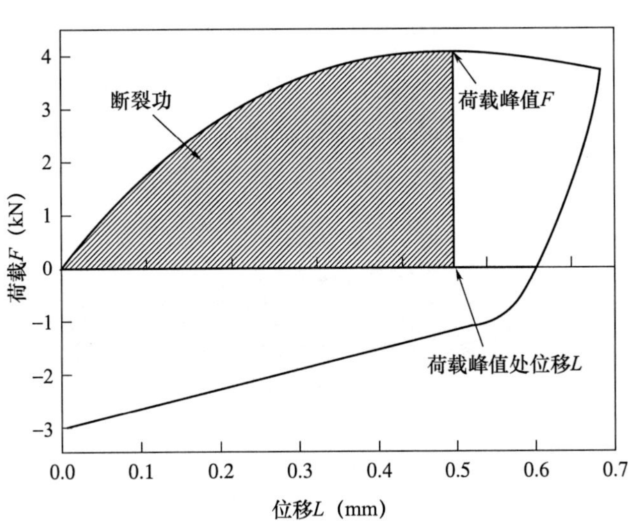

图 5.25　第一周期断裂功 W

2. 试验结果分析

（1）不同目标位移值下的 OT 结果

常规条件下，环氧沥青混合料 OT 试件在 0.063mm、0.135mm、0.235mm 及 0.635mm 四个目标位移值下的 OT 试验结果见表 5.11，相应的拉伸荷载峰值—周期数关系曲线如图 5.26 所示。由图 5.26 可以看出环氧沥青混合料 OT 试件在四个目标位移值下的拉伸荷载峰值—周期数关系曲线符合幂函数或对数函数变化规律，通过 Origin 数学计算软件对关系曲线进行拟合，拟合结果见表 5.12。

表 5.11　四个目标位移值 OT 试验结果

设置目标位移值（mm）		N（次）	R（%）	F（kN）	G（N/m^{-1}）	W（J）	G_f（J）
0.063	平均值	1200	16.14	3.22	3327.78	0.10	35.11
	VAR	0	4.69	0.42	611.08	0.01	4.61
0.135	平均值	1200	24.58	4.47	4262.47	0.30	104.57
	VAR	0	2.17	0.30	199.36	0.02	7.05
0.235	平均值	1200	62.09	5.49	2653.15	0.65	223.48
	VAR	0	3.84	0.62	522.41	0.07	25.15
0.635	平均值	1200	75.74	7.23	2222.04	2.30	794.69
	VAR	0	34.93	3.11	565.83	0.99	341.47

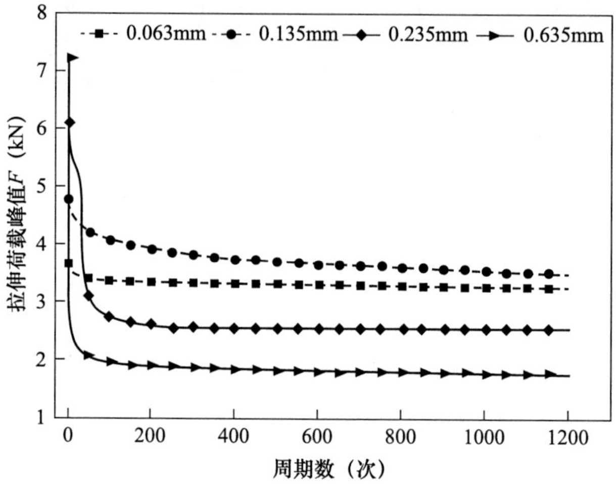

图 5.26　四个目标位移值对应的拉伸荷载峰值—周期数关系曲线

表 5.12　四个目标位移值对应的拉伸荷载峰值—周期数关系曲线拟合结果

胶结料类型	设置目标位移	拟合公式	R^2	
环氧沥青	0.063	幂函	$y=3.6191x^{-0.016}$	0.9708
		对数函数	$y=-0.531\ln(x)+3.6085$	0.9707
	0.135	幂函数	$y=5.1863x^{-0.055}$	0.9842
		对数函数	$y=-0.212\ln(x)+5.014$	0.9909
	0.235	幂函数	$y=4.8971x^{-0.102}$	0.6325
		对数函数	$y=-0.359\ln(x)+4.8377$	0.5757
	0.635	幂函数	$y=2.6693x^{-0.06}$	0.7646
		对数函数	$y=-0.134\ln(x)+2.6725$	0.4746

从表 5.12 可发现，环氧沥青混合料 OT 试件在四个目标位移值参数条件下试验周期数均能达到 1200 次，荷载损失值均小于 93%。荷载损失率 R、第一周期拉伸荷载峰值 F、第一周期开裂所需断裂功 W、断裂能 G_f 均随着目标位移值的增大而变大；OT 试件总断裂能的顺序依次为：0.135mm＞0.063mm＞0.235mm＞0.635mm；0.063mm、0.235mm 及 0.635mm 目标位移值对应的重复试验数据标准差均较 0.135mm 大。

从表 5.12 可看出，0.235mm、0.635mm 目标位移值对应的拉伸荷载峰值与试验循环周期数关系曲线拟合公式的拟合程度较 0.135mm、0.063mm 弱，且 0.135mm 目标位移值的拟合程度最高。

从图 5.26 可发现，0.063mm 目标位移值对应的拉伸荷载峰值随着试验循环周期数的增加，下降幅度微小，导致对环氧沥青混合料的破坏程度较小（不能很好地评价该材料的抗反射裂缝性能），而 0.135mm 目标位移值对应的拉伸荷载峰值与试验循环周期数关系曲线符合 OT 试验测试常规材料时的变化规律（初期最大荷载值下降程度稍大，后期随着循环次数的增加稍微降低）。

综合考虑四个目标位移值条件下重复试验结果的标准差、拉伸荷载峰值与试验循环周期数关系曲线拟合公式的拟合逼近程度（对数函数或幂函数拟合）及试验过程试件的损伤程度，最终推荐 0.135mm 作为环氧沥青混合料 OT 试验的目标位移值。以下 OT 试验均以 0.135mm 作为目标位移值。

（2）常规条件下的 OT 结果

常规条件下，环氧沥青及 SBS 改性沥青混合料 OT 试验结果见表 5.13。

表 5.13　常规条件下两种沥青混合料 OT 试验结果

胶结料类型		*N*（次）	*R*（%）	*F*（kN）	*G*（N/m^{-1}）	*W*（J）	G_f（J）
环氧沥青	平均值	1200	24.58	4.47	4262.47	0.30	104.57
	VAR	0	2.17	0.30	199.36	0.02	7.05
SBS 改性沥青	平均值	1200	53.70	2.30	1421.71	0.16	53.69
	VAR	0	2.07	0.16	109.88	0.01	3.72

从表 5.13 可发现，在常规条件下，两种沥青混合料的试验周期数 *N* 均能达到 1200 次，且荷载损失率 *R* 值均小于 93%。当周期数达到 1200 次时，环氧沥青混合料的荷载损失率 *R* 比 SBS 改性沥青小，仅为 SBS 改性沥青的一半左右。环氧沥青混合料总断裂能 *G* 远远大于 SBS 改性沥青混合料，是 SBS 改性沥青的 3 倍，说明在整个反射裂缝作用周期中，环氧沥青混合料破坏所需能量最多。环氧沥青混合料第一周期拉伸荷载峰值 *F*、第一周期开裂所需断裂功 *W* 及断裂能 G_f 均大于 SBS 改性沥青混合料，说明环氧沥青混合料在初期形成反射裂缝需要更多的力和能量。

（3）长期老化后的 OT 结果

由于沥青路面直接与大气环境接触，其在服役过程中会在一定程度上产生沥青老化的现象，沥青的老化会使沥青混合料抗疲劳性能逐渐衰减，严重影响路面使用寿命，因此有必要对沥青混合料老化后的性能展开研究。参照《公路工程沥青及沥青混合料试验规程》（JTG E20—2011）中热拌沥青混合料加速老化方法（T 0734—2000），将试件放入 85℃烘箱中进行高温老化，在强制通风条件下连续加热 5d，之后关闭烘箱，经自然冷却 16h 后，开展 OT 试验，试验结果见表 5.14。

表 5.14　长期老化后两种沥青混合料 OT 试验结果

胶结料类型		*N*（次）	*R*（%）	*F*（kN）	*G*（N/m^{-1}）	*W*（J）	G_f（J）
环氧气沥青	平均值	1200	39.02	4.98	4135.50	0.34	116.42
	VAR	0	2.65	0.12	173.35	0.01	2.90
SBS 改性沥青	平均值	1200	56.67	2.48	1436.92	0.17	57.91
	VAR	0	0.45	0.16	77.95	0.01	3.79

由表 5.14 可知，在经历过长期老化之后的两种沥青混合料试件的试验周期数 *N* 仍能达到 1200 次，且荷载损失率 *R* 也均小于 93%，试验的 VAR 值的离散性较小。当周期数

达到 1200 次时，两种沥青混合料的荷载损失率 R 值较常规条件下均有所增加，但两者的增幅差距较大，环氧沥青混合料的增加幅度达 0.59 倍，而 SBS 改性沥青混合料增加幅度较小。两种沥青混合料总断裂能 G 的变化规律与常规条件一致，虽然环氧沥青混合料试件荷载损失率增加幅度较大，但总断裂能 G 仍能达到 SBS 改性沥青混合料的 2.88 倍，即在整个加载过程中需要更多的断裂能来完成裂缝的扩展和发展。第一周期拉伸荷载峰值 F、第一周期开裂所需断裂功 W 及断裂能 G_f 的变化规律与常规条件下一致。总体而言，长期老化对环氧沥青混合料的破坏较为明显，而对 SBS 改性沥青混合料的破坏则影响较小。即便环氧沥青混合料荷载损失率较 SBS 改性沥青大，但在裂纹起裂、发展、扩展三个阶段的破环所需的断裂能仍比 SBS 改性沥青多，说明环氧沥青混合料具有良好的抗反射裂缝性能。

（4）冻融后的 OT 结果

季冻区的气候特点主要表现为剧烈的冻融循环、巨大温差及持续低温等，其占我国国土面积的 50%以上，季冻区铺筑的沥青路面在服役期间容易出现开裂严重、使用寿命短等问题。参照《公路工程沥青及沥青混合料试验规程》（JTG E20—2011）中沥青混合料冻融劈裂试验（T 0729—2000）对 OT 试件进行冻融破坏处理：在 97.3～98.7kPa（730～740mmHg）条件下真空饱水 15min，然后在（－18±2)℃温度下冷冻（16±1）h，最后在（60±0.5)℃恒温水槽中保温 24h，作为一次冻融循环。两种沥青混合料在经过冻融破坏后的 OT 试验结果见表 5.15。

表 5.15　冻融破坏后两种沥青混合料 OT 试验结果

胶结料类型		N（次）	R（%）	F（kN）	G（N/m^{-1}）	W（J）	G_f（J）
环氧气沥青	平均值	1200	53.36	4.69	2867.26	0.32	109.55
	VAR	0	2.74	0.29	226.95	0.02	6.71
SBS 改性沥青	平均值	1200	47.88	1.82	1225.04	0.12	42.56
	VAR	0	1.03	0.35	217.20	0.02	8.13

由表 5.15 可知，在经历过冻融破坏之后两种沥青混合料试件的试验周期数 N 仍能达到 1200 次，且荷载损失率 R 也均小于 93%，试验的 VAR 值的离散性较小。当周期数达到 1200 次时，环氧沥青混合料的荷载损失率 R 值较常规条件下增幅达 1.17 倍，说明冻融破坏对环氧沥青混合料的影响较为明显，这主要是因为环氧沥青混合料的空隙率较 SBS 改性沥青混合料大所导致的。两种沥青混合料总断裂能 G 的变化规律与常规条件一致，虽然环氧沥青混合料试件荷载损失率增加幅度较大，但总断裂能 G 仍能达到 SBS 改性沥青混合料的 2.34 倍，即在整个加载过程中需要更多的断裂能来完成裂缝的扩展和发展。第一周期拉伸荷载峰值 F、第一周期开裂所需断裂功 W 及断裂能 G_f 的变化规律与常规条件下一致。总体而言，冻融破坏对环氧沥青混合料的破坏较为明显，而对 SBS 改性沥青混合料的破坏则影响较小，这与混合料的空隙率有关，致密的结构会降低水对混合料结构的影响。即便环氧沥青混合料荷载损失率较 SBS 改性沥青大，但在裂纹起裂、发展、扩展三个

阶段的破坏所需的断裂能仍比 SBS 改性沥青多，说明环氧沥青混合料本身具有良好的抗反射裂缝性能。

5.5　疲劳性能

5.1.1　试验测试

1. 试件制备

通过标准马歇尔试验方法，成型直径为（101±0.25）mm，高为（63.5±1.3）mm 的环氧沥青混合料试件，将成型后的试件置于 120℃的恒温烘箱中养生 4h，然后室温条件静置 24h。参照《公路工程沥青及沥青混合料试验规程》(JTG E20—2011) 成型标准尺寸的 SBS 改性沥青混合料试件。

2. 间接拉伸疲劳试验

在进行间接拉伸疲劳试验前，参照《公路工程沥青及沥青混合料试验规程》(JTG E20—2011) 中沥青混合料劈裂试验（T 0716—2011）的相关方法，利用 CSS-44100 电子万能试验机测定两种沥青混合料的劈裂强度，为下一步应力控制疲劳试验各应力水平的计算提供基础，两种沥青混合料的劈裂强度测试结果见表 5.16。

使用 UTM-30 在恒温 15℃、应力控制模式、无间歇时间及正弦波条件下，对环氧沥青及 SBS 改性沥青混合料进行应力水平分别为 0.4～0.7 的间接拉伸疲劳试验，同一应力水平下平行试验数为 4 个，两种沥青混合料在相应应力水平下的疲劳试验结果见表 5.17。

5.1.2　试验结果分析

1. 间接拉伸疲劳试验结果分析

表 5.16　两种沥青混合料劈裂试验结果

材料类型	试验温度	劈裂强度（MPa）	劈裂强度均值（MPa）
环氧沥青混合料	25℃	3.70	3.721
		3.78	
环氧沥青混合料	25℃	3.65	3.721
		3.75	
SBS 改性沥青混合料		1.44	1.439
		1.36	
		1.46	
		1.49	

根据规程中要求沥青混合料劈裂强度值与平均值之差应小于等于标准差的1.46倍，对试验结果进行异常值筛选，以消除试验结果误差，结果显示数据均合格。同时，通过表5.16数据可知，环氧沥青混合料的劈裂强度是SBS改性沥青混合料的2.58倍。

表5.17　两种沥青混凝土间接拉伸疲劳试验结果

胶结料类型	应力比	循环荷载（kN）	疲劳寿命（次）
环氧沥青	0.4	15.108	1551740
	0.5	18.885	8721
	0.6	22.662	1538
	0.7	26.439	153
SBS改性沥青	0.4	4.397	5629
	0.5	5.862	2034
	0.6	7.328	1018
	0.7	8.793	538

由表5.17可知，应力水平对疲劳寿命有显著影响，当应力水平由0.4增加到0.7时，环氧沥青混合料的疲劳寿命由1551740次降低到153次，降幅接近100%。SBS改性沥青混合料的疲劳寿命由5629次降低到538次，降幅达90.4%。可见，加强交通管控，严格限制重载、超载车辆通行，将大大提高路面的疲劳寿命，延长路面的使用年限。当应力比为0.4时，环氧沥青混合料的循环荷载为15.108kN，SBS改性沥青混合料的循环荷载为4.397kN（仅为环氧沥青混合料循环荷载的29.1%），而环氧沥青混合料的疲劳寿命却是SBS改性沥青的275.7倍，可知环氧沥青混合料拥有优异的疲劳性能。

2. 疲劳寿命回归方程

研究资料表明，沥青混合料间接拉伸疲劳性能试验采用应力控制模式时，疲劳寿命对数与施加的循环荷载应力值对数呈线性分布规律，由此建立典型的回归方程见式（5.13）。

$$L_n(N_f) = -n \cdot L_n(\sigma_0) + L_n(K) \tag{5.13}$$

式中　N_f——疲劳寿命，次；

σ_0——试件施加应力值，kPa；

K——疲劳特征待定系数。

据表5.17显示，建立环氧沥青混合料及SBS改性沥青混合料的关系曲线，如图5.27所示。由图5.27可知：恒温15℃条件下，环氧沥青混合料间接拉伸疲劳性能与SBS改性沥青混合料变化趋势一致，即随着循环荷载应力值的增大，混合料的疲劳寿命逐渐减小，同时可以看出循环荷载应力值对数与疲劳寿命对数呈线性关系。

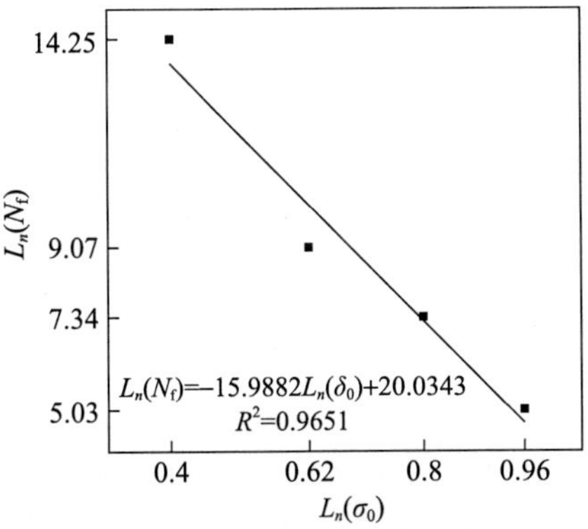

(a) SBS改性沥青混合料疲劳方程

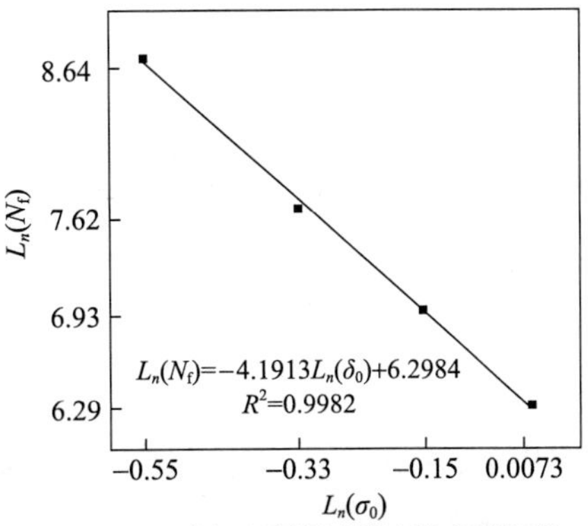

(b) 环氧沥青混合料疲劳方程

图 5.27　劈裂疲劳寿命曲线

根据图 5.27 可得到两种沥青混合料经典疲劳方程的回归系数 K 和 n，结果见表 5.18，表 5.18 中的 R^2 为相关系数。由表 5.18 可知，两个疲劳寿命回归方程均有较高的精度，但从理论上来讲，循环荷载应力值决定间接拉伸疲劳寿命的大小，因此回归方程式（5.13）中，以循环荷载应力值对数为自变量，以疲劳寿命对数为因变量，与疲劳理论相符，具有较高的合理性。

表 5.18　两种沥青混合料经典疲劳方程及相应的系数

胶结料类型	疲劳方程	回归系数		R^2
		K	n	
环氧沥青	N_f=5.02E+08（σ_0）−15.9882	5.02E+08	15.9882	0.9651
SBS 改性沥青	N_f=544（σ_0）−4.1913	544	4.1913	0.9982

选取沥青混合料室内应力控制模式疲劳试验综合修正系数 K 值（K=1216.7）对所得经典疲劳方程进行修正，如式（5.14）所示，修正后两种沥青混合料的疲劳方程及回归系数如表 5.19 所示。

$$N_e=K\cdot N_f \tag{5.14}$$

式中　N_e——修正沥青混合料疲劳寿命；

K——综合修正系数；

N_f——试验测试出的疲劳寿命。

表 5.19　修正后沥青及环氧沥青混合料疲劳方程及回归系数

胶结料类型	疲劳方程	回归系数	
		K	n
环氧沥青	N_e=6.11E+11（δ_0）−15.9882	6.11E+11	15.9882
SBS 改性沥青	N_e=6.62E+05（δ_0）−4.1913	6.62E+05	4.1913

3. 抗拉强度结构系数

沥青混合料的极限劈裂强度与允许拉应力之比称之为抗拉强度结构系数，对修正后的疲劳方程计算抗拉强度结构系数如下。

首先，将劈裂疲劳试验得到的疲劳方程 $N_f=K\cdot\sigma^{-n}$进行变换，如式（5.15）所示。

$$\sigma=\left(\frac{K}{N_f}\right)^{\frac{1}{n}}=K^{\frac{1}{n}}\cdot N_f^{\frac{1}{n}} \tag{5.15}$$

式中，σ——作用 N_f 次造成疲劳损坏的初始应力（允许间接拉伸应力 σ_R），MPa。

当 $N_f=1$ 时，即一次荷载作用下造成损坏的应力为 $\sigma_1=K^{\frac{1}{n}}$，如式（5.16）所示。

$$K_s'=\frac{\sigma_1}{\sigma_R}=N_f^{\frac{1}{n}} \tag{5.16}$$

由于室内试验试件的受力情况与实际道路间存在差异而采用综合修正系数，室内重复荷载 N_f 与实际路面累计荷载当量轴次 N_e 之间关系，则关系式（5.16）变为（5.17）。

$$K_s'=N_f^{\frac{1}{n}}=\left(\frac{1}{K}\cdot N_e\right)^{\frac{1}{n}} \tag{5.17}$$

路面结构设计时，混合料极限劈裂强度 σ_s 采用实验室常规劈裂强度 R_T，而式（5.15）中 K_s'的推导中材料强度采用的是疲劳试验一次加载破坏下的应力强度值，两者间有一定差异。根据劈裂试验结果计算 $k=\sigma_s/\sigma_1$，则抗拉强度结构系数为式（5.18）。

$$K_s=\frac{\sigma_s}{\sigma_R}=k\cdot K_s'=k\cdot\left(\frac{1}{K}\cdot N_e\right)^{\frac{1}{n}} \tag{5.18}$$

利用式（5.15～5.18），计算两种材料的值，假设设计交通量为 1×10^8，计算得到的环氧沥青及 SBS 改性沥青混合料抗拉强度结构系数见表 5.20。

表 5.20　两种沥青混合料抗拉强度结构系数

胶结料类型	k	K_s	假设设计交通量为 1×10^8
环氧沥青	1.063	$0.682N_e^{0.063}$	$K_s=0.682\times(1\times10^8)^{0.063}=2.18$
SBS 改性沥青	0.32	$0.059N_e^{0.239}$	$K_s=0.059\times(1\times10^8)^{0.239}=4.82$

通过表 5.20 可以看出，SBS 改性沥青混合料抗拉强度结构系数为 4.82，环氧沥青混合料的抗拉强度结构系数为 2.18，为普通沥青混合料的 45%，所以采用环氧沥青混合料铺筑沥青面层时，可以大大降低结构层的厚度，提高铺装层的高温性能和疲劳性能。

5.6　抗滑性测试

集料尤其是粗集料的母岩强度、颗粒形状及表面微观构造等品质的好坏直接影响到沥青路面抗滑性能，为评价集料的抗滑，项目采用了多周期磨光及磨耗试验开展粗集料及环氧沥青预裹覆粗集料抗滑寿命评价的研究。混合料抗滑机理及衰变规律是衡量抗滑能力的最终依据，项目在广泛调研基础上采用加速加载与集料及沥青混合料加速磨光仪开展了胶结料、级配类型及粗集料类型的抗滑寿命研究。

5.6.1　集料磨光及磨耗性能

粗集料选择石灰岩、玄武岩和钢渣三种集料，其中石灰岩和玄武岩采用 7μm、10μm、

14μm 环氧沥青进行预裹覆处理。试验采用洛杉矶磨耗试验机、粗集料加速磨光机按《公路工程集料试验规程》（JTG E42—2005）开展试验。试验周期按磨耗或磨光值不能满足《公路沥青路面施工技术规范》（JTG F40—2004）要求为止。

1. 磨耗性能及寿命

不同粗集料及不同环氧沥青裹覆厚度粗集料的磨耗衰减情况如表 5.21 和图 5.28 所示。

表 5.21 粗集料多周期磨耗试验结果

集料种类	不同周期转数的磨耗值			
	500 转	1000 转	1500 转	2000 转
石灰岩	16.6%	32.0%	45.1%	
石灰岩 7μm	10.6%	22.3%	34.2%	
石灰岩 10μm	10.4%	21.8%	33%	
石灰岩 14μm	9.2%	20.6%	32.1%	
玄武岩	10.5%	21.4%	32.0%	
玄武岩 7μm	6.9%	15.6%	25%	34.3%
玄武岩 10μm	6.9%	15.4%	24.8%	33.4%
玄武岩 14μm	6.1%	14.5%	23.7%	32.8%
钢渣	17.6%	30.4%	40.8%	

分析磨耗试验结果可以得到以下结论：

① 从表 5.21 中可以看出，石灰岩、玄武岩、钢渣规范磨耗值分别为 16.6%、10.5%、17.6%，均不大于 28%，满足规范要求。这是因为玄武岩矿物组成丰富，且岩石致密性较好，母岩强度高。石灰岩矿物组成简单，岩石强度低于玄武岩。而钢渣虽然质地坚硬，但由于轧制造成表面多孔、损伤，初期容易被磨损。

② 由图 5.28 中可以看出，在长期磨耗试验下，三种集料磨耗值随着试验转数的增加而增大，且随着试验转数的增加，三种集料磨耗值差异逐渐增大。石灰岩和钢渣在 1000 转情况下已经分别达到 32.0%和 30.4%，均不再满足规范要求。玄武岩在 2 个磨耗周期 1000 转情况下，磨耗值为 21.4%，仍然满足规范要求，在 1500 转的情况下达到 32.0%，不再满足规范要求。石灰岩和钢渣磨耗寿命仅为 500 转 1 个磨耗周期，玄武岩为 2 个磨耗周期 1000 转。

③ 从表 5.21 中可以看出，石灰岩磨耗值 16.6%只能在 500 转条件下满足规范要求，通过 7μm、10μm、14μm 环氧沥青预裹覆以后，在 500 转条件下石灰岩磨耗值分别降低至 10.6%、10.4%、9.2%，磨耗损失降低了 1/3 以上，与玄武岩磨耗值基本一致甚至更低，且在 1000 转情况下三种不同油膜厚度环氧沥青预裹覆石灰岩磨耗值分别为 22.3%、21.8%、20.6%，磨耗损失降低了 1/3 以上，仍然远超规范要求，提升了一个磨耗寿命周

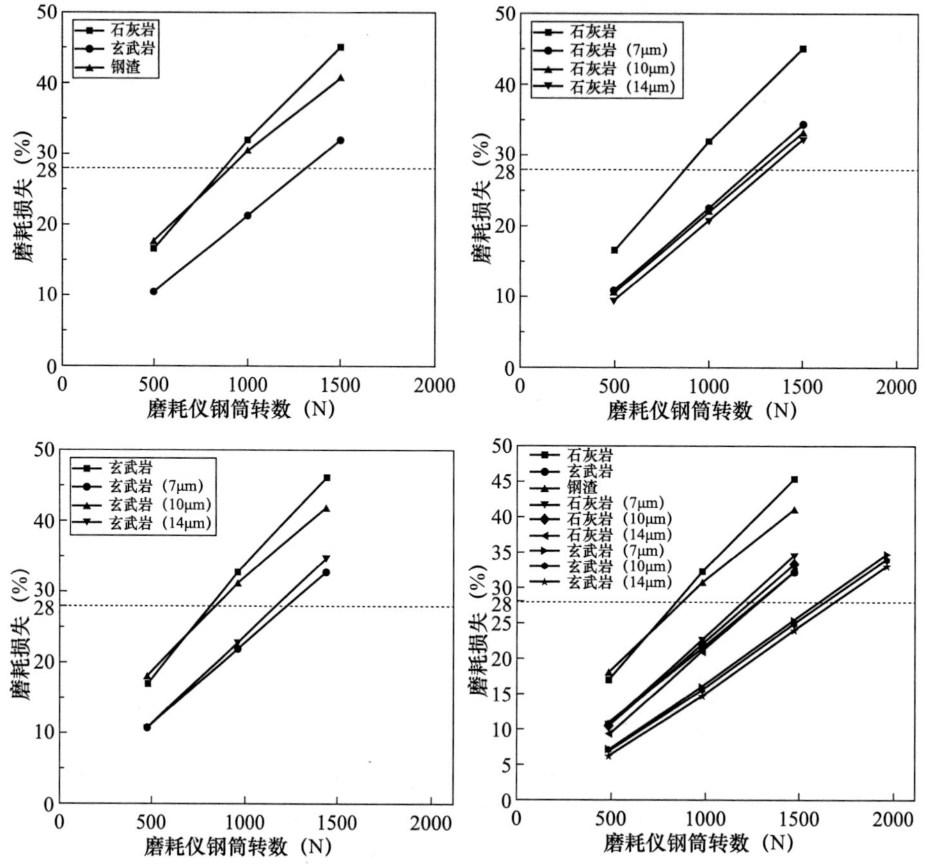

图 5.28　粗集料磨耗衰减规律图

期。玄武岩进行不同厚度环氧沥青预裹覆以后，在 500 转和 1000 转条件下，磨耗损失降低 3/10 以上，磨耗值在 1500 转条件下从不满足规范要求的 32.0%分别降低至 25%、24.8%、23.7%，磨耗损失降低了 1/5 到 1/4。说明环氧沥青预裹覆措施可以增加集料的强度，使其抵抗摩擦和撞击能力提升。

2. 磨光性能及寿命

不同粗集料及环氧沥青裹覆厚度粗集料的多周期磨光结果见表 5.22，磨光衰减规律如图 5.29 所示。

表 5.22　粗集料磨光值衰减试验结果

石料种类	不同周期磨光值				
	0 周期	1 周期	2 周期	3 周期	4 周期
石灰岩	56.5	40.5			
石灰岩 7μm	55.3	42.7	37.1		
石灰岩 10μm	54	43.1	37.5		

续表

石料种类	不同周期磨光值				
	0 周期	1 周期	2 周期	3 周期	4 周期
石灰岩 14μm	53.6	42.1	38.8		
玄武岩	61.2	47.8	43.1	35.4	
玄武岩 7μm	59.2	52	46.7	38.8	
玄武岩 10μm	58.7	52.5	47.2	40.5	
玄武岩 14μm	58.1	50.6	48.7	42.7	34.9
钢渣	76.6	66.1	60.3	51.9	44.2

分析磨光试验结果可以得到以下结论：

① 从表 5.22 中可以看出，石灰岩、玄武岩、钢渣 1 个周期磨光值分别为 40.5、47.8、66.1，石灰岩不能满足规范要求，玄武岩满足规范要求，钢渣比规范值提高了 50% 以上。且三种集料磨光初始值越大，磨光寿命越长，玄武岩磨光值在 2 个周期后磨光值 43.1 仍然能满足规范要求，而钢渣 4 个周期后磨光值达到 44.2，磨光寿命是玄武岩的 2 倍。这是因为石灰岩集料是一种以方解石为主要组分的碳酸盐岩，组成简单，硬度较低，集料表面主要呈晶体状解理结构，磨光作用下容易呈片状脱落，抗滑性能较差。玄武岩是一种基性喷出岩，其化学成分与辉长岩或辉绿岩相似，呈斑状结构。气孔构造和杏仁构造普遍。主要成分为二氧化硅、三氧化二铝、氧化铁、氧化钙、氧化镁（还有少量的氧化钾、氧化钠），其中二氧化硅含量最多。矿物成分组成丰富，硬度较大，集料表面多呈柱状晶粒，且分布均匀，抗滑性能较好。钢渣是炼钢过程中的一种副产品，由生铁中的硅、锰、磷、硫等杂质在熔炼过程中氧化而成的各种氧化物以及这些氧化物与溶剂反应生成的盐类所组成。钢渣含有多种有用成分：金属铁 2%～8%，氧化钙 40%～60%，氧化镁 3%～10%，氧化锰 1%～8%。分为电炉钢渣、平炉钢渣和转炉钢渣 3 种。各种矿物相分布不均匀，硬度值具有很大差异，且集料表面更加粗糙，含有许多不规则形状，抗滑性能优异。

② 从表 5.22 中可以看出，通过不同油膜厚度环氧沥青预裹覆以后，石灰岩磨光值提升到 42.1～43.1，能够满足规范的要求；玄武岩第一周期和第二周期磨光值均提高 6%～9%，第三周期提高 8%～13%，14μm 的预处理手段使得玄武岩磨光性寿命达到 3 个周期，磨光寿命提高 50%。7μm 和 10μm 的预处理手段虽然未提升玄武岩磨光周期，但较没有预处理的玄武岩磨光提升 10%～14%。

③ 从图 5.29 中可以看出，石灰岩和玄武岩预裹覆处理后在磨光试验前磨光实始值降低，但是磨光试验后其磨光值提升，第二周期后裹覆厚度越厚，磨光值越高。说明裹覆的环氧沥青初期保护了集料表面微观纹理，在实际磨光过程中固化的环氧沥青先被磨光后才露出集料表面微观纹理，因此相对于未处理集料，磨光值后期较高，寿命周期较长。第二周期以后三种厚度预处理试件沥青都膜落以后，14μm 由于沥青膜保护时间长，集料表面微观纹理磨损较低，所以第二周期后磨光值提升表现最为明显。

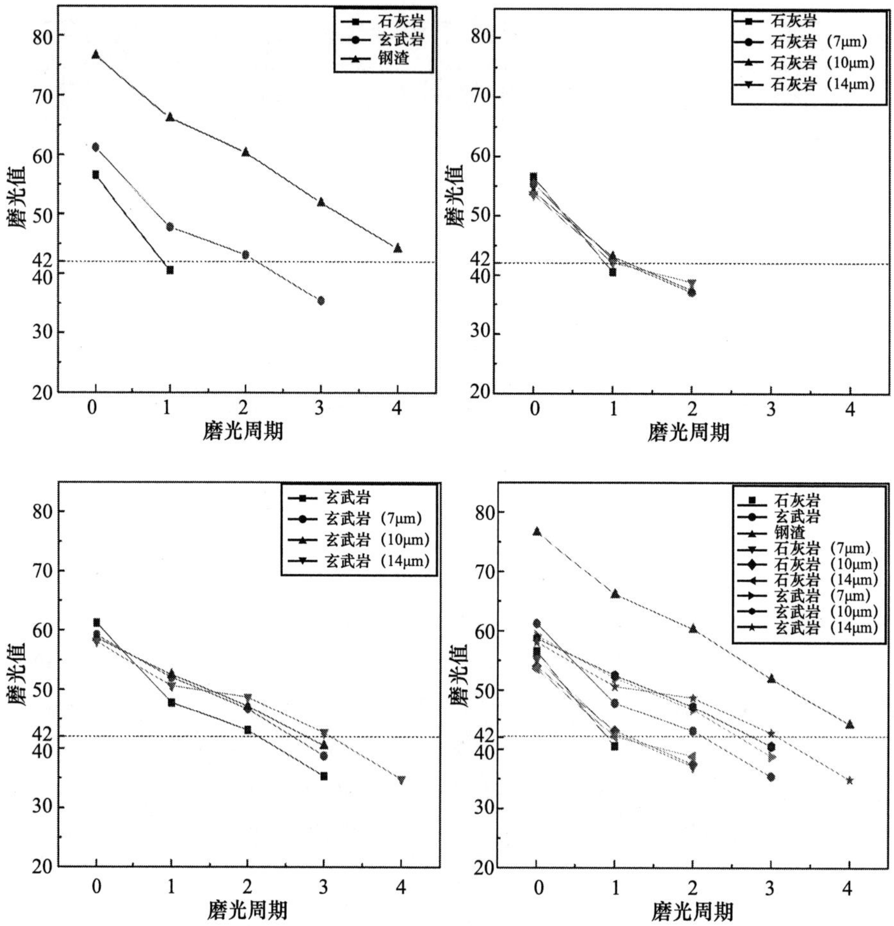

图 5.29　粗集料磨光衰减图

5.6.2　混合料的抗滑衰变及寿命

1. 试验方法及方案

本节采用重庆交通科研设计院研发的集料/沥青混合料摩擦特性测试仪（图 5.30）对环氧沥青混合料进行多周期加速加载，评价抗滑持久性。测试指标包括动态摩擦系数、构造深度和质量损失三个参数，并通过抗滑衰减规律研究不同沥青初始抗滑值、抗滑衰减速率以及抗滑终值，对比分析评价环氧沥青混合料抗滑持久性能。方案如下：

（1）试件制备

制作标准车辙板试件，准备两组试件，一组采用 SBS 改性沥青，一组采用环氧沥青，然后用切割机按照 300mm×150mm×50mm 的试件尺寸进行切割。

为了研究不同集料及处理方式、不同沥青胶结料和不同级配类型对沥青混合料抗滑持久性的影响。玄武岩预裹覆处理厚度取 14μm，为了方便后续区分各试件，对试件进行编名。AC 级配分为 AC（SBS 改性沥青混合料）、YAC（预裹覆玄武岩 SBS 改性沥青混合料）、EAC

图 5.30 集料/沥青混合料摩擦特性测试仪

(玄武岩环氧沥青混合料)，同理 SMA 级配和 OGFC 级配分别为 SMA、YSMA、ESMA 和 EOGFC。根据不同集料及处理方式、沥青胶结料和级配要求制作标准车辙板试件，然后用切割机按照 300mm×150mm×50mm 的试件尺寸进行切割，试件如图 5.31 所示。

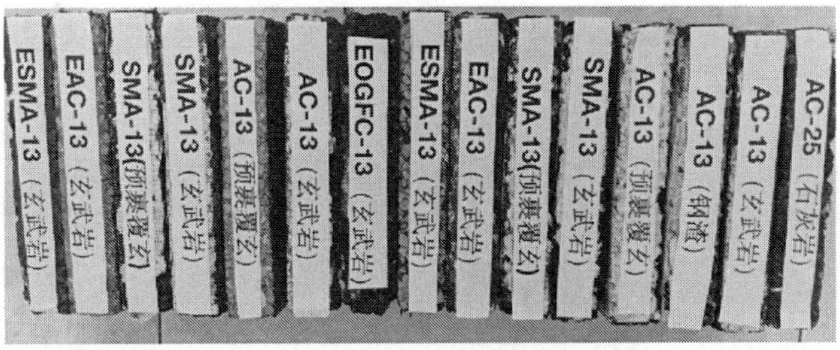

图 5.31 试验所用试件

① 不同岩性集料及处理方式的沥青混合料加速磨耗试验，即 AC-25（石灰岩）、AC-13（玄武岩）、AC-13（钢渣），AC-13（玄武岩）和 YAC-13（玄武岩），SMA-13（玄武岩）和 YSMA-13（玄武岩）。

② 不同沥青胶结料的沥青混合料加速磨耗试验，即 AC-13（玄武岩）和 EAC-13（玄武岩）、SMA-13（玄武岩）和 ESMA-13（玄武岩）。

③ 不同级配沥青混合料的极速磨耗试验，即 AC-13（玄武岩）和 SMA-13（玄武岩），EAC-13（玄武岩）、ESMA-13（玄武岩）和 EOGFC-13（玄武岩）。

(2) 试件预处理

为了模拟实际路面在开放交通前因检测路面各项性能指标而对路面提前进行一定的使用，在正式进行加速磨耗前对试件进行 1h 加载 10kg 的预磨。

(3) 设置试验模拟条件

设定干燥条件下加载 150kg 用以模拟晴天高温的不利条件；设定喷水条件下加载 150kg 用以模拟潮湿的不利条件。

① 干燥条件下加载 150kg 用以模拟晴天重载沥青路面抗滑衰减，但是在试验过程中

由于温控设备损坏，橡胶磨具与试件摩擦生热，也可以在一定程度上反映出高温条件下沥青混合料的抗滑衰减规律。

② 喷水条件下加载150kg用以模拟雨天重载沥青路面抗滑衰减，水膜厚度控制在1mm，与规范横向力系数测试一致。

（4）评价指标参数

① 动态摩擦系数：考虑到规范横向力系数测试方法在潮湿状态下进行测试，干燥条件下每隔1h进行喷水并控制水膜厚度在1mm进行测试，喷水条件下直接读数即可。

② 质量损失：每次安装试件前对试件进行质量称量，结束试验后清理试件表面橡胶残留物并待试件干燥后进行质量称量，得出质量损失。

③ 构造深度：进行质量损失测试后再通过手动铺沙法测试构造深度，以免试件孔隙内构造砂清理不干净影响试件质量称量。

④ 试验结束条件：试件动态摩擦系数达到稳定阶段不再下降或低于0.42不能够满足规范抗滑要求。试件出现大面积脱粒导致结构破坏。

2. 不同集料的沥青混合料抗滑衰减规律

在150kg、喷水条件下分别对石灰岩、玄武岩和钢渣沥青混合料试件进行加速加载磨耗并测试各项抗滑指标，试验结果见表5.23，试验前后试件表面状态如图5.32所示，抗滑衰变规律如图5.33所示。

表5.23 不同集料的沥青混合料抗滑衰变试验结果

累计时间（h）	AC-25（石灰岩）			AC-13（玄武岩）			AC-13（钢渣）		
	动态摩擦系数	构造深度（mm）	质量损失（g）	动态摩擦系数	构造深度（mm）	质量损失（g）	动态摩擦系数	构造深度（mm）	质量损失（g）
0	0.67	0.82	0	0.68	0.83	0	0.81	0.97	0
1	0.51			0.49			0.69		
2	0.48	0.71	0.5	0.44	0.74	2.9	0.61	0.89	3.7
3	0.44			0.43			0.51		
4	0.40	0.64	1.7	0.42	0.63	5.1	0.51	0.84	7.0
5	0.39			0.41			0.51		
6	0.35	0.62	2.2	0.41	0.69	18.2	0.49	0.82	7.5
7	0.33			0.40			0.47		
8	0.31	0.62	2.6	0.39	0.78	28.3	0.46	0.79	7.8
9	0.30			0.39			0.45		
10	0.29	0.77	35.2	0.38	0.83	33.6	0.45	0.81	9.4
11	0.29			0.38			0.44		
12	0.28	0.88	83.9	0.37	0.94	43.2	0.43	0.83	9.9
13	0.28			0.36			0.43		
14	0.28	0.88	84.4	0.36	0.96	48.9	0.41	0.86	12.6
15	0.28			0.35			0.40		
16	0.27	0.89	84.9	0.35	0.99	50.3	0.39	0.87	12.9

续表

累计时间（h）	AC-25（石灰岩）			AC-13（玄武岩）			AC-13（钢渣）		
	动态摩擦系数	构造深度（mm）	质量损失（g）	动态摩擦系数	构造深度（mm）	质量损失（g）	动态摩擦系数	构造深度（mm）	质量损失（g）
17	0.27			0.35			0.38		
18	0.27	0.89	85.3	0.35	1.02	56.7	0.38	0.88	13.4

图 5.32　AC-13（石灰岩、玄武岩、钢渣）试验前后表面状态

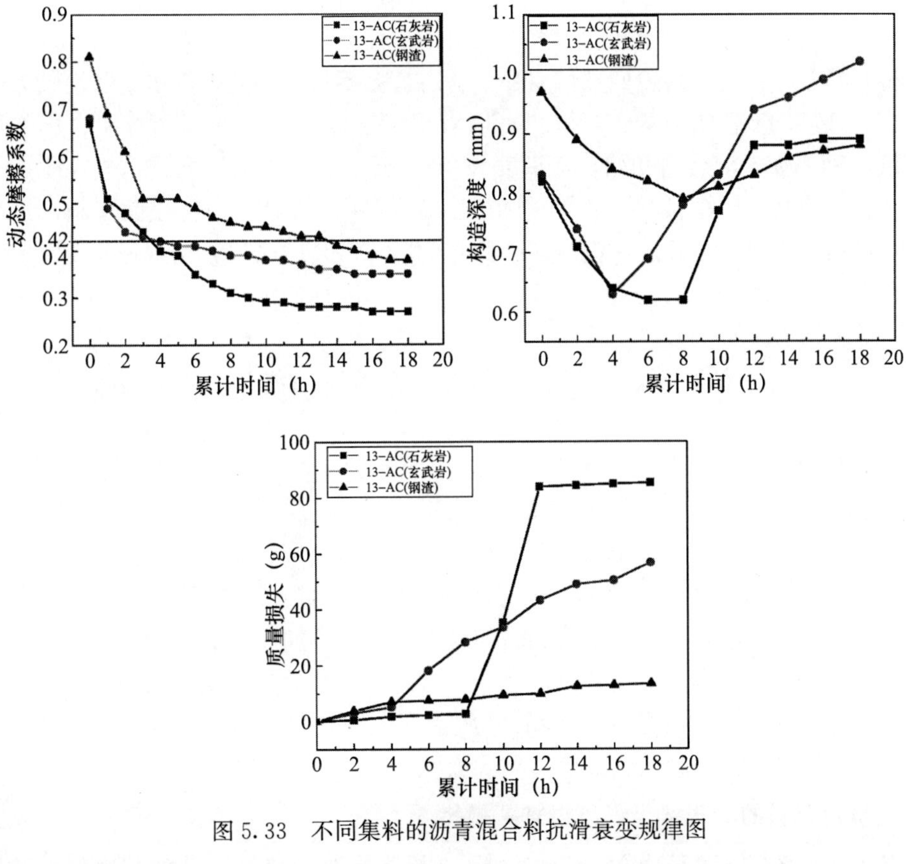

图 5.33　不同集料的沥青混合料抗滑衰变规律图

由以上试验数据结果及衰减变规律图分析可以得出：

① 钢渣沥青混合料各项抗滑指标都明显优于石灰岩和玄武岩，且以动态摩擦系数低于0.42为抗滑不足条件，石灰岩、玄武岩、钢渣混合料抗滑寿命分别达到3h、4h、13h，钢渣混合料抗滑寿命是玄武岩的3倍多，石灰岩的4倍多，具有很好的抗滑持久性。

② 根据图5.33动态摩擦系数衰减规律图可以看出，钢渣沥青混合料抗滑性能在抗滑衰减全阶段都明显优于石灰岩和玄武岩。钢渣初始动态摩擦系数高达0.81，远超石灰岩和玄武岩20%左右，衰减终值为0.38，比石灰岩和玄武岩分别高41%和8%；石灰岩和玄武岩沥青混合料的初始动态摩擦系数分别为0.67和0.68，基本一致，且试验前3h石灰岩衰减速率低于玄武岩，但3h后石灰岩抗滑衰减速率加快，且抗滑终值明显低于玄武岩，玄武岩衰减终值0.35，比石灰岩高30%。说明在其他条件相同的情况下，沥青混合料抗滑性能与集料特性有很大关系，石灰岩和玄武岩磨光值差异较小，且石灰岩公称最大粒径较大，在沥青膜覆盖表面纹理和级配的影响下，初始动态摩擦系数与玄武岩差异不是很明显，且由于石灰岩混合料最大公称粒径为25mm，前期衰减速率较慢，而钢渣磨光性能优异，表面微观纹理丰富，在沥青膜覆盖和级配的影响下仍然具有较高的初始动态摩擦系数。沥青膜脱落以后，主要靠集料本身磨光特性提供摩擦，石灰岩矿物组成简单，岩石强度较低，且解理性较好，结晶度较差，在行车荷载作用下易发生片状脱落，抗滑耐磨性较差；玄武岩矿物组成丰富，母岩强度较高，结晶度高，一般呈柱状晶粒，且晶粒较细、分布均匀，在行车荷载作用下与轮胎接触面积较大，抗滑耐磨性较好；钢渣各矿物相分布不均匀，硬度值有较大的差异，且集料表面更加粗糙，含有许多不规则形状，抗滑耐磨性较为优异。

③ 从图5.33构造深度衰变规律图可以看出，玄武岩和石灰岩沥青混合料初始构造基本一致，钢渣沥青混合料初始构造深度为0.97mm，高于其他两种混合料18%，这是因为钢渣形状不规则，棱角性要比石灰岩和玄武岩更好，沥青混合料表面集料凸起更加丰富。石灰岩强度要低于玄武岩和钢渣，因此在构造深度衰减阶段，衰减速率由大到小为石灰岩＞玄武岩＞钢渣，后期构造深度反弹是由于在不断加速加载磨耗下试件表面发生脱粒导致孔隙增加造成。

④ 从表5.23可以看出，石灰岩、玄武岩和钢渣最终质量损失分别达到85.3g、56.7g、13.4g，石灰岩最终质量损失是玄武岩的1.5倍，钢渣的6.4倍，玄武岩最终质量损失是钢渣的4.2倍，由图5.32可以看出，石灰岩和玄武岩试件表面明显出现脱粒，钢渣表面基本未发生脱粒现象。前期三种不同集料的混合料质量损失均很小，这是因为此时脱粒现象不明显，主要是沥青膜和集料的磨损以及少量细集料脱落。钢渣混合料由于其表面含有许多微小孔洞，吸收较多沥青，与沥青黏附性较好，脱粒现象不明显。6h以后玄武岩质量损失速率加快，这是由于玄武岩与沥青黏附性不如石灰岩和钢渣，沥青混合料在水损害和加速加载磨耗作用下脱粒更多。石灰岩前期脱粒最少，这是因为石灰岩作为碱性集料，与沥青具有良好的黏附性，在8h后质量损失突然急剧增加，观察试件表面发现是因为本身强度较低，粗集料出现破碎导致大面积脱粒。

3. 预裹覆集料的沥青混合料抗滑衰减规律

在150kg、喷水条件下对AC-13、YAC-13沥青混合料进行加速加载磨耗试验研究其对抗滑衰减规律的影响，试验结果见表 5.24，试验前后试件表面状态和抗滑衰变规律见图 5.34 和图 5.35。

表 5.24 AC-13 玄武岩预裹覆集料的沥青混合料抗滑衰变试验结果

累计时间(h)	AC-13			YAC-13		
	动态摩擦系数	构造深度(mm)	质量损失(g)	动态摩擦系数	构造深度(mm)	质量损失(g)
0	0.68	0.83	0	0.69	0.85	0
1	0.49			0.52		
2	0.44	0.74	2.9	0.48	0.76	2.2
3	0.43			0.48		
4	0.42	0.63	5.1	0.45	0.69	4.7
5	0.41			0.43		
6	0.41	0.69	18.2	0.42	0.72	17.1
7	0.40			0.41		
8	0.39	0.78	28.3	0.40	0.76	26.9
9	0.39			0.39		
10	0.38	0.83	33.6	0.39	0.81	30.8
11	0.38			0.39		
12	0.37	0.94	43.2	0.39	0.93	43.7
13	0.36			0.37		
14	0.36	0.96	48.9	0.36	0.97	47.9
15	0.35			0.36		
16	0.35	0.99	50.3	0.35	0.99	51.8
17	0.35			0.35		
18	0.35	1.02	56.7	0.35	1.03	55.2

图 5.34 AC-13 和 YAC-13 试验前后试件表面状态图

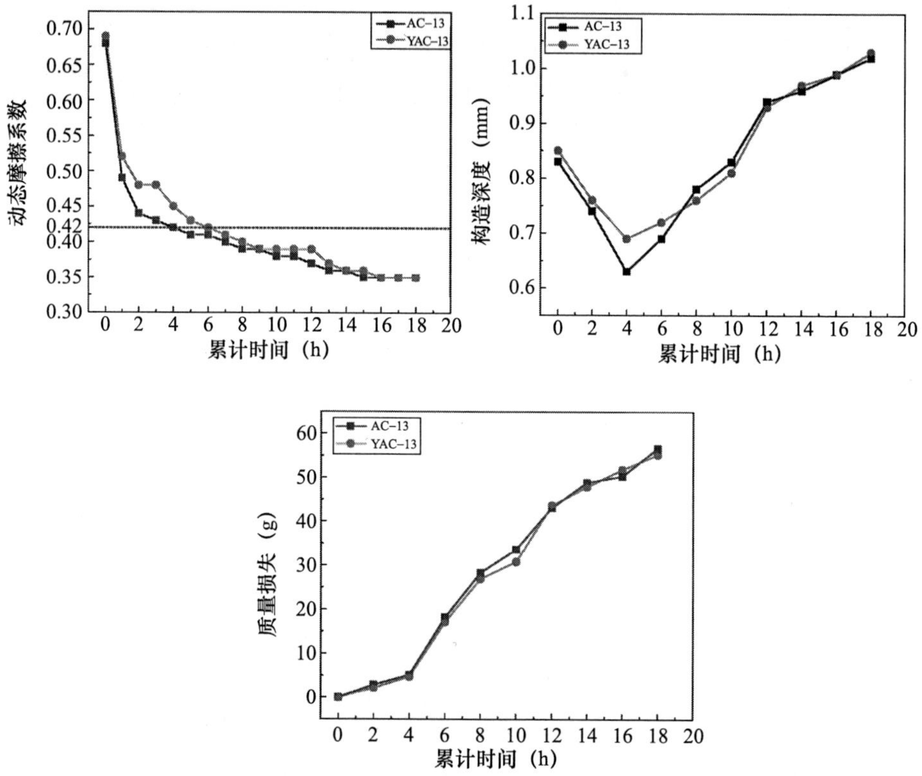

图 5.35　AC-13 和 YAC-13 抗滑衰变规律图

由以上试验数据结果及衰变规律图分析可以得出：

① 对玄武岩进行环氧沥青预裹覆后，AC-13 沥青混合料抗滑寿命由 4h 增加到 6h，寿命提高了 50%，说明对集料进行环氧沥青预裹覆的方式有利于沥青路面抗滑性能的提升。

② 由图 5.35 动态摩擦系数衰减图可以看出，在矿料级配、沥青种类和用量、集料粒径相同的情况下，发现 AC-13 和 YAC-13 的动态摩擦系数初始值和终值基本一致，但是在整个衰减阶段 AC-13 动态摩擦系数都要低于 YAC-13，且 YAC-13 衰减速率较慢，达到稳定阶段时间比 AC-13 要久。说明衰减阶段环氧沥青预裹覆有效地保护了集料表面微观纹理，衰减速率相对较慢，需要更长时间的加速加载磨耗才能达到稳定阶段，这与第 2 章集料磨光衰减规律相对应，且衰减终值与集料本身磨光性能有关，同种集料衰减终值相同。

③ 由图 5.35 构造深度衰变图可以看出，YAC-13 和 AC-13 构造深度和质量损失变化规律基本一致。构造深度 YAC-13 略高，衰减速率低于 AC-13，说明环氧沥青预裹覆提高了集料强度，路表集料突出部分抵抗磨耗能力增强，与集料磨耗试验结论相对应。

在 150kg 喷水条件下对 SMA-13、YSMA-13 沥青混合料进行加速加载磨耗试验研究其对抗滑衰减规律的影响，试验结果见表 5.25，试验前后试件表面状态和抗滑衰变规律见图 5.36 和图 5.37。

表 5.25　SMA-13 玄武岩预裹覆集料的沥青混合料抗滑衰变试验结果

累计时间（h）	SMA-13			YSMA-13		
	动态摩擦系数	构造深度（mm）	质量损失（g）	动态摩擦系数	构造深度（mm）	质量损失（g）
0	0.70	1.07	0	0.72	1.09	0
1	0.52	—	—	0.55	—	—
2	0.49	0.99	0.7	0.51	1.02	0.4
3	0.45	—	—	0.49	—	—
4	0.44	0.95	3.8	0.45	0.97	1.2
5	0.41	—	—	0.44	—	—
6	0.39	0.99	11.2	0.43	0.89	2.6
7	0.38	—	—	0.40	—	—
8	0.37	1.08	18.1	0.39	0.91	10.7
9	0.34	—	—	0.37	—	—
10	0.32	1.11	38.7	0.35	0.97	19.4
11	0.31	—	—	0.34	—	—
12	0.31	1.14	41.3	0.33	1.05	39.8
13	0.31	—	—	0.33	—	—
14	0.31	1.16	55.6	0.31	1.09	52.7
15	0.31	—	—	0.31	—	—
16	0.31	1.19	59.8	0.31	1.11	58.1
17	0.31	—	—	0.31	—	—
18	0.31	1.22	66.8	0.31	1.13	63.2

图 5.36　SMA-13 和 YSMA-13 试验前后试件表面状态图

对比 SMA 级配下玄武岩预裹覆处理和未处理沥青混凝土的抗滑衰减规律，发现各抗滑指标衰减规律基本与 AC 一致，但作为骨架密实型结构，虽然结构强度由内摩擦角保证

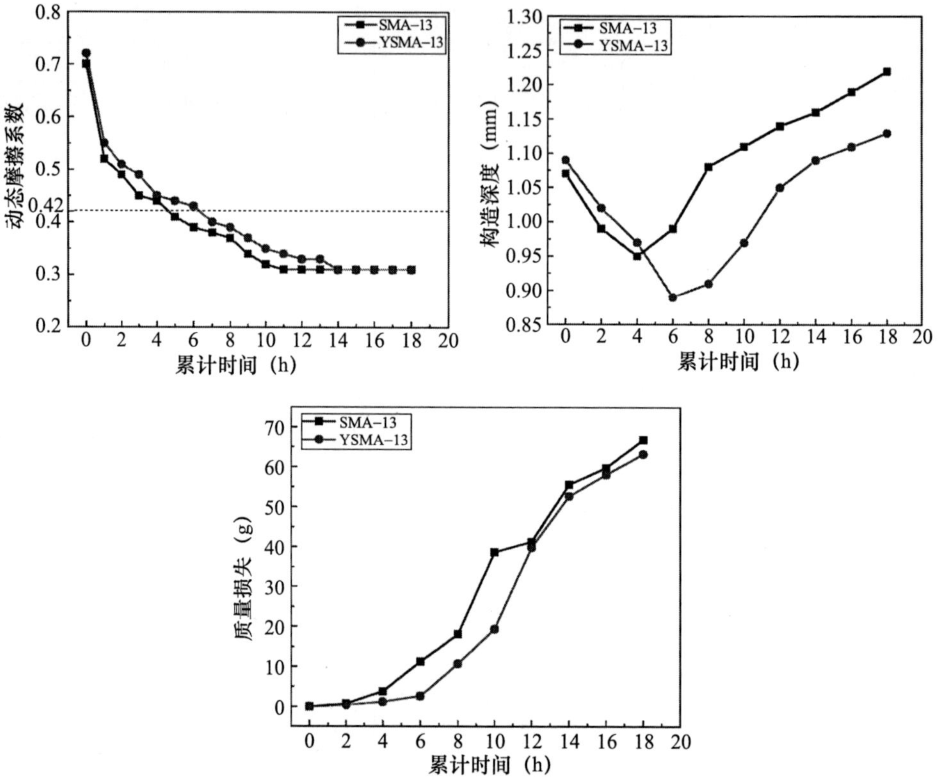

图 5.37　SMA-13 和 YSMA-13 抗滑衰变规律图

和集料与沥青黏附性共同决定，但集料与沥青黏附性相对 AC 较低。由于环氧沥青预裹覆处理，集料与 SBS 沥青黏附性增加，YSMA-13 质量损失相比 SMA-13 较低，因此构造深度后期增加较为延后。

对玄武岩进行环氧沥青预裹覆后，SMA-13 沥青混合料抗滑寿命由 4h 增加到 6h，寿命提高了 50%，进一步说明对集料进行环氧沥青预裹覆有利于沥青路面抗滑性能的提升。

4. 不同沥青种类的沥青混合料抗滑衰减规律

为了对比不同沥青胶结料对抗滑衰减的影响，在 150kg、喷水条件下分别采用 SBS 改性沥青和环氧沥青对 AC 和 SMA 级配混合料进行加速加载磨耗试验，试验结果见表 5.26 和表 5.27，试验前后试件表面状态和抗滑衰变规律如图 5.38～图 5.41 所示。

表 5.26　不同沥青种类的 AC-13 沥青混合料抗滑衰变试验结果

	AC-13			EAC-13		
	动态摩擦系数	构造深度（mm）	质量损失（g）	动态摩擦系数	构造深度（mm）	质量损失（g）
0	0.68	0.83	0	0.82	0.88	0
1	0.49			0.61		
2	0.44	0.74	2.9	0.55	0.81	2.2

续表

	AC-13			EAC-13		
	动态摩擦系数	构造深度（mm）	质量损失（g）	动态摩擦系数	构造深度（mm）	质量损失（g）
3	0.43			0.50		
4	0.42	0.63	5.1	0.46	0.79	3.1
5	0.41			0.43		
6	0.41	0.69	18.2	0.43	0.74	3.7
7	0.40			0.42		
8	0.39	0.78	28.3	0.41	0.74	3.9
9	0.39			0.40		
10	0.38	0.83	33.6	0.39	0.74	3.9
11	0.38			0.39		
12	0.37	0.94	43.2	0.38	0.74	3.9
13	0.36			0.38		
14	0.36	0.96	48.9	0.38	0.77	8.3
15	0.35			0.38		
16	0.35	0.99	50.3	0.38	0.77	8.3
17	0.35			0.38		
18	0.35	1.02	56.7	0.38	0.77	8.5

图 5.38　AC-13 和 EAC-13 试验前后试件表面状态图

由以上试验数据结果及衰变规律图分析可以得出：

① 由表 5.26 可以看出，EAC-13 抗滑寿命达到 7h，AC-13 抗滑寿命为 4h，环氧沥青混合料抗滑寿命比 SBS 改性沥青混合料提高了 75%。

② 根据图 5.39 可知，环氧沥青混凝土各抗滑指标在整个抗滑衰减阶段都要优于 SBS 改性沥青混凝土。EAC-13 和 AC-13 动态摩擦系数初值分别为 0.82、0.68，前者比后者提高了 20%，这是因为环氧沥青作为热固型材料，固化成型后较硬，且混合料结构强度较高，集料在荷载作用下不易发生移位，因此具有较高的初始抗滑性能。在 1～5h 衰减阶段，EAC-13 动态摩擦系数较高，但衰减速率相对 AC-13 较快，这是因为环氧沥青膜相对 SBS 改性沥青膜更为耐磨，SBS 改性沥青混合料试件沥青膜磨损较快提前露出集料，动态摩擦系数衰减相对较缓，5h 后 EAC-13 混合料集料基本露出，衰减速率开始降低；EAC-13 和 AC-13 衰减终值分别为 0.38、0.35，前者相对后者提升了 8%，这是因为 EAC-13 结构强度和黏结性相对较高，质量损失最终达到 8.5g，基本可以忽略不计，且从试件表面看没有肉眼可见的脱粒现象，而 AC-13 质量损失达到 56.7g，是 EAC-13 的 6.7 倍，试件表面明显看出脱粒现象，因此集料发生松动，试件与橡胶磨具实际接触面积要小于 EAC-13，导致抗滑性能较低。

③ 由图 5.39 可以看出，环氧沥青混凝土结构强度高，抗滑寿命周期内构造深度要高于 SBS 改性沥青混凝土，且衰减速率更低，而 SBS 改性沥青混凝土衰减过快，并且由于脱粒明显导致试件表面孔隙增加，4h 后构造深度增大。

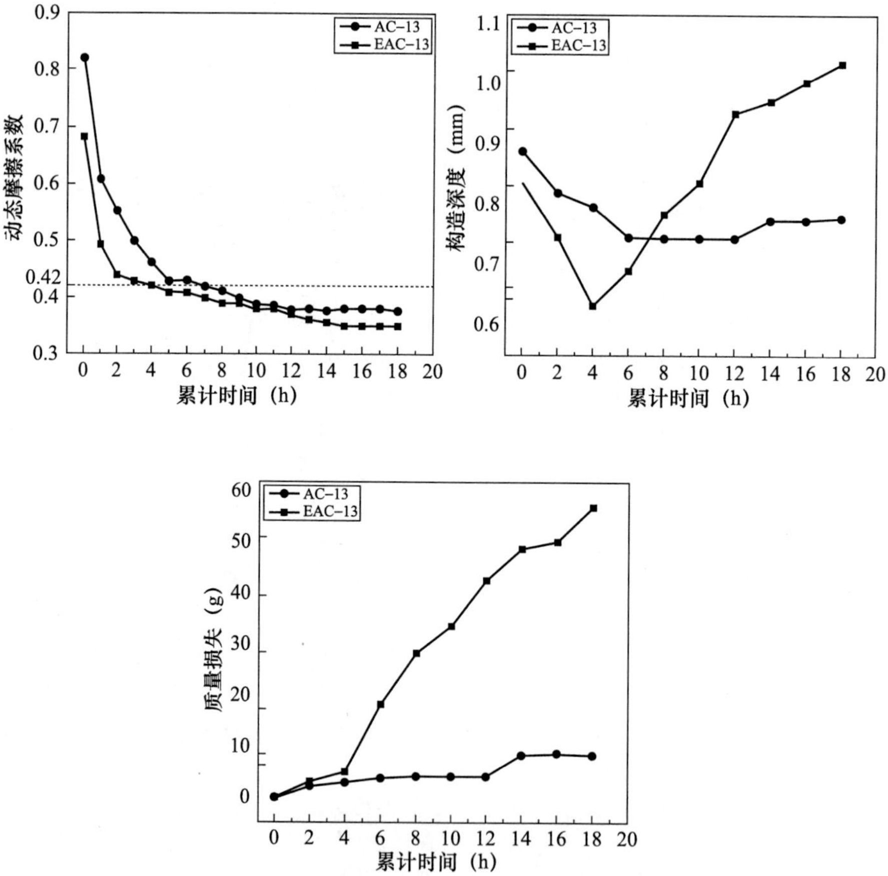

图 5.39　AC-13 和 EAC-13 抗滑衰变规律图

④ 综合来说，EAC-13 具有较高的结构强度和黏结性，在加速加载磨耗试验下基本没有发生脱粒，不仅集料未发生松动，且试件与橡胶磨具接触面积较大，动态摩擦系数和构造深度相比 AC-13 均表现出更好的优势，且抗滑稳定终值 0.38 与规范要求相差较小。

表 5.27　不同沥青种类的 SMA-13 沥青混合料抗滑衰变试验结果

累计时间（h）	SMA-13			ESMA-13		
	动态摩擦系数	构造深度（mm）	质量损失（g）	动态摩擦系数	构造深度（mm）	质量损失（g）
0	0.70	1.07	0	0.79	1.12	0
1	0.52			0.57		
2	0.49	0.99	0.7	0.55	1.06	0.2
3	0.45			0.49		
4	0.44	0.95	3.8	0.48	0.99	1.1
5	0.41			0.45		
6	0.39	0.99	11.2	0.43	0.91	2.2
7	0.38			0.43		
8	0.37	1.08	18.1	0.42	0.83	7.9
9	0.34			0.41		
10	0.32	1.11	38.7	0.40	0.80	15.2
11	0.31			0.39		
12	0.31	1.14	41.3	0.39	0.87	15.3
13	0.31			0.39		
14	0.31	1.16	55.6	0.39	0.88	15.3
15	0.31			0.39		
16	0.31	1.19	59.8	0.39	0.87	15.5
17	0.31			0.39		
18	0.31	1.22	66.8	0.39	0.87	15.5

图 5.40　SMA-13 和 ESMA-13 试验前后试件表面状态图

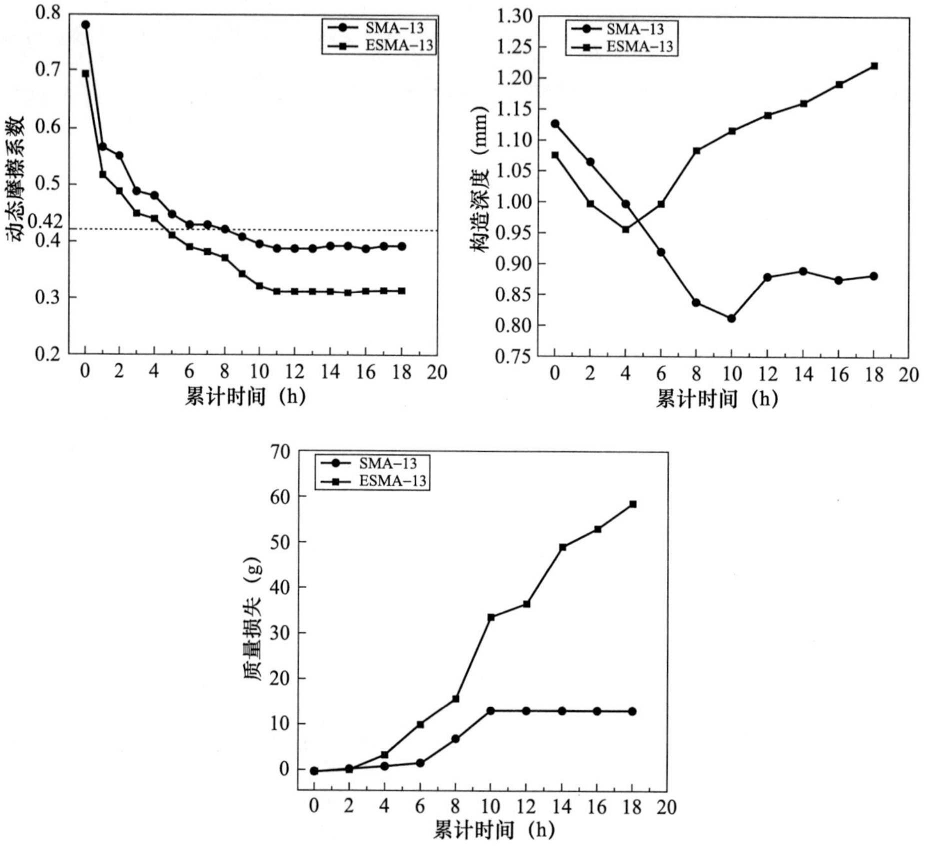

图 5.41　SMA-13 和 ESMA-13 抗滑衰变规律图

对比 SMA 级配下分别采用 SBS 改性沥青和环氧沥青的沥青混凝土的抗滑衰减规律发现，各抗滑指标衰减规律基本与 AC 一致，但 SMA-13 后期试件表面脱粒严重，质量损失高达 66.8g，是 ESMA-13 的 4.3 倍，因此试件表面孔隙增加，构造深度在 4h 以后出现增加趋势，最终达到 1.22mm，比初始构造深度还高 0.15mm，比 ESMA-13 构造深度终值高 0.35mm。而 ESMA-13 结构强度高，黏结性好，质量损失基本可以忽略不计，从试件表面观察几乎未发生脱粒现象，动态摩擦系数初始值和衰减终值分别为 0.79 和 0.38，比 SMA-13 分别高 13% 和 22%，说明虽然采用相同的集料和级配类型，但稳定阶段由于 SMA-13 脱粒明显，集料间嵌挤力降低，集料出现松动且试件与橡胶磨具接触面积较小，而 ESMA-13 结构强度和黏结性高，基本未出现脱粒现象，因此 SMA-13 抗滑能力明显低于 ESMA-13。

由表 5.27 可以看出，ESMA-13 抗滑寿命达到 8h，SMA-13 抗滑寿命为 4h，环氧沥青混合料抗滑寿命是 SBS 改性沥青混合料的 2 倍。

5. 不同级配类型的沥青混合料抗滑衰减规律

为了对比不同矿料级配类型对抗滑衰减的影响，在 150kg、喷水条件下分两组试验对 EAC-13、ESMA-13 和 EOGFC-13 以及 AC-13 和 SMA-13 进行加速加载磨耗试验，考虑到环氧沥青混合料结构强度高，脱粒现象不明显，增加试验时间观察其衰减规律，试验结果见表 5.28 和表 5.29，试验前后试件表面状态和抗滑衰变规律如图 5.42～图 5.45 所示。

表 5.28 不同级配类型的环氧沥青混合料抗滑衰变试验结果

累计时间（h）	EAC-13			ESMA-13			EOGFC-13		
	动态摩擦系数	构造深度（mm）	动态摩擦系数	动态摩擦系数	构造深度（mm）	质量损失（g）	动态摩擦系数	构造深度（mm）	质量损失（g）
0	0.82	0.88	0	0.79	1.12	0	0.65	1.37	0
1	0.61			0.57			0.48		
2	0.55	0.81	2.2	0.55	1.06	0.2	0.45	1.21	0.5
3	0.50			0.49			0.44		
4	0.46	0.79	3.1	0.48	0.99	1.1	0.43	1.19	1.7
5	0.43			0.45			0.42		
6	0.43	0.74	3.7	0.43	0.91	2.2	0.41	1.17	2.4
7	0.42			0.43			0.41		
8	0.41	0.74	3.9	0.42	0.83	7.9	0.40	1.16	3.3
9	0.40			0.41			0.40		
10	0.39	0.74	3.9	0.40	0.80	15.2	0.39	1.12	4.7
11	0.39			0.39			0.39		
12	0.38	0.74	3.9	0.39	0.87	15.3	0.39	1.10	4.9
13	0.38			0.39			0.39		
14	0.38	0.77	8.3	0.39	0.88	15.3	0.39	1.09	6.1
15	0.38			0.39			0.39		
16	0.38	0.77	8.3	0.39	0.87	15.5	0.39	1.09	6.9
17	0.38			0.39			0.43		
18	0.38	0.77	8.5	0.39	0.87	15.5	0.43	1.33	41.6
19	0.38			0.39			0.42		
20	0.38	0.77		0.39	0.87	15.7	0.41	1.33	41.8
21	0.38			0.39			0.41		
22	0.38	0.77	8.5	0.39	0.88	15.7	0.40	1.31	42.3

由以上试验数据结果及衰变规律图分析可以得出：

① 由表 5.28 和图 5.43 可以看出，EAC-13、ESMA-13、EOGFC-13 动态摩擦系数初始值分别为 0.82、0.79、0.65，EAC-13 和 ESMA-13 分别比 EOGFC-13 提高了 26% 和 22%，且三种级配混合料动态摩擦系数初始值越大，衰减速率越快。这是因为试验初期 AC 悬浮密实型结构细集料较多，能够填充孔隙，试件与橡胶磨具表面实际接触面积较大，

图 5.42　EAC-13、ESMA-13 和 EOGFC-13 试验前后试件表面状态图

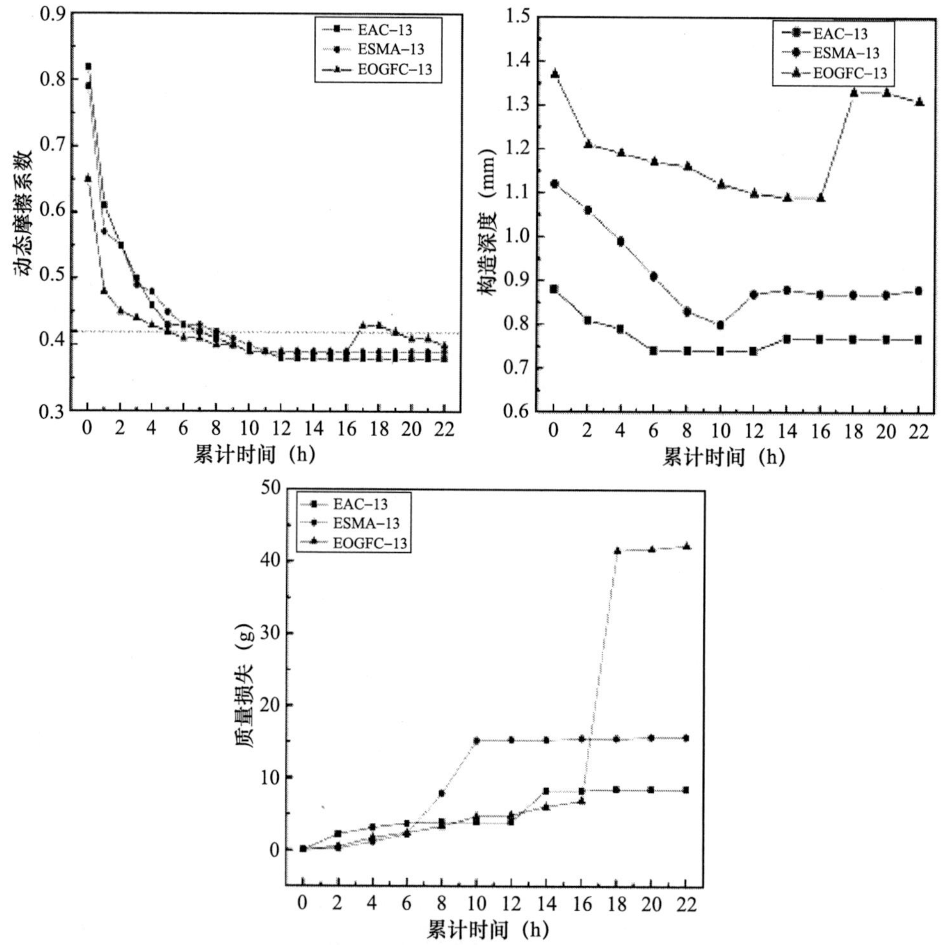

图 5.43　不同级配类型的环氧沥青混合料抗滑衰变规律图

初始抗滑值较高，但是细集料微观构造较粗集料更容易被磨损，因此衰减速率较快。SMA 作为骨架密实型结构，沥青用量较大，集料表面沥青膜厚度较厚，对初始抗滑有一定的影响，且粗集料多，细集料少，因此试件表面孔隙率较大，橡胶磨具与试件表面实际

接触面积较小，因此动态摩擦系数初始值和衰减速率相对 EAC-13 较低。相对 AC 和 SMA，OGFC 骨架悬浮型结构粗集料用量更多，试件表面孔隙更大，橡胶磨具与试件表面实际接触面积更小，因此动态摩擦系数初始值和衰减速率最低。

② 在原材料相同的条件下，虽然动态摩擦系数初始值 EAC-13＞ESMA-13＞EOGFC-13，但三者动态摩擦系数衰减终值基本一致，EAC-13 还要略低 0.1。这是因为对比三种级配沥青混合料质量损失均较小，几乎可以忽略不计，因此试件与橡胶磨具接触面积基本没有减小，且抗滑稳定阶段集料磨光到一定程度基本不再变化，说明在试件不发生脱粒的情况下，抗滑稳定阶段构造深度对潮湿状态下沥青混合料抗滑性能影响较大，EOGFC-13 后期出现动态摩擦系数突变增大，是由于局部结构损坏造成严重脱粒现象导致。

③ 根据图 5.43，对比不同级配类型的沥青混合料构造深度衰减规律发现，构造深度初始值和衰减终值 EOGFC-13＞ESMA-13＞EAC-13，这与大量已有研究结论一致，但衰减速率 ESMA-13＞EAC-13＞EOGFC-13。这是因为 EOGFC-13 粗集料用量较多，细集料用量较少，孔隙率达到 21.8%，因此初始构造深度最大，作为骨架孔隙型结构，粗集料相互嵌挤，且环氧沥青黏结力较高，混合料在内摩擦角和黏聚力共同作用下结构强度较高，衰减速率较低，虽然构造深度衰减幅值较高，但衰减终值仍然最高。ESMA-13 碾压困难，碾压后孔隙率较大，且沥青用量较多，在荷载作用下沥青混合料内部自由沥青上浮，造成试件表面构造深度降低，因此衰减速率最快，作为骨架密实型结构，虽然衰减幅度和衰减速率较大，但整个衰减阶段构造深度仍大于 EAC-13。EAC-13 细集料较多，表面孔隙多被其填充，碾压后具有一定的稳定性，且沥青用量较少，因此构造深度衰减速率较 ESMA-13 低。

④ 由图 5.41 可以看出，抗滑寿命周期内三种环氧沥青混合料由于结构强度高，黏结性强，质量损失基本可以忽略不计，且试件表面未发生肉眼可见的脱粒，后期由于 OGFC 骨架孔隙结构黏聚力较低，在水损害和荷载不断作用下发生局部大面积脱粒导致结构损坏。

⑤ 综合来说，以上三种级配混合料抗滑性能衰减优劣顺序为：ESMA-13＞EAC-13＞EOGFC-13，抗滑寿命分别达到 8h、7h、5h，ESMA-13 抗滑寿命比 EAC-13 提高 14%，比 EOGFC-13 提高 60%。

表 5.29 不同级配类型的 SBS 改性沥青混合料抗滑衰变试验结果

累计时间（h）	AC-13			SMA-13		
	动态摩擦系数	构造深度（mm）	质量损失（g）	动态摩擦系数	构造深度（mm）	质量损失（g）
0	0.68	0.83	0	0.70	1.07	0
1	0.49			0.52		
2	0.44	0.74	2.9	0.49	0.99	0.7
3	0.43			0.45		
4	0.42	0.63	5.1	0.44	0.95	3.8
5	0.41			0.41		

续表

累计时间（h）	AC-13			SMA-13		
	动态摩擦系数	构造深度（mm）	质量损失（g）	动态摩擦系数	构造深度（mm）	质量损失（g）
6	0.41	0.69	18.2	0.39	0.99	11.2
7	0.40			0.38		
8	0.39	0.78	28.3	0.37	1.08	18.1
9	0.39			0.34		
10	0.38	0.83	33.6	0.32	1.11	38.7
11	0.38			0.31		
12	0.37	0.94	43.2	0.31	1.14	41.3
13	0.36			0.31		
14	0.36	0.96	48.9	0.31	1.16	55.6
15	0.35			0.31		
16	0.35	0.99	50.3	0.31	1.19	59.8
17	0.35			0.31		
18	0.35	1.02	56.7	0.31	1.22	66.8

图 5.44　AC-13 和 SMA-13 试验前后试件表面状态图

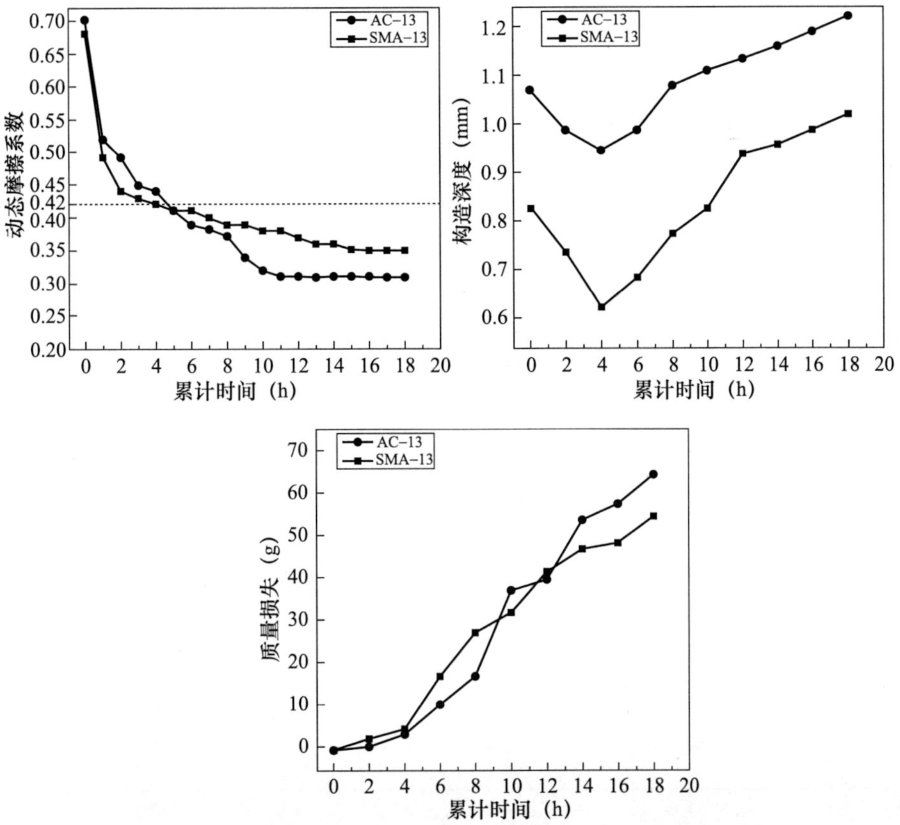

图 5.45　不同级配类型的 SBS 改性沥青混合料抗滑衰变规律图

由图 5.45 可以看出，对比 AC-13 和 SMA-13 的动态摩擦系数衰减规律发现，两者抗滑寿命皆为 4h，在抗滑寿命周期，SMA-13 的抗滑初始值、抗滑衰减速率要优于 AC-13，但在加速加载磨耗 5h 之后，动态摩擦系数衰减过快，且抗滑衰减终值才 0.31，比 AC-13 降低了 11%。结合构造深度和质量损失变化图可以看出，前 4h 两者质量损失较少，可以忽略不计，AC-13 构造深度较 SMA-13 低，在潮湿状态下虽然试件与橡胶磨具接触面积较大，但摩擦系数较低，5h 后 AC-13 细集料脱粒较多，形成了很好的构造深度，而 SMA-13 由于试件与橡胶磨具接触面积本来就比 AC-13 小，5h 后脱粒严重，接触面积更小，摩擦系数不足，与环氧沥青混合料结论相对比，说明在潮湿状态下脱粒造成的集料松动及试件与橡胶磨具接触面积减小比构造深度对抗滑性能影响更大。

6. 干燥试验条件下的沥青混合料抗滑衰减规律

为了研究晴天持续高温对沥青路面抗滑衰减的影响，在干燥条件下对玄武岩 AC-13、YAC-13、EAC-13 和 SMA-13、YSMA-13、ESMA-13 进行加速加载磨耗试验，由于初期试验方案的问题，试验过程中构造深度随动态摩擦系数变化进行拐点测试，且未进行质量损失测试，试验结果见表 5.30，试验前后试件表面状态和抗滑衰变规律如图 5.46 和图 5.47 所示。

表 5.30　干燥条件下不同沥青混合料动态摩擦系数衰减试验结果

累计时间（h）	动态摩擦系数					
	AC-13	YAC-13	EAC-13	SMA-13	YSMA-13	ESMA-13
0h	0.77	0.78	0.88	0.74	0.75	0.84
1h	0.67	0.71	0.72	0.64	0.64	0.75
2h	0.61	0.66	0.71	0.57	0.60	0.66
3h	0.59	0.63	0.71	0.54	0.58	0.63
4h	0.59	0.63	0.70	0.53	0.58	0.62
5h	0.58	0.63	0.70	0.52	0.57	0.60
6h	0.58	0.62	0.70	0.52	0.57	0.60
7h	0.58	0.62	0.70	0.52	0.57	0.60
8h	0.57	0.61	0.69	0.52	0.56	0.59
9h	0.57	0.60	0.69	0.51	0.55	0.58
10h	0.56	0.60	0.69	0.51	0.53	0.55
11h	0.52	0.58	0.68	0.51	0.52	0.54
12h	0.52	0.56	0.67	0.51	0.52	0.52
13h	0.51	0.56	0.65	0.51	0.51	0.52
14h	0.51	0.54	0.59	0.51	0.51	0.52
15h	0.51	0.52	0.58	0.51	0.51	0.52
16h	0.51	0.51	0.56	0.51	0.51	0.52
17h	0.51	0.51	0.56	0.51	0.51	0.52
18h	0.51	0.51	0.56	0.51	0.51	0.52

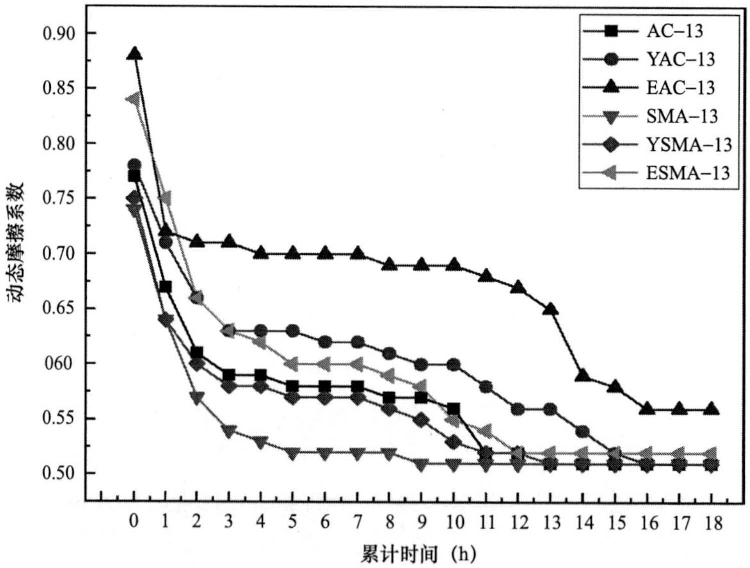

图 5.47　干燥条件下不同沥青混合料动态摩擦系数衰变规律图

由以上试验数据结果及衰变规律图分析可以得出：

① 由表 5.30 可以看出，在干燥重载条件下，由于没有水膜存在，沥青混合料试件动态摩擦系数较高。环氧沥青混合料 EAC-13 和 ESMA-13 分别高达 0.88 和 0.84，相比 SBS 改性沥青混合料提高了 12%以上，抗滑终值 EAC-13 最高，达到 0.56，比 AC-13 和 YAC-13 提升 10%，由图 5.47 也可以看出，环氧沥青混合料动态摩擦系数衰减速率比 SBS 改性沥青混合料慢。这是因为环氧沥青混合料沥青膜固化以后硬度较高，且结构强度和黏性较高，不容易发生集料松动和脱粒现象，所以初始动态摩擦系数较高，衰减速率较慢。

② 由图 5.47 可以看出，动态摩擦系数衰减速率 AC-13＞YAC-13＞EAC-13，SMA-13＞YSMA-13＞ESMA-13，且环氧沥青混合料抗滑终值较高。这是因为在干燥条件下试件与橡胶磨具持续摩擦生热，试件表面温度升高，SBS 改性沥青作为热塑性材料，在高温条件下沥青软化，试件表面集料发生松动，在持续加载作用下试件表面明显发生脱粒现象，与橡胶磨具接触面积减小，结合构造深度变化规律图（图 5.46 右上）也可以看出，SBS 改性沥青混合料后期构造深度增加幅度较大，构造深度终值远超初始构造深度，说明试件表面脱粒造成孔隙增大。而环氧沥青作为热固性材料，在高温条件下沥青未发生软化，混合料结构强度较高，且试件表面几乎没有出现脱粒现象，因此衰减速率和衰减终值较 SBS 改性沥青混合料优异。在干燥条件下 EAC-13 和 ESMA-13 几乎未出现脱粒现象，且原材料相同，但 EAC-13 动态摩擦系数终值比 ESMA-13 高 8%，说明干燥状态下试件与橡胶磨具接触面积大小对混合料抗滑影响较大。

③ 根据表 5.30 可以看出，AC 级配 SBS 改性沥青混合料动态摩擦系数初始值在抗滑衰减全阶段均优于 SMA 级配，AC-13 和 YAC-13 分别比 SMA-13 和 YSMA-13 动态摩擦系数初始值高 4%，进一步说明干燥状态下试件与橡胶磨具接触面积大小对混合料抗滑影响较大。抗滑衰减阶段 YAC-13 衰减速率低于 AC-13，YSMA-13 低于 SMA-13，说明环氧沥青预裹覆保护了集料微观纹理，使其需要经历更久的加载磨耗作用才能够达到稳定阶段。四种混合料动态摩擦系数终值一致，均为 0.51，结合构造深度衰变规律图发现，四种混合料构造深度后期均有增高现象，且终值明显高于初始值，说明质量损失较高；观察试件表面发现脱粒现象均较为明显，且 AC 级配细集料脱落比 SMA 多，因此试件与橡胶磨具接触面积接近，且四种混合料原材料均为玄武岩，因此抗滑终值一致。

7. 结构强度及不同测试条件对抗滑终值的影响

由表 5.30 可以看出，6 种不同沥青混合料动态摩擦系数终值在干燥条件下均较高，为了研究在结构不发生破坏条件下动态摩擦系数是否会随脱粒继续下降，因此对其继续进行长时间加速加载磨耗，研究发现 SBS 改性沥青混合料在累计 25h 时发生大面积脱粒，结构发生破坏，动态摩擦系数出现突变下降，而环氧沥青混合料 EAC-13 和 ESMA-13 分别在累计 180h 的加速加载磨耗下仍未发生肉眼可见的脱粒现象，结构未发生破坏，且抗滑指标达到稳定阶段不再变化。

环氧沥青混合料因结构强度高，在长时间加速加载磨耗条件下依然保持较高抗滑终值，为了研究不同环境条件对其抗滑终值影响，对喷水条件和干燥条件下的环氧沥青混合料以不同测试方法进行动态摩擦系数终值测试，试验数据结果见表 5.31。

表 5.31　不同测试条件下的抗滑终值

混合料类型	喷水条件下混合料终值测试		干燥条件下混合料终值测试	
	水膜 1mm 测试	干燥测试	水膜 1mm 测试	干燥测试
EAC-13	0.38	0.58	0.37	0.56
ESMA-13	0.39	0.56	0.40	0.52
EOGFC-13	0.39	0.52		

由表 5.31 可以看出，EAC-13 在喷水和干燥条件下加速加载磨耗，水膜 1mm 条件下测试动态摩擦系数终值分别为 0.38 和 0.37，干燥条件测试分别为 0.58 和 0.56，没有较大差异，ESMA 同样差异较小，说明在相同测试方法下，不同环境对环氧沥青混合料抗滑衰减影响较小，干燥条件下测试环氧沥青混合料抗滑终值比潮湿条件下高 30%～50%。因此，针对环氧沥青混合料抗滑终值略低于规范要求，但结构强度较高的情况，可以选择雨天限速等方法来保证行车安全。

5.7　其他性能测试

5.7.1　热固性试验

环氧沥青属于不熔不溶的固化物，其混合料也具有优异的耐腐蚀性及耐热性。参考《道路与桥梁铺装用环氧沥青材料通用技术条件》（GB/T 30598—2014）中的热固性试验、耐腐蚀试验对环氧沥青混合料的热固性及耐腐蚀性进行测试。热固性试验方法就是将弯曲试验用 250mm×30mm×35mm 的小梁试件放入烘箱中，升温至 240℃保温 2h 后取出，观察其是否完好，是否塌软。耐腐蚀性试验方法采用将弯曲试验用 250mm×30mm×35mm 的小梁试件破碎成 3 段置于煤油中静置 7d 后取出，观察其是否完好。

如图 5.48（a）所示，经过 60℃煤油浸泡 7d 后的小梁试件依旧完整，未见松散，证明环氧沥青混合料具有优异的耐腐蚀性。如图 5.48（b）所示，在 240℃条件下存放 12h 的小梁试件依旧完整，未见塌软，证明环氧沥青混合料具有优异的耐热性。

(a) 60℃煤油浸泡7d　(b) 240℃存放12h试件

图 5.48　环氧沥青混合料热固性及耐化学腐蚀试验

5.7.2　阻燃性能

通过直接燃烧试验环氧沥青点燃后均能在5s内自熄，属难燃级别，且环氧沥青混凝土燃烧过程中火焰向上，温度相对较低。混合料中环氧沥青含量低，用氧指数、烟密度无法有效地评价和模拟采用环氧沥青混凝土时燃烧的状态，为模拟油罐车燃烧时燃料外泄，燃料直接在隧道路面上燃烧的状况，采用直接燃烧法对马歇尔试样进行燃烧模拟，观测火焰大小，燃烧前后芯样是否存在脱渣掉粒现象；测量燃烧时间、烧失量，燃烧前后的马歇尔强度损失，燃烧时芯样温度进行评价并和阻燃SBS改性沥青进行对比。试验模拟步骤如下：

① 在开口不锈钢材料盆中添加95＃汽油，不锈钢盆的直径约为20cm，深约10cm。试样直接放在不锈钢盆底面上，加入燃烧油浸泡深度至少高出试样表面3cm，点火燃烧。

② 通过摄像机记录燃烧的整个过程，观察并记录燃烧前后的外观变化，测量燃烧前后质量损坏、残留稳定度。评价环氧沥青混凝土在模拟燃烧条件作用后的强度破坏特征及阻燃、烟雾抑制效果。

③ 燃烧快结束时，芯样试件表面温度超过300℃，因此，SBS改性沥青混合料燃烧过程会出现坍塌现象，且受燃料的溶解作用，逐渐参与燃烧中。燃烧后试件外观如图5.49所示，自主研发的环氧沥青混凝土由于熔融点高，约430℃也不会发生可视形变，因此，无论是否添加阻燃材料，外观均未出现掉渣及脱粒现象。燃烧后质量损失随阻燃剂及烟雾抑制剂掺量的增加而增大，但马歇尔强度指标燃烧前后强度相当。

通过模拟的燃烧试验表明下述观点的正确性，即认为国内有人在研究隧道阻燃沥青路面，这似乎在技术上已经步入了误区。从字面上看，沥青路面阻燃，似乎沥青路面不会燃烧。然而，作者仔细研究了目前国内外使用的阻燃剂技术，发现在沥青中加入阻燃剂后，沥青的燃点仅提高了7～15℃。由于目前国内外关于沥青阻燃技术的研究均无法改变沥青的燃油本质，尽管阻燃后沥青的燃点提高了10℃左右，但根本无法阻止车辆一旦失火后沥青路面在高温火焰下的燃烧本质。因此，在超特长隧道宜采用水泥混凝土路面或环氧沥青混凝土＋水泥混凝土的复合式路面。

(a) 环氧沥青混凝土　　(b) SBS改性沥青混凝土　　(c) 燃烧过程

图5.49　马歇尔试样燃烧模拟后的照片

6 层间黏结性能

路面上面层与下承层在行车荷载作用下会产生较大的水平剪应力，层间抗剪切性能较差是复合式路面病害的主要根源，较差的层间黏结可能会导致路面服务年限缩短 40%～83%。可见，环氧沥青加铺层与路面的黏结是否牢固是路面加铺环氧沥青混凝土面层结构中需要解决的主要问题之一。

本章利用课题组自行设计的斜剪、拉拔夹具，通过斜剪试验和拉拔试验来模拟黏结层所受到的不同形式的作用力；研究了黏结材料、结构组合形式、层间处理、黏结材料洒布量及多种不利条件等因素对层间抗剪强度的影响。

6.1 试验及试验仪器

6.1.1 试验方案

1. 水泥混凝土基层

以 25℃、45℃及 60℃评价常温及高温时水泥混凝土桥面的层间黏结性能，室内试验包括常温、中温、高温界面强度试验和层间黏结耐久性试验，具体试验内容如下：

① 25℃、45℃、60℃条件下开展环氧沥青做黏结材料 C40 水泥混凝土面板＋2cm 环氧沥青 SAC-10 混合料复合试件层间斜剪试验，探究环氧沥青黏结材料洒布量及温度对该路面结构形式层间剪切性能的影响。

② 设计 5 个剪切速率在 25℃条件下开展斜剪试验，其中环氧沥青用量为 0.8L/m²，SBS 改性沥青用量为 1.2kg/m²，分析加载速率对环氧沥青和 SBS 改性沥青层间剪切性能的影响。

③ 25℃、45℃、60℃条件下开展两种黏结材料的拉拔试验，对比两种黏结材料及温度对复合试件层间黏聚力的影响。

④ 模拟水泥混凝土桥面的不利环境，测定环氧沥青和 SBS 改性沥青在受到水损害、老化后斜剪强度和拉拔强度的变化情况。

2. 沥青混凝土基层

为了真实模拟实际工程中沥青混凝土路面加铺环氧沥青路面的工作情况，本试验采用“2cm 环氧沥青混合料（SAC-10、SAC-13、AC-10 和 SMA-8）超薄罩面层＋防水黏结层＋

(5cmAC-20 和 5cmAC-13) 沥青混凝土”的结构体系（图 6.1)，室内试验包括路面结构组合、黏结方式、黏结材料三因素的正交试验，以及老化、高温、浸水等不利条件下的剪切试验，具体内容如下：

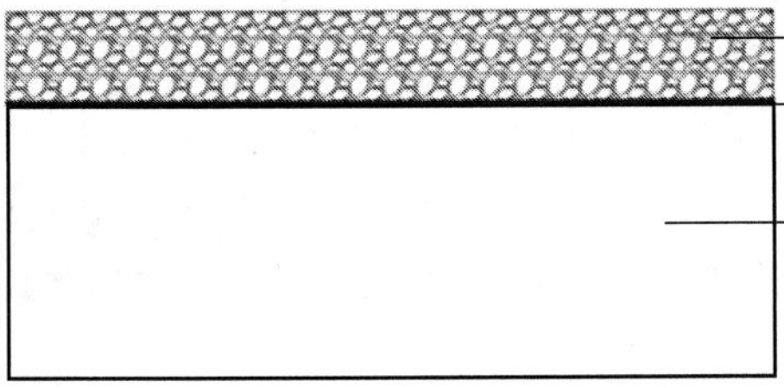

图 6.1　试验模型结构

① 针对不同路面结构组合形成的界面，为了分析热黏结施工工艺对沥青混凝土路面环氧沥青超薄罩面铺装层层间抗剪性能的影响情况和确定路面结构组合（A)、黏结方式(B)、黏结材料（C）及三种因素的交互作用（A×B、A×C、B×C）对环氧沥青超薄罩面铺装层层间抗剪性能影响的主次顺序及其显著性，以层间最大抗剪强度为评价指标，利用正交试验方法来设计试验方案，具体考察的因素及水平见表 6.1。

表 6.1　因素水平表（水平）

水平	因素		
	路面结构组合（A)	黏结方式（B)	黏结材料（C)
1	SAC-13（上层）＋AC-20（下层）	热黏结	有最佳用量黏结材料
2	SAC-10（上层）＋AC-20（下层）	冷黏结	有最佳用量黏结材料
3	AC-10（上层）＋AC-20（下层）	—	—

为考虑交互作用的三因素不等水平正交试验，为全面了解因素 A 对层间抗剪强度影响的显著性，采用了部分追加法进行试验设计。设计试验方案时先不考虑 A3，这样每个因素均变成 2 个水平，便可把 A1、A2 同 B、C 因素及其交互作用体现在 L_8（2^7）正交表中，然后将水平 A1 替换为 A3 进行追加试验，每个试验方案设置 4 次重复试验，表头设计见表 6.2。

表 6.2　表头设计

结构组合	黏结方式	结构组合与黏结方式的交互	黏结材料	结构组合与黏结材料的交互	黏结方式与黏结材料的交互	误差列
A	B	A×B	C	A×C	B×C	—

② 选择环氧黏层材料洒布量为 0kg/m²、0.4kg/m²、0.6kg/m²、0.8kg/m² 和 1.0kg/m²，在试验温度为 25℃、40℃和 60℃下分别进行复合试件层间斜剪试验，探究环氧黏层材料洒布量对层间抗剪强度的影响。

③ 选择层间无黏结材料、基质沥青黏层和 SBS 沥青黏层，在环境温度为 25℃、40℃和 60℃条件下分别开展复合试件层间斜剪试验，另一组层间斜剪试验在温度为 60℃恒温

水浴条件下进行，高温水浴放置时间为48h。以此探究温度、水和黏层材料对层间抗剪强度的影响。

④ 将复合试件在温度为（85±3)℃的烘箱中强制通风条件下不间断加热120h（5d)，后经冷却16h后再放入25℃环境箱中保温至少4h，最后开展界面老化层间抗剪强度试验，探究界面老化对不同黏结层层间抗剪性能的影响。

⑤ 采用冻融方式模拟更为严苛的环境条件，将试件经真空饱水后放入－20℃冰箱中冷冻16h，随后放入60℃恒温水浴中浸泡8h，该过程即一次冻融循环。结合试验条件，共进行3次冻融循环，再进行复合试件层间斜剪试验，探究冻融循环对层间抗剪强度的影响。

6.1.2 试件制备及层间处理

1. 水泥混凝土基层复合试件

首先，按照C40强度等级水泥混凝土配合比拌制水泥混凝土，根据《公路工程水泥及水泥混凝土试验规程》(JTG 3420—2020）要求，通过振动密实成型法利用沥青混合料车辙板试模制备尺寸为30cm×30cm×5cm的水泥混凝土试件，待水泥混凝土面板初凝后(养7d）脱模，使用角磨机对其表面进行去除浮浆并横向刻槽（槽的宽度约9mm、深度约4mm、间距约10mm)，再将试件清洗干净并自然干燥，将水泥混凝土面板置于标准养生条件下，养生28d使其达到设计强度，横向刻槽的水泥混凝土试件如图6.2（a）所示。

将养生结束的水泥混凝土面板装入自行加工的30cm×30cm×7cm模具中，使用毛刷涂布设计用量的黏结材料，如图6.2（b）所示。

根据《公路工程沥青及沥青混合料试验规程》(JTG E20—2011)，采用后掺法施工工艺在其上加铺2cm厚SAC-10环氧沥青混合料（轮碾方向垂直于横向刻槽方向）碾压过程如图6.2（c）所示，然后带模放入120℃的恒温烘箱中养生4h，常温放置24h，为消除养生时间长短对其试验结果造成误差，养生均记录时间，养生完成后放置24h后进行拆模，如图6.2（d）所示。

(a) 水泥混凝土面板　(b) 洒布黏结材料　(c) 碾压过程

(d) 洒布黏结材料　(e) 切割过程　(f) 复合式车辙板切割完成试件

图6.2　水泥混凝土基层复合试件制备

最后采用DQ-4型自动岩石切割机将养生后的复合车辙板切割成8cm×8cm ×7cm的复合试件（边缘2cm部分不使用）进行45°斜剪试验和拉拔试验，每组3个平行试件，其切割过程如图6.2（e）所示，切割好的部分试件如图6.2（f）所示。

2. 沥青混凝土基层复合试件

（1）三因素复合试件

下面层AC-20混合料的胶结料为壳牌基质SBS I-D型改性沥青，上面层加铺超薄罩面混合料的胶结料及层间黏结材料均为环氧沥青。其中混合料SAC-13、SAC-10、AC-10和AC-20的最佳油石比分别为5.0%、5.5%、5.8%和4.2%。路面结构组合1、2、3形成层间界面对应的最佳黏结材料洒布量分别为0.97km/m^2、0.86km/m^2、0.65kg/cm^2。四种沥青混合料级配及马歇尔试验结果见表6.3和表6.4。

表6.3　四种沥青混合料级配

沥青混合料类型	筛孔（mm）											
	25.6	19	16.0	13.2	9.5	4.75	2.36	1.18	0.6	0.3	0.15	0.075
SAC-13	100	100	100	96.1	74.4	39.0	30.2	22.7	18.4	14.4	12.0	9.5
SAC-10	100	100	100	100	99.5	32.3	24.0	19.0	16.2	13.6	11.9	9.8
AC-10	100	100	100	100	99.6	45.8	32.3	23.1	17.9	13.1	10.4	8.0
AC-20	100	97.1	89.7	75.0	52.8	35.0	22.5	16.0	12.7	9.6	8.0	6.4

表6.4　四种沥青混合料马歇尔试验结果

级配类型	油石比（%）	最大理论密度（g/cm^3）	毛体积密度（g/cm^3）	孔隙率（%）	稳定度（kN）	流值（0.1mm）
SAC-13	5.0	2.635	2.518	4.4	103.4	2.0
SAC-10	5.5	2.632	2.455	6.4	97.2	2.4
AC-10	5.8	2.578	2.486	3.6	94.9	2.5
AC-20	4.2	2.605	2.483	4.7	9.32	3.9

为了更加准确地测试对比冷黏结与热黏结复合式路面的抗剪强度及真实模拟沥青混凝土路面加铺环氧沥青超薄罩面的实际情况，试验按照现场施工的方式制作复合试件，具体制备过程如下：

① 模拟冷黏结施工工艺：

参照《公路工程沥青及沥青混合料试验规程》（JTG E20—2011）中的试验方法，利用自制可拆卸车辙板试模成30cm×30cm×5cm尺寸的下面层AC-20沥青混合料（记录轮碾方向），室温静置24h，下面层AC-20车辙板如图6.3（a）所示。

安装上面层2cm试模后，利用毛刷撒布设计用量的黏结材料如图6.3（b）所示。

按规程要求在其上加铺相应厚度的环氧沥青混合料，轮碾方向需和下面层轮碾方向一致（记录轮碾方向），然后带模将复合式车辙板放入120℃恒温烘箱中养生4h，常温放置24h，制备出的部分复合式车辙板如图6.3（c）所示。

试件切割步骤同图6.2（e），切割完后放置于25℃恒温鼓风烘箱中24h，以备45°斜剪试验，制备出的部分复合试件如图 6.3（d）所示。

(a) 下面层AC-20车辙板　(b) 洒布环氧沥青黏结材料

(c) 部分复合车辙板　(d) 部分复合试件

图 6.3　水泥混凝土基层复合试件制备

② 模拟热黏结施工工艺：

热黏结施工工艺步骤 a、b 与模拟冷黏结施工工艺 a、b 的不同之处为成型完下面层 AC-20 沥青混合料后，紧接着安装上面层 2cm 试模，在洒布设计用量黏结材料后，放入 (175±5)℃恒温烘箱中保温；步骤 c、d 同模拟冷黏结施工工艺 c、d。

（2）多因素复合试件

试件制备最先需要成型下面层 AC-13 车辙板试件，方法和步骤与三因素复合试件相似，不同点在于 AC-13 采用 0～5mm、5～10mm、10～16mm 集料及矿粉，各比例为 27%、31%、36%及 6%，经马歇尔法设计 C 型密级配（图 6.4），验证其最佳沥青用量为 5.0%。

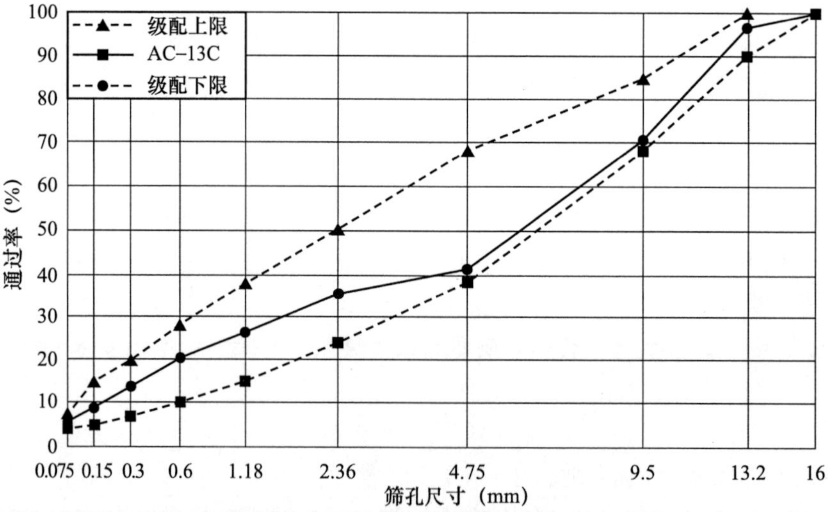

图 6.4　AC-13C 合成级配曲线

复合试件的制备与三因素复合试件的模拟冷黏结施工工艺类似，需要强调的是步骤 b 需将基质沥青和 SBS 沥青宜加热到 150℃以上，以获得良好的流动性，保证涂覆均匀。另外，为促进环氧沥青黏层在养生时快速固化，将加入适量的促进剂，但环氧沥青黏结料温度不宜过高，以免在上面层环氧沥青混合料未加铺前发生固化。

6.1.3 试验仪器及试件加载

斜剪试验、拉拔试验参考美国《用于剪切混凝土的环氧树脂体系的粘结强度的标准试验方法》ASTM C882/C882M-13 及我国《道路与桥梁铺装用环氧沥青材料通用技术条件》(GB/T 30598—2014) 进行。试件加载前，将试验夹具和复合试件放在恒温烘箱内保温 5h 以上，复合试件的斜剪试验和拉拔试验采用 100kN 的 WAW-100B 微机控制电液伺服万能试验机进行，除特别说明外，斜剪试验加载速率均为 50mm/min。

复合试件斜剪试验试件加载：斜剪试验放置复合试件时，复合试件的层间应位于自制 45°斜剪夹具可动部分和固定部分所形成的间隙中部，且剪切方向与轮碾方向一致（斜剪夹具已申请实用新型专利并授权，一种路面结构层间界面抗剪强度测试装置，CN 212514055U），试验夹具见图 6.5 (a)。

复合试件拉拔试验试件加载：用高强度 AB 胶将复合试件和自制拉拔夹具黏结在一起，加载速率为 0.5kN/s。从恒温烘箱内取出复合试件至复合试件加载破坏的时间不超过 30s，试验夹具如图 6.5 (b) 所示。

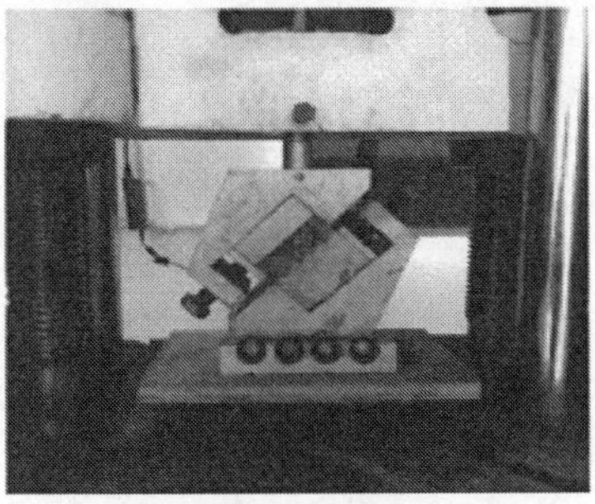
(a) 斜剪试验夹具

(b) 拉拔试验

图 6.5 试验仪器及试件加载过程

6.2 水泥混凝土基层试件层间黏结性能分析

为评价水泥混凝土路面加铺环氧沥青混凝土的层间黏结性能，采用环氧沥青、SBS 改性沥青作为层间黏结材料，利用 6.1.3 节中的自行设计加工的斜剪、拉拔夹具，通过斜剪、拉拔试验，开展了洒布量、试验温度、加载速率、界面浸水及老化等因素对该路面结构形式层间黏结性能影响规律的试验研究，具体内容如下：

6.2.1 黏层油洒布量及温度对剪切强度的影响

以环氧沥青作为黏结材料，其洒布量分别为 $0L/m^2$、$0.4L/m^2$、$0.6L/m^2$、$0.8L/m^2$、

1.0L/m²，试验加载速率为 50mm/min，试验温度分别为 25℃、45℃、60℃。对 C40 水泥混凝土面板＋2cm 环氧沥青 SAC-10 混合料复合试件进行 45°斜剪试验，试验结果如图 6.6 所示。

由图 6.6 可以看出，针对 C40 横向刻槽水泥混凝土面板加铺环氧沥青混凝土超薄罩面的路面结构形式，在三个温度下，无黏结材料时抗剪强度最大，25℃条件下，剪切强度达到 3.93MPa。在洒布环氧沥青黏结材料后，黏结材料用量存在最佳用量值，且 25℃、45℃最佳环氧沥青黏结材料用量为 0.8L/m²，60℃最佳环氧沥青黏结材料用量为 0.6L/m²。

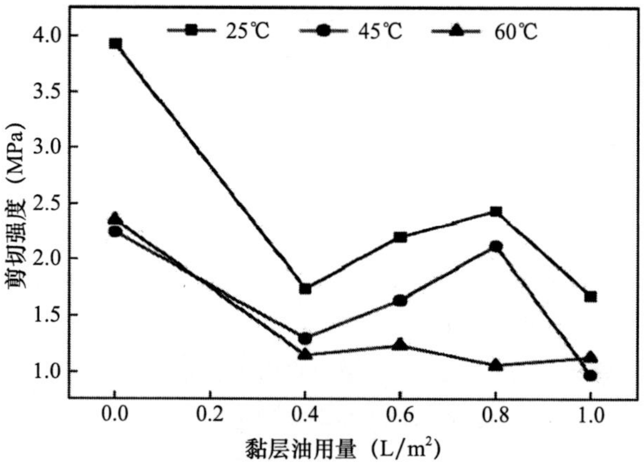

图 6.6　温度及黏层油用量对层间抗剪强度的影响

可以看出，C40 水泥混凝土面板＋2cm 环氧沥青 SAC-10 混合料复合试件层间抗剪切能力随温度上升呈下降趋势，且通过对 0.8L/m² 洒布量的复合试件在三个温度下的剪切强度进行分析，温度上升越高，剪切强度下降幅度越大、越快。虽然在层间无污染条件下无黏结材料的复合试件层间剪切强度最大，但考虑到在沥青水泥复合式路面实际施工过程中，水泥混凝土面板经过铣刨、鼓风机吹净浮土等施工后，表面仍会有一定粉尘，在这种条件下，洒布黏层油可改善层间黏结性能。为最大程度模拟实际施工情况，本节下文皆做洒布黏层油处理。

6.2.2　剪切速率对层间抗剪强度的影响

分别以环氧沥青、SBS 改性沥青作为黏结材料，其洒布量分别为 0.8kg/m²、1.2kg/m²，试验温度为 25℃，进行斜剪试验。目前路面材料的力学试验的加载速率分为快速加载（50mm/min）和慢速加载（1mm/min）两类，为分析不同加载速率对薄层罩面复合试件层间剪切强度的影响，设定了 5 个剪切速率，分别为 5mm/min、10mm/min、20mm/min、40mm/min、50mm/min，试验结果如图 6.7 所示。

由图 6.7 可以看出，加载速率对剪切强度有很大的影响，剪切强度随加载速率的增大而增大。分析其原因是当加载速率较快时，复合试件受到外部荷载作用在层间产生的破坏变形或开裂来不及扩展开，从而使测定的作用峰值荷载增大，当加载速率较低时，复合试件受到外部荷载作用产生的破坏变形或开裂有充足的时间释放，就会使剪切强度降低。

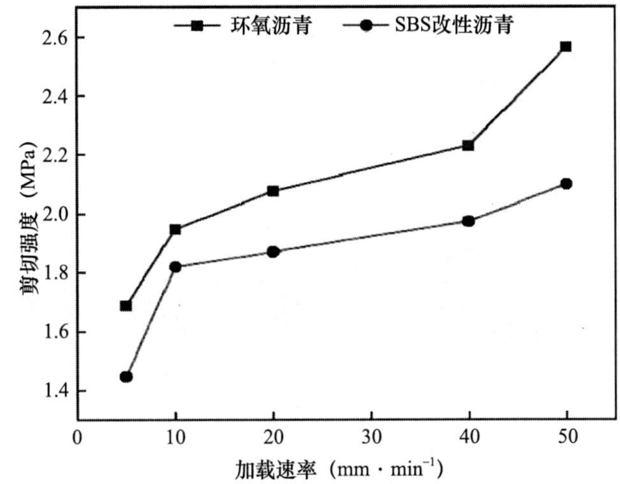

图 6.7 剪切速率与切剪强度的关系

同时也可以看出，铺装结构中黏结材料的类型对剪切强度也有较大影响，在加载速率一定的条件下，环氧沥青剪切强度均明显优于 SBS 改性沥青。当选择快速加载方式时，环氧沥青剪切强度比 SBS 改性沥青高出 22.1%，显示出环氧沥青优异的黏结性能。

复合试件拉拔强度以环氧沥青、SBS 改性沥青作为黏结材料，分别测试 25℃、45℃和 60℃温度条件下，复合试件界面拉拔强度，测试结果如图 6.8 所示。

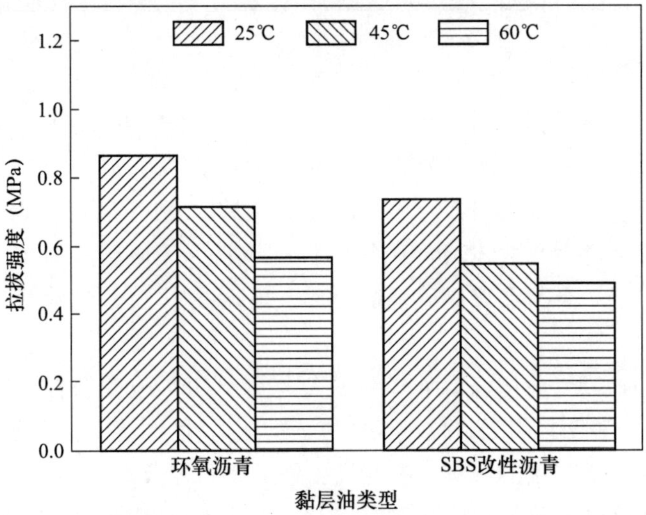

图 6.8 两种黏层材料在三个试验温度条件的拉拔强度对比图

由图 6.8 可以看出，温度及黏层油类型对复合试件的拉拔强度影响显著。在三个试验温度条件下，环氧沥青均比 SBS 改性沥青的拉拔强度大。与常温 25℃相比，60℃条件下环氧沥青和 SBS 改性沥青的拉拔强度分别降低了 34.7%和 33.9%。

6.2.3 界面浸水对界面强度的影响

南方夏季高温多雨，故以浸水损害为其模拟条件，研究不利的自然因素对两种黏结材料黏结性能的影响。参考《公路工程沥青及沥青混合料试验规程》（JTG E20—2011），将试件置于60℃恒温水浴箱中保温48h（图6.9），取出复合试件擦干表面水后再进行界面强度试验，从恒温水浴箱中取出复合试件至测出峰值荷载的时间不超过30s，结果见表6.5。

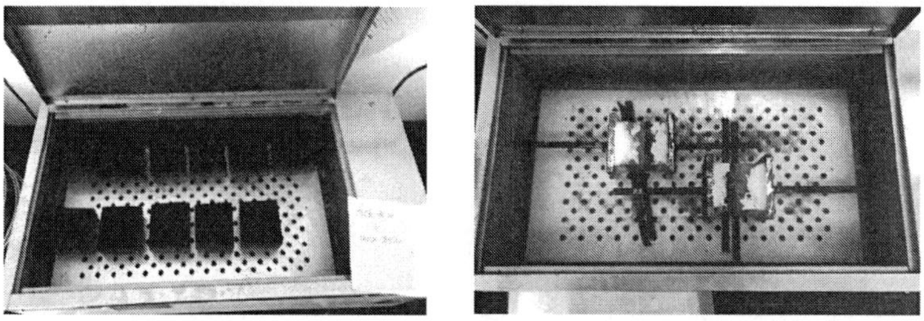

(a) 斜剪试验复合试件浸水　　(b) 拉拔试验复合试件浸水

图6.9　复合试件浸水

表6.5　浸水损害后界面强度测试结果

黏结材料类型	试验类型	浸水前界面强度（MPa）	浸水后界面强度（MPa）	界面强度变化情况（MPa）
环氧沥青	拉拔强度	0.867	0.601	−0.266
	剪切强度	2.565	1.350	−1.215
SBS改性沥青	拉拔强度	0.735	0.512	−0.223
	剪切强度	2.100	0.543	−1.557

1. 由表6.5可知

① 环氧沥青经过浸水损害后，其剪切强度由2.565MPa下降到1.350MPa，下降幅度为47.4%；拉拔强度由0.867MPa下降为0.601MPa，下降幅度为30.7%。

② SBS改性沥青经过浸水损害后的剪切强度由2.100MPa下降到0.543 MPa，下降幅度为75.1%；拉拔强度由0.735MPa下降为0.512MPa，下降幅度为30.3%。

③ 无论浸水前后，环氧沥青黏层油的界面强度均高于SBS改性沥青，表明前者黏附能力优于后者。

④ 浸水后，环氧沥青剪切强度下降幅度大大低于SBS改性沥青，拉拔强度则稍高于SBS改性沥青，充分表明环氧沥青黏结性能方面的耐久性比SBS改性沥青强。

⑤ 界面老化对界面强度的影响。参照《公路工程沥青及沥青混合料试验规程》（JTG E20—2011），将试件放入85℃烘箱中进行高温老化，在强制通风条件下连续加热5d，之后关闭烘箱，经自然冷却16h后，对复合试件进行剪切和拉拔试验，测试室温25℃条件下复合试件的拉拔强度和剪切强度。结果见表6.6。

表6.6　老化后界面强度测试结果

黏结材料类型	试验类型	老化前界面强度（MPa）	老化后界面强度（MPa）	界面强度变化情况（MPa）
环氧沥青	拉拔强度	0.867	1.150	0.283
	剪切强度	2.565	2.990	0.426

续表

黏结材料类型	试验类型	老化前界面强度（MPa）	老化后界面强度（MPa）	界面强度变化情况（MPa）
SBS 改性沥青	拉拔强度	0.735	0.290	−0.445
	剪切强度	2.100	1.616	−0.484

2. 由表 6.6 可知

① 老化后环氧沥青黏层油复合试件的剪切强度与拉拔强度均比老化前有不同程度的提升，其中拉拔强度由 0.867MPa 提升到 1.150MPa，提升幅度为 32.6%。剪切强度由 2.565MPa 提升到 2.990MPa，提升幅度为 16.6%。究其原因是本研究选用的环氧沥青由 A、B 组分组成，其中 A 组分为环氧树脂，B 组分为由沥青、固化剂、增容剂及相关助剂按一定比例配制而成的混合物，当环氧树脂与掺入沥青中的固化剂混合后，固化反应便随之开始，体系黏度随着固化反应的进行不断在增大，慢慢形成不熔不溶的三维交联结构，纯环氧沥青黏结材料在 120℃条件下，养生 4h 后，未完全固化，而老化试验条件反而使其得到进一步养生固化，从而使环氧沥青拉拔强度和剪切强度得到提高。

② 老化后 SBS 改性沥青黏层油复合试件的剪切强度与拉拔强度均比老化前有不同程度的下降，其中拉拔强度由 0.735MPa 下降到 0.290MPa，下降幅度为 60.5%。剪切强度由 2.100MPa 下降到 1.616MPa，下降幅度为 23.0%。究其原因是 SBS 改性沥青黏结材料在老化过程中，一些短链碳氢化合物会发生加成、聚合反应，生成长链化合物，使得芳香分和胶质转化成沥青质。沥青中沥青质含量越高，则表面自由能越小，导致 SBS 改性沥青会发生硬化和脆化，最终造成复合试件的界面强度大幅下降。

6.3 沥青混凝土基层试件层间黏结性能分析

6.3.1 试验设计

为研究环氧沥青混合料层间黏结的影响因素及显著性，本节先选择了施工过程中影响环氧沥青混合料层间黏结性能的三因素（路面结构组合、黏结方式、黏结材料），以层间抗剪强度为评价指标，通过正交试验、直观分析与方差分析，研究了三个因素及其交互作用对沥青混凝土路面环氧沥青超薄罩面铺装层层间黏结性能影响的主次顺序及显著性。再通过室内试验进一步探究了多因素（环氧黏层油洒布量、温度、水、黏层材料、界面热老化、冻融循环）对层间抗剪强度的影响：

1. 三因素试验结果分析

正交试验设计表 L_8（2^7）及试验结果见表 6.7，其中试验号 1～8 为未考虑 A3 时的试验方案及结果；试验号 9～16 为将 A1 替换成 A3 时追加的试验方案及结果。由表 6.7 可以看出，在普通沥青路面上加铺环氧沥青超薄罩面的路面层间具有较强的黏结能力。

表 6.7 正交试验设计表及试验结果

试验号	A	B	A×B	C	A×C	B×C	误差	试验结果			
1	1	1	1	1	1	1	1	4.079	4.124	4.041	4.381
2	1	1	1	2	2	2	2	3.359	3.545	3.448	3.857
3	1	2	2	1	1	2	2	3.347	2.857	2.764	2.919
4	1	2	2	2	2	1	1	1.703	2.192	1.982	1.843
5	2	1	2	1	2	1	2	5.123	5.253	5.246	5.349
6	2	1	2	2	1	2	1	4.231	4.276	4.277	4.177
7	2	2	1	1	2	2	1	3.402	3.603	3.516	3.059
8	2	2	1	2	1	1	2	2.769	3.042	2.770	2.458
9	3	1	1	1	1	1	1	4.926	4.750	5.214	4.558
10	3	1	1	2	2	2	2	4.038	3.749	3.762	4.339
11	3	2	2	1	1	2	2	3.080	3.074	3.115	2.989
12	3	2	2	2	2	1	1	2.695	3.011	3.085	2.202
13	2	1	2	1	2	1	2	5.123	5.253	5.246	5.349
14	2	1	2	2	1	2	1	4.231	4.276	4.277	4.177
15	2	2	1	1	2	2	1	3.402	3.603	3.516	3.059
16	2	2	1	2	1	1	2	2.769	3.042	2.770	2.458

采用狄克逊准则（显著性 $\alpha=0.05$）对表 6.7 中的每组试验方案的四个复合试件层间抗剪强度试验结果进行异常值筛选，以消除试验结果误差，结果显示数据均合格。每组试验方案层间抗剪强度的平均值及增加率见表 6.8，路面结构组合对层间抗剪强度影响的规律如图 6.10 所示。

表 6.8 层间抗剪强度的平均值及增加率

组合编号	路面结构组合	冷黏结无黏结材料（MPa）①	冷黏结有黏结材料（MPa）②	热黏结无黏结材料（MPa）③	热黏结有黏结材料（MPa）④	增加率（%）		
						（②－①）×100/①	（③－①）×100/①	（④－①）×100/①
1	SAC-13 AC-20	100	100	100	96.1	39.0	30.2	22.7
2	SAC-10 AC-20	100	100	100	100	32.3	24.0	19.0
3	AC-10 AC-20	100	100	100	100	45.8	32.3	23.1

2. 路面结构组合对抗剪强度的影响

根据表 6.8 和图 6.10 可知，不同路面结构组合形成层间界面的抗剪强度差异很大。在相同的层间处理方式下，组合 2 的抗剪强度最大，组合 3 次之，组合 1 最小，出现这种情况

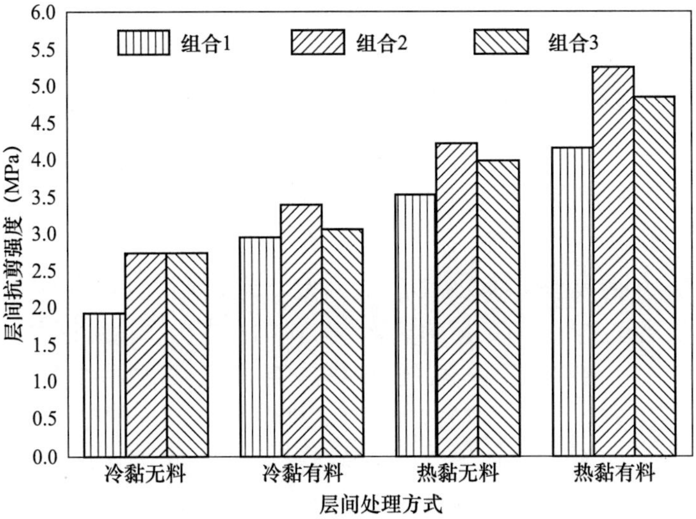

图 6.10 路面结构组合对层间抗剪强度的影响

的原因主要是与层间两侧级配类型有关。复合式路面层间抗剪强度由矿料级配之间的机械咬合力、黏结材料与集料层的黏结力以及黏结材料自身的内聚力三部分组成。组合 2 的罩面层级配为 SAC-10，该类级配具有较好的构造深度，SAC-10 混合料构造突出部分能和中面层沥青混合料构造下凹部分相互咬合，增大了层间的机械咬合力，故层间的抗剪强度最大。组合 3 的罩面级配为密实型细粒式级配 AC-10，其在碾压过程中，混合料直接填充到中面层的下凹部分，层间矿料的嵌挤力较弱，故层间抗剪强度居中。而组合 1 的罩面级配为 SAC-13，其矿料粒径相对较大，混合料表面凸出构造不利于嵌入中面层下凹的构造中，抗剪强度主要由黏结材料自身的内聚力和黏结材料与集料层的黏结力提供，故其层间抗剪强度最小。

3. 层间处理方式对抗剪强度的影响

不同层间处理方式对复合试件抗剪强度的影响也不同，但是对于同一路面结构组合，不同层间处理方式下的抗剪强度按以下规律递增，即冷黏结无黏结材料＜冷黏结有黏结材料＜热黏结无黏结材料＜热黏结有黏结材料。相比于层间未做任何处理（冷黏结无黏结材料）的抗剪强度，黏结材料、热黏结及两者的联合三种工艺对复合试件层间抗剪强度的平均增长率分别为 29.5%、60.7%、94.1% 。

不同层间处理方式对三种路面结构组合的复合试件抗剪强度的影响程度不同：

相比于层间未做任何处理（冷黏结无黏结材料）的抗剪强度，不同的路面结构组合，洒布环氧沥青黏结材料时的层间抗剪强度的增长率按以下规律递减：组合 1（53.99%）＞组合 2（23.01%）＞组合 3（11.54%）。

相比于层间未做任何处理（冷黏结无黏结材料）的抗剪强度，不同的路面结构组合，采用热黏结工艺时的层间抗剪强度的增长率按以下规律递增：组合 3（44.54%）＜组合 2（53.62%）＜组合 1（84.05%），而且热黏结工艺对组合 2 和组合 1 的抗剪强度贡献率超过 50%。

相比于层间未做任何处理（冷黏结无黏结材料）的抗剪强度，不同的路面结构组合，层间既采用热黏结工艺又采用洒布黏结材料时的层间抗剪强度增长率按以下规律递增：组合3（76.93%）<组合2（89.96%）<组合1（115.34%），而且层间采用热黏结工艺和洒布黏结材料的联合处理措施时，对三种路面结构组合的复合试件抗剪强度贡献率均超过70%。

4. 方差分析

按照文献中的相关方法，对表6.8中的试验结果进行方差计算和分析，计算结果见表6.9，由表6.9可知：

1. 根据均方差V的大小，可以确定三种因素及其交互作用对沥青混凝土路面环氧沥青超薄罩面加铺层层间抗剪强度的影响显著性，排列顺序为：黏结方式（B）>黏结材料（C）>结构组合（A）>黏结方式与黏结材料的交互（B×C）>结构组合与黏结方式的交互（A×B）>结构组合与黏结材料的交互（A×C）。

2. 结构组合（A）、黏结方式（B）及黏结材料（C）的F值均大于对应的$F_{0.01}$（f，f_e），故这三种因素对抗剪强度的影响均为高度显著，但影响的程度不同：黏结方式（B）的F值最大（633.05），所以黏结方式对普通沥青路面环氧沥青超薄罩面加铺层层间抗剪强度的改善起着决定性作用；黏结材料（C）与结构组合（A）的F值之差为102.41，故在层间洒布环氧沥青黏结材料比改变环氧沥青超薄罩面面层级配对抗剪强度增强效果好；结构组合与黏结方式的交互（A×B）和结构组合与黏结材料的交互（A×C）的F值均小于对应的$F_{0.1}$（f，f_e），故这两种交互作用对层间抗剪强度改善作用很小，为非显著因素，而且$V_{A\times C}$（0.02）小于第一类误差的均方差V_{e1}（0.05），可将$V_{A\times C}$并入总误差e中；黏结方式与黏结材料的交互（B×C）的F值介于对应的$F_{0.05}$（f，f_e）和$F_{0.1}$（f，f_e）之间，故其为有一定影响因素，同时可以看出$F_{(B\times C)}$远远小于黏结方式（B）和黏结材料（C）的F值，故于普通沥青路面加铺环氧沥青超薄罩面时，同时采用热黏结工艺和洒布环氧沥青黏结材料两种方法，不如单独采用其中一种对层间抗剪强度的改善程度大。

表6.9　正交试验结果方差分析

源	Ⅲ类平方和 S	自由度 f	均方差 V	F值	临界值 F_{cr}	显著性
A	6.11	2	3.06	49.64	$F_{0.01}$（1，38）=7.36	高度显著
B	38.97	1	38.97	633.05	$F_{0.05}$（1，38）=4.10	高度显著
C	9.39	1	9.39	152.05	$F_{0.1}$（1，38）=2.85	高度显著
A×B	0.17	2	0.09	1.40	$F_{0.01}$（2，38）=5.22	非显著
A×C	0.05	2	0.02	0.37	$F_{0.05}$（2，38）=3.25	非显著
B×C	0.19	1	0.19	3.07	$F_{0.1}$（2，38）=2.45	有一定影响
第一类误差e_1	0.09	2	0.05			
第二类误差e_2	2.25	2	0.06			
总误差e	2.34	36	0.06			
总和T	57.21	38				

注：第一误差Ⅲ类平方和S_{e1}是根据正交表的空白列计算得到，第二类误差的S_{e2}是根据每个试验方案重复试验结果内部的偏差平方和汇总得到。

6.3.2 多因素对抗剪强度的影响试验结果分析

1. 环氧黏层油洒布量对层间抗剪强度的影响

黏层油用量显著影响层间黏结性能，若过少则层间有效接触面积变少，导致抗剪切能力不足；若用量过多则在层间起“润滑作用”同样影响剪切性能，因此黏层材料的用量合理即可，过犹不及。其试验结果如图 6.11 所示。

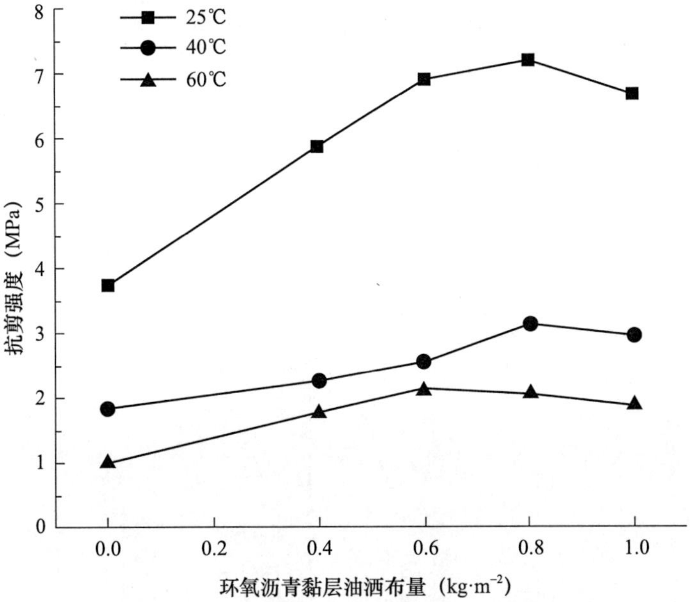

图 6.11 环氧黏层油洒布量对抗剪强度的影响

由图 6.11 可以看出，复合试件在 25℃、40℃和 60℃条件下，抗剪强度均随黏层油用量的增加先增大后减小，三者总体趋势表现一致。相同洒布量下，抗剪强度随温度升高而减小，其中 25℃时的抗剪强度远大于 40℃和 60℃时的抗剪强度，且温度、水和黏层材料对层间抗剪强度的影响温度从 25℃升高至 40℃时的抗剪强度衰减率明显大于温度由 40℃升高至 60℃时的抗剪强度衰减率，这表明温度显著影响层间黏结性能，且温度越高，层间黏结性能越差。25℃和 40℃时环氧最佳洒布量为 0.8kg/m^2，而 60℃时环氧最佳洒布量为 0.6kg/m^2，因此说明环氧黏层油最佳用量与温度有关。不同的是 25℃时抗剪强度受洒布量影响非常显著，而中高温 40℃与 60℃条件下，不同洒布量下的抗剪强度差异相对较小，表明温度升高黏层洒布量对抗剪强度的变化敏感性减小。由于三种温度下的最佳黏层油用量仅差 0.2kg/m^2，且洒布量对高温敏感性较小，因此为后续试验方便且同时兼顾常温、中温及高温抗剪切性能需求，确定环氧沥青黏层油最佳用量为 0.8kg/m^2。

2. 温度、水和黏层材料对层间抗剪强度的影响

从图 6.12 可知，同种黏层状况下，随温度升高，层间抗剪强度减小。25℃环境温度下的层间抗剪强度明显大于 40℃与 60℃环境温度下的剪切强度，而 60℃环境和水浴两种条件下的各层间抗剪强度差别较小，再次表明温度显著影响层间的黏结性能。环境温度25℃条件下，抗剪强度大小表现为：环氧黏层>SBS黏层>基质沥青黏层>无黏层。40℃及60℃环境条件下的抗剪强度大小表现为：环氧黏层>SBS黏层>无黏层>基质沥青黏层。以上表明，环氧黏层在三种温度条件下层间黏结性能表现更为优异，沥青路面层间洒布黏层材料总体均可不同程度的提高层间黏结性能，但不同温度条件下的影响程度不同。25℃环境温度下，洒布基质沥青黏层抗剪强度增幅不明显，洒布SBS和环氧沥青黏层增幅较显著，尤其环氧黏层抗剪强度达7.2MPa，是无黏层、基质沥青和SBS黏层抗剪强度的1.93倍、1.72倍和1.42倍。中温条件下出现无黏层抗剪强度大于基质沥青的情况，是因为复合试件制备时经历120℃高温养生，基层SBS改性沥青软化与上面层形成了黏结，再加之试验温度升高，原基质沥青黏层内部较接近软化点温度，层间黏结力降低，故抗剪强度表现较无黏层小。

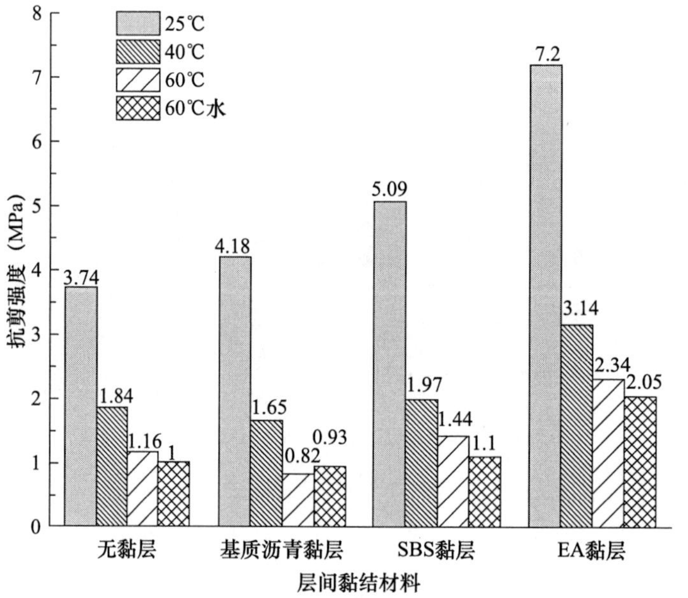

图6.12　不同黏层材料对抗剪强度的影响

然而，在60℃环境条件下，由于沥青表现出典型的黏弹性特性，复合试件层间黏结性能衰减明显；与60℃水浴条件下对比，其抗剪强度表现总体略有衰减，但两者不同层间黏层的抗剪强度大小顺序表现一致。在60℃高温环境或高温水浴下可以发现：① SBS黏层抗剪强度仍高于基质沥青黏层，究其原因是因SBS沥青延性较基质沥青好，高温条件下层间破坏时仍保持拉丝现象（图6.13），黏结力更好，故总体依然高于基质沥青；②无黏层的抗剪强度反而高于基质沥青黏层，60℃水浴条件下与SBS黏层相当，其原因是基质沥青及SBS沥青属热塑性材料，高温下两种材料发软恢复塑性和部分流动性，在层间结合处反而起到“界面润滑”的作用，故抗剪强度降低明显；反之，由于复合试件下面层为SBS改性沥青AC-13混合料，高温下结构内部自由沥青发软析出并渗透到无黏层层间形成二次黏结，再加之试件制备养生时的黏结效果，反而与上面层有更好的黏结效果。因此，高温条件下热塑性黏层材料应适当减少黏层油用量，以最大限度地发挥其黏结性能。

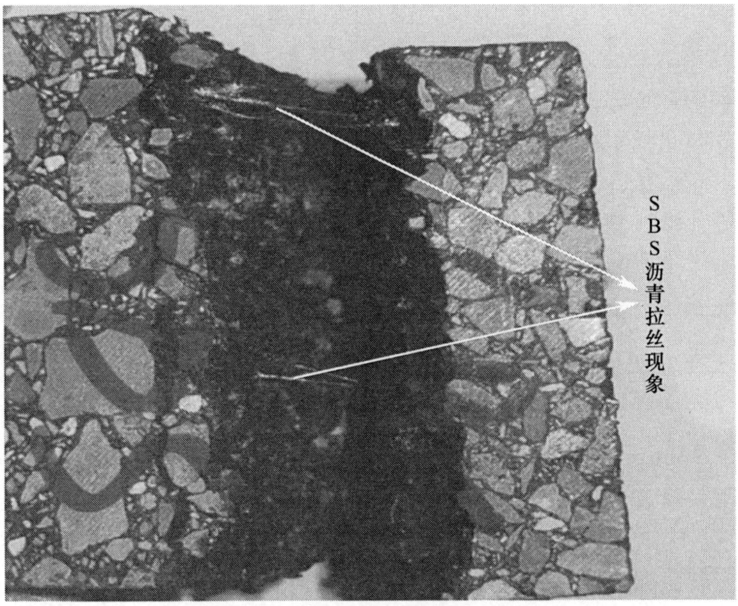

图 6.13 60℃高温或高温水浴下 SBS 沥青黏层破坏界面形貌

图 6.13 还显示，三种条件下，环氧沥青黏层均表现出优异的层间黏结性能。但试验中发现，不同温度条件下，环氧黏层破坏界面形貌与其他黏层破坏界面形貌存在明显的差异，尤其 25℃与 60℃间差异显著，如图 6.14 所示。

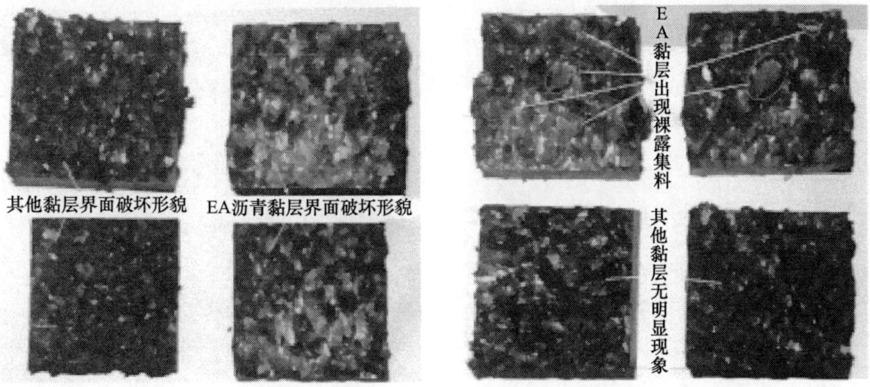

(a) 25℃ (b) 60℃

图 6.14 不同温度下 EA 黏层和其他黏层层间破坏界面形貌

从图 6.14 (a) 中可看出，在 25℃环境温度下，EA 黏层层间破坏界面粗糙，其机械咬合作用过程明显。在承受最大剪应力后，层间发生相对滑移，粗糙界面表明层间的机械咬合力在荷载作用下经历了破坏、重建和再破坏的过程，层间发生较大的摩擦，部分集料承受较大荷载发生推移至破碎，该过程显示出 EA 黏层层间具有优异的黏结性能。其他黏层层间破坏界面机械咬合作用不明显，剪切断裂界面可较清晰地看到洒布的黏层材料，其强度主要来源于层间黏结料的黏结力和上下层间的摩擦力。

在60℃高温或高温水浴条件下，其他黏层层间破坏形貌与25℃环境温度下的层间破坏界面形貌相差不大，但环氧沥青黏层层间破坏界面形貌表现出较大差异。从图6.13（b）中可清晰看到，环氧黏层的层间破坏界面形貌中出现大量的裸露集料，且均是下层AC-13的集料，因此判断在高温条件下复合试件的层间破坏位置并未在环氧黏层界面，而是发生在黏层下面的AC-13沥青层上，其原因是高温下SBS改性沥青AC-13混合料基层发软、强度降低，导致其混合料本身难以抵抗荷载的剪切作用而发生破坏，因此说明高温下环氧黏层仍保持优异的黏结性能且未发生破坏。由于层间剪切位置的限定，高温下环氧黏层的剪切强度实质上是下层混合料的部分抗剪性能。

3. 界面热老化对层间抗剪强度的影响

从图6.15可以看出，界面老化前后无黏层层间抗剪强度差异最大，且表现为老化后剪切强度增大了29.1%，其原因是由于老化温度为85℃左右，下层部分SBS沥青充当了二次黏结的作用，故表现为老化后剪切强度增加。基质沥青和SBS沥青黏层老化后剪切强度分别下降了7.7%和8.3%，其原因是基质沥青和SBS改性沥青由于老化导致沥青成分发生改变，沥青质增多，基质沥青与SBS改性沥青材料变脆，使得层间黏结性能下降；另外EA黏层剪切强度有小幅增加，原因是EA作为黏结料时环氧体系增加，所需固化时间更长，在高温老化过程中又进一步促进了EA的强度增长，因此老化后表现为剪切强度增加。

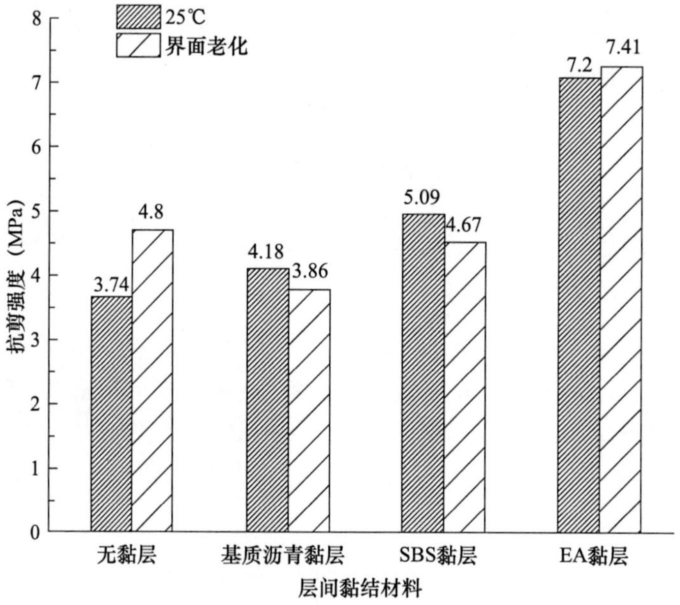

图6.15　界面老化对层间抗剪强度的影响

4. 冻融循环对层间抗剪强度的影响

从图6.16中可知，冻融循环后各黏层层间剪切强度较25℃时有显著降低，各层间黏结状况剪切强度从左到右依次衰减了48.9%、66.7%、72.3%和66.7%，表明冻融作用显著影响沥青路面层间黏结性能。但冻融循环后的层间抗剪强度与高温60℃水浴条件下持续浸泡 48h 的抗剪强度对比可看出，冻融循环作用层间抗剪强度衰减程度小于持续高温浸水条件，表明持续高温条件对层间黏结性能更不利。另外，因冻融过程试件反复经过高温浸水作用，最后再 60℃高温进行试验，所以无黏层的抗剪强度仍大于基质沥青黏层，且在该条件下亦较 SBS 改性沥青黏层大。

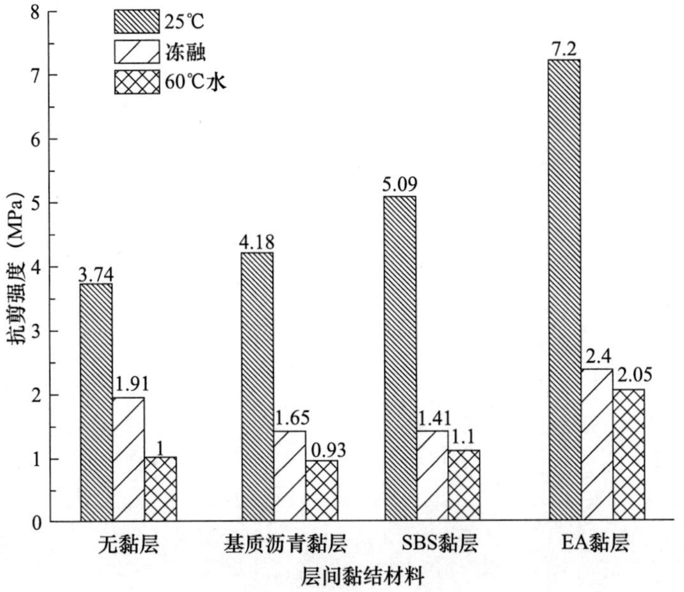

图 6.16　冻融循环作用对层间抗剪强度的影响

5. 综合影响因素分析

结合所有环境影响因素，从宏观整体上对其影响因素的影响程度进行分析，各条件下的层间抗剪强度汇总，如图 6.17 所示。

由图 6.17 可看出，25℃环境及界面老化条件下，所有黏层层间抗剪强度均表现为较高值，其中界面老化后抗剪强度与正常常温下差别最小，是因为老化完成后的试验温度条件仍为 25℃。冻融循环作用、40℃和 60℃环境及水浴条件下，所有黏层层间抗剪强度较 25℃环境及界面老化条件下的抗剪强度均有大幅度衰减，其中 60℃浸水时衰减率最大，无黏层、基质沥青黏层和环氧黏层层间抗剪强度较常温下依次降低了 73.3%、77.8%、78.4%和 71.5%，但与 60℃环境相比差异较小，因此可明显看出，温度是影响层间抗剪强度的最显著因素，经历高温条件后层间黏结性能急剧下降，这也解释了高温地区路面更易出现推移和拥包等病害。另外，环氧沥青黏层在不同因素作用下，与其他黏层相比均有突出优势，证明环氧沥青黏结料具有超高的黏结性能。

综合表明，环氧沥青作为黏层材料具有超高的抗剪切性能，对层间抗剪性能要求高的路面、高等级沥青路面加铺超薄层或刹车制动频繁的长大纵坡、急弯、隧道口等特殊路段宜使用高黏结性能的环氧沥青黏结材料。在高温地区，宜适当降低层间黏层油的用量，充分发挥材料的黏结性能。但在高温地区，即使黏层使用环氧黏层材料，仍有可能出现因下层材料抗剪强度不足而导致的破坏，因此解决路面结构整体的抗剪性能尤为重要。

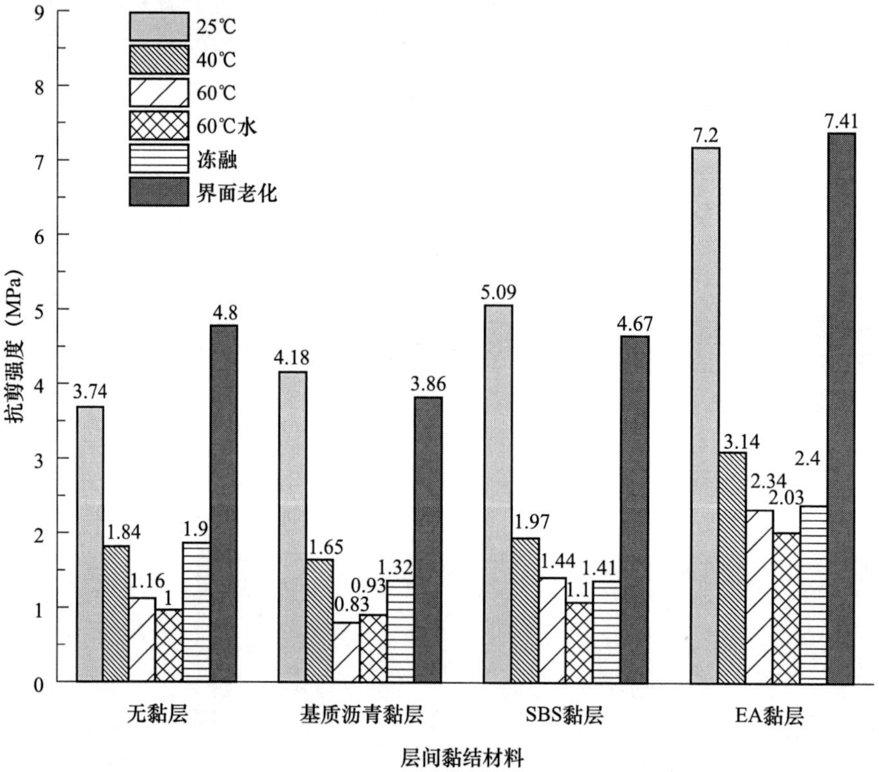

图 6.17　不同环境条件下的层间抗剪强度

7 隧道路面铺装设计及应用

温拌环氧沥青材料、后掺法工艺及装备最早于 2017 年应用于云南省昭通大山包一级公路，经过材料尤其是装备的持续改进后，先后应用于云南省三个州市 6 条高速公路项目，取得良好应用效果。

7.1 项目应用汇总

环氧沥青混凝土目前主要用于大跨径钢桥面铺装，自 2000 年由东南大学、林同炎国际公司在南京长江二桥钢桥面铺装以来，应用越来越广泛，最早铺装的美国旧金山一奥克兰湾区大桥的钢面使用年限已达 50 年，是一种长久的路面结构。环氧沥青混凝土与常用普通或改性沥青混凝土相比，有以下优点：

① 较高的强度和稳定度（是普通沥青混合料的 10 倍，甚至更大，改性沥青混凝土 5 倍以上）。

② 应用温度范围内较好的刚度（模量为 5000～10000MPa，常用沥青混凝土为 900～1200MPa）。

③ 较好的抗蠕变和抗流动性能（常用沥青混合料是一种典型的黏弹性材料，温度敏感性大，高温抗蠕变及流动变形能力差，而环氧沥青作为热固性材料在比服务温度范围大得多的区域仍保持相对高的性能，抗老化性能好，能长期保持良好的弹性特性，抗开裂、抗车辙及抗疲劳性能优）。

④ 较好的黏性（环氧沥青有高渗透性，固化后与水泥或沥青混凝土、钢板等黏结强度高，可增加结构的整体性，延长使用寿命）。

⑤ 耐化学腐蚀性能好（环氧沥青不溶于一般的溶剂，因此车辆即使发生汽油、柴油及机油等漏油现象也不会造成路面损坏）。

⑥ 温拌施工，拌和温度为 125～135℃，摊铺温度为 120～130℃，节能环保。

为探索建造高品质路面，分别在云南省的昭通市、昆明市、大理白族自治州 6 条高速公路项目隧道路面开展示范应用。工程应用规模及结构类型汇总见表 7.1。图 7.1 为禄劝 1 号隧道口。

表 7.1　工程应用概况汇总

序号	项目名称	应用部分或工程		结构设计说明	结构组合		备注（年）
					单幅里程（km）	面积（万 m^2）	
1	大山包一级公路	主线罗马隧道左右幅	隧道路面	26cm 水泥混凝土＋3cmEAC-13C	1.5	1.1	2017
2	宜毕高速公路	主线扎西胜利隧道右幅	隧道路面	26cm 水泥混凝土＋6cmSBS 改性沥青混凝土 AC-20＋2cmEAC-10	3.6	2.9	2020
3	武倘寻高速公路	主线右幅	禄劝 1 号隧道	26cm 水泥混凝土路面＋2cmEAC-13C	3.7	4.4	2020
		主线左幅	寻甸 1 号隧道	隧道或桥面水泥混凝土＋2cmSBS 改性 AC-10＋2cmEAC-13C	3.0	4.3	
		主线左幅	寻甸 2 号隧道	1cm 应力吸收层＋3cmEOGFC	0.53	0.6	
4	青水高速公路	主线左右幅	黎上坪隧道路面	28cm 水泥混凝土＋2cmSAC-10	10.6	8.4	2022
5	大永高速公路	主线右幅	隧道右幅	26cm 水泥混凝土＋3cmEAC-13		22.7	2022
6	宾南高速公路	主线左右幅	隧道路面	2cmSBS 改性 AC-10＋2cmEAC-13C	6.1	5.1	2022

图 7.1　禄劝 1 号隧道口

7.2 隧道路面结构组合

7.2.1 结构组合设计

1. 结构组合

隧道仰拱以上部分的隧道路面结构组合为：

（1）复合式上面层

单层复合式上面层：2cm 或 3cm EAC-13C 细粒式环氧沥青混凝土。双层复合式面层：下层采用 6cm 厚 SBS 改性沥青混凝土 AC-20C 或 2cm 富沥青用量的 SBS 改性沥青应力吸收层，上面层采用 2cm 环氧沥青混凝土 EAC-13。

（2）功能层

上面层与水泥混凝土面层之间的功能层可采用环氧沥青或溶剂型防水材料作为黏结层，纵坡及超高较大时推荐采用环氧沥青黏结剂。

（3）下面层

24～28cm 厚水泥混凝土。

2. 使用寿命预测

鉴于环氧沥青高强度、高柔韧性、抗化学腐蚀及耐高温的优点，且结构设计时空隙率实际孔隙率≤5%，通过性能分析和预测，密实型环氧沥青混凝土路面在使用过程中不会出现坑槽、车辙及水损害等路面病害，并能有效地防止反射裂缝进一步扩展，使用寿命预期可高达 20 年甚至更久，能有效地降低隧道路面的养护维修费用。

3. 路面养生及交通开放

环氧沥青混凝土未固化的性能甚至略低于普通沥青混凝土，马歇尔稳定度约为 5～8kN。施工完成后温度降低到常温时应严禁重载交通车辆通行，待稳定度达 20kN 以上才完全开放交通。养生的时间长短受气温影响较大，炎热天气条件下可 3～5d 后开放，气温约为 20℃时养生周期为 7～14d。

7.2.2 环氧沥青混凝土材料设计

环氧沥青混凝土面层应具有一定的抗滑、平整、高温抗车辙、低温抗开裂性能，同时具有一定抗水损坏以及防水性能。

1. 材料要求

（1）环氧沥青

环氧沥青分为 A、B 两组分，A 组分为环氧树脂材料，B 组分为沥青、环氧固化剂、增容剂、促进剂及其他助剂组成。

（2）粗集料

用于环氧沥青面层的粗集料应洁净、干燥、无风化、无杂质，具有足够的强度、耐磨耗性。厂家应有专门的除尘设备，严格控制针片状颗粒含量、粉尘的含量，采用鄂式机头破、反击式破碎机二破，整形机三破进行破碎，加工成最后的产品应具有良好较正方的颗粒形状。反对鄂式机反复破碎，以防集料产生内伤，影响路面质量。粗集料的质量要求应符合表 7.2 的规定。

表 7.2　环氧沥青混合料粗集料质量技术要求

混合料类型	压碎值	洛杉矶磨耗损失	表观相对密度	吸水率	坚固性	针片状颗粒含量	水洗法<0.075mm	软石含量	磨光值（PSV）	与沥青黏附性
表面层	≤20%	≤25%	≥2.6	≤2.0%	≤12%	≤10%	≤1%	≤3%	≥42%	5 级
下面层	≤28%	≤30%	≥2.5	≤2.0%	≤12%	≤18%	≤1%	≤5%		4 级

说明：表 7.2 中与沥青黏附性表示面层石料达到的黏附等级或经采取抗剥落措施后达到的黏附等级。

（3）细集料

环氧沥青上、下两层混合料的细集料应洁净、干燥、无风化、无杂质，不得采用石屑和天然砂，严禁采用山场下脚料，必须采用石灰岩石料加工制备的适当级配的机制砂。其质量和规格应满足表 7.3 和表 7.4 的要求。

表 7.3　环氧沥青混合料用细集料（机制砂）质量技术要求

表观相对密度	坚固性（>0.3mm 部分）	砂当量	亚甲蓝值	棱角性
≥2.5	≤12%	≥70%	≤5g / kg	≥30s

表 7.4　环氧沥青混合料用机制砂规格

规格	公称粒径	水洗法通过各孔筛的质量百分率（%）							
		9.5	4.75	2.36	1.18	0.6	0.3	0.15	0.075
S16	0～3	—	100	80～100	50～80	25～60	8～45	0～25	0～12.5

（4）矿粉

用于环氧沥青混合料的矿粉应采用石灰岩经磨细得到的矿粉，原石料中的泥土杂质应除净。矿粉应洁净、干燥，能自由地从矿粉仓流出，禁止使用回收矿粉。其质量技术要求见表 7.5。

表 7.5　环氧沥青混合料用矿粉质量要求

试验项目		指标
表观相对密度		≥2.5
含水量（%）		≤1
粒度范围	<0.6mm（%）	100
	<0.15mm（%）	90～100
	<0.075mm（%）	75～100

续表

试验项目	指标
外观	无团粒结块
亲水系数	<1
塑性指数	<4
加热安定性	实测记录

2. 环氧沥青混合料的技术要求

隧道路面采用的环氧沥青混合料矿料级配原则采用粗型（C型）骨架密实型级配，级配范围见表7.6。

表7.6 隧道路面环氧沥青混合料矿料级配及沥青用量

级配类型	通过下列筛孔（方孔筛，mm）的质量百分比（%）						
	31.5	26.5	19.0	16.0	13.2	9.5	4.75
EAC-13				100	100～90	85～68	68～38
级配类型	通过下列筛孔（方孔筛，mm）的质量百分比（%）						沥青用量（%）
	2.36	1.18	0.6	0.3	0.15	0.075	
EAC-13	50～24	38～15	28～10	18～7	14～5	8～4	4.8 ～6.5

各层沥青混合料应满足所在层位的功能性要求，便于施工，不容易离析，各层应连续施工并连结成为一个整体。沥青混合料采用马歇尔试验配合比设计方法，沥青混合料马歇尔试验技术标准见表7.7，并有良好的施工性能。

表7.7 沥青混合料马歇尔试验技术标准

试验项目	击实次数	稳定度（kN）	设计空隙率矿料间隙率（%）				空隙率（%）	流值（0.1mm）	沥青饱和度（%）
			2%	3%	4%	5%			
EAC-13	双面各75次	≥40	≥11	≥13	≥14	≥15	2～5	20～50	60～75

所有沥青混合料必须在配合比的基础上，在规定的试验条件下进行车辙试验、浸水马歇尔试验和冻融劈裂试验，并符合表7.8和表7.9的技术要求，对不符合要求的沥青混合料，必须更换材料或重新进行配合比试验，调整最佳沥青用量的方法提高沥青混合料的水稳性。

表7.8 沥青混合料车辙试验动稳定度技术要求

混合料类型	动稳定度（次/mm）
环氧沥青混合料，不小于	20000

表7.9 沥青混合料水稳定性检验技术要求

混合料类型	冻融劈裂试验残留强度比（%）	浸水马歇尔试验残留稳定度（%）
环氧沥青混合料	≥90	≥90

续表

混合料类型	冻融劈裂试验残留强度比（%）	浸水马歇尔试验残留稳定度（%）
劈裂强度（MPa，15℃）	≥2.0 MPa	

经设计确定的标准配合比在施工过程中不得随意变更。生产过程中应加强跟踪检测，严格控制进场材料的质量，如遇材料发生变化并经检测沥青混合料的矿料级配、马歇尔技术指标不符合要求时，应及时调整配合比，使沥青混合料的质量符合要求并保持相对稳定，必要时重新进行配合比设计。

7.3　配合比设计

7.3.1　原材料

1. 环氧沥青

试验段采用自制双组分环氧沥青，组分 A 是双酚 A 型环氧树脂（E-51），B 组分为基质沥青、固化剂及相关助剂组成的均质混合物，A/B 组分使用质量比为 100∶903。

2. 集料

集料采用大山包一级公路路面一合同段阳光道桥项目部储备集料。粗集料为红岩石场产玄武岩，细集料为汇兴石场产石灰岩，矿粉为拌和站自制矿粉。各种集料均满足《公路沥青路面施工技术规范》(JTG F40—2004) 及设计文件要求，粗细集料的筛分结果见表 7.10。

表 7.10　集料筛分结果

集料规格	通过下列筛孔（方孔筛，mm）的质量百分率（%）												
	31.5	26.5	19	16	13.2	9.5	4.75	2.36	1.18	0.6	0.3	0.15	0.075
1#	100	100	100	100.0	74.9	16.8	0.3	0.0	0.0	0.0	0.0	0.0	0.0
2#	100	100	100	100.0	100.0	99.2	13.0	2.4	0.0	0.0	0.0	0.0	0.0
3#	100	100	100	100.0	100.0	100.0	98.0	24.8	5.2	0.0	0.0	0.0	0.0
4#	100	100	100	100	100	100	100	99.7	74.2	39.8	21.6	12.7	10.4

7.3.2　配合比设计

按照规范要求的马歇尔配合比设计和试验方法进行，设计流程如下：①环氧沥青 A 组分加热到 90℃，B 组分加热到 120℃，集料、矿粉加热到 120℃；②集料、矿粉投入预热到 120℃的搅拌锅内干拌 120s；③加入经称量的环氧沥青 B 组分，拌和 120s；④按照环氧沥青 A/B 组分质量比例 100∶923，加入一定量的环氧树脂 A 组分，拌和 120s；⑤出料；⑥按马歇尔法成型试件，将成型的试件置于 120℃烘箱内恒温 4h，然后取出冷却至室温；⑦检测马歇尔试件各项体积指标和固化后马歇尔稳定度；⑧确定最佳级配和油石比。设计指标见表 7.11。

表 7.11 隧道路面环氧沥青混合料设计指标

试验名称	试验项目	技术指标
马歇尔试验	未固化试件马歇尔稳定度（kN）	≥5.5
	固化试件马歇尔稳定度（kN）	≥40
	劈裂强度（MPa）	≥2.5
	流值（0.1mm）	20～50
	空隙率（%）	≤4
	矿料间隙率（%）	≥13
	沥青饱和度（%）	60～75
浸水马歇尔试验	残留稳定度（%）	≥90
冻融劈裂试验	TSR（%）	≥90
小梁弯曲试验	弯拉应变	$\geq 2.5\times10^{-3}$
车辙试验	动稳定度（次·mm^{-1}）	≥20000

考虑到环氧沥青混合料为热固性材料，其强度形成主要依赖环氧沥青的固化，对集料间的内摩擦力依赖较小，且使用过程中不会二次压密。故在设计过程中，基于保障构造深度的前提下，级配适当偏细，空隙率适当偏低，以保障其密实性。经试验，矿料配合比为1#：2#：3#：4#：矿粉=35：32：7：22.5：3.5，确定最佳油石比为5.3%。矿料级配见表7.12，最佳配合比条件下的环氧沥青混凝土的性能见表7.13。

表 7.12 EAC-13C 矿料合成级配

筛孔尺寸（mm）	16.0	13.2	9.5	4.75	2.36	1.18	0.6	0.3	0.15	0.075
通过百分率（%）	100	94.6	69.5	37.7	28.7	19.5	13.7	9.3	6.8	5.4

表 7.13 环氧沥青混合料性能测试结果

试验项目	试验结果	技术要求
最大理论相对密度（g·cm^{-3}）	2.601	—
毛体积相对密度（g·cm^{-3}）	2.518	—
空隙率（%）	3.2	≤4
矿料间隙率（%）	14.1	≥13
有效沥青饱和度（%）	71.6	60～75
未固化试件稳定度（kN）	5.8	≥5.5
固化试件稳定度（kN）	78.4	≥40
固化试件流值（0.1mm）	28.73	20～50
15℃劈裂强度（MPa）	3.14	≥2.5
残留稳定度（%）	98.6	≥90
TSR（%）	94.7	≥90
60℃动稳定度（次·mm^{-1}）	23700	≥20000

7.4 环氧沥青混合料目标配合比设计

7.4.1 原材料检测

目标配合比是混合料生产配合比调试的依据。设计目标配合比时，使用的粗细集料各档的尺寸规格分别为1#仓（10～16mm）、2#仓（5～10mm）、3#仓（0～6mm），其中粗集料产于乐在石场，细集料产于荣辉石场。使用的填料为沥青拌和站研磨出的矿粉，尺寸规格为（0～0.6mm）。环氧沥青B组分采用项目上面层用国产基质沥青生产。参照《公路工程沥青及沥青混合料试验规程》（JTG E20—2011）对基质沥青的各项关键指标进行检测，检测结果见表7.14，从表7.14中可以看出基质沥青的各项检测指标均符合规范要求。

表7.14 国产基质沥青检测结果

检测项目		单位	技术要求	检测结果
针入度（25℃，5s，100g）		0.1mm	60～80	68.8
软化点（环球法）		℃	≥46	52.2
延度（15℃，5cm/min）		cm	≥100	>100
相对密度（25℃）		—	—	1.029
薄膜加热试验 163℃，5h	质量变化	%	±0.8	0.178
	针入度比（25℃）	%	≥61	67.1
	延度（5cm/min，15℃）	cm	≥15	26

根据《公路工程沥青及沥青混合料试验规程》（JTG E20—2011）对目标配合比用矿料进行检测，粗细集料及矿粉检测结果见表7.15，粗细集料筛分结果见表7.16，从表7.15可以看出，矿料的各项技术指标均符合《公路工程沥青及沥青混合料试验规程》（JTG E20—2011）中的相关要求。

表7.15 目标配合比用粗细集料及矿粉检测结果

矿料类型	检测项目		单位	技术要求	检测结果
粗集料	表观相对密度	1#仓	—	≥2.60	2.902
		2#仓			2.916
	吸水率	1#仓	%	≤2.0	1.3
		2#仓			1.82
	毛体积相对密度	1#仓	—	—	2.798
		2#仓			2.768
细集料	表观相对密度	3#仓	—	≥2.50	2.706
	毛体积相对密度		—	—	2.706

续表

矿料类型	检测项目		单位	技术要求	检测结果
矿粉	表观密度		t/m³	≥2.50	2.695
	含水量		%	≤1	0.3
	加热安定性		—	无明显变色	无明显变色
	粒度范围	<0.6mm	%	100	100
		<0.15mm		90~100	99.4
		<0.075mm		75~100	75.6

表 7.16 粗细集料筛分结果

规格	通过下列筛孔（方孔筛，mm）的质量百分率（%）									
	16	13.2	9.5	4.75	2.36	1.18	0.6	0.3	0.15	0.075
1#仓	100	98.4	19.8	0.6	0.3	0.3	0.3	0.3	0.3	0.3
2#仓	100	100	96.4	5.2	0.7	0.7	0.7	0.7	0.7	0.7
3#仓	100	100	100	92.6	30.8	9.3	3.4	1.8	1.5	1.3

7.4.2 目标配合比设计

1. 矿料级配设计

考虑到铺筑的路面为环氧沥青混合料超薄罩面，既要保证路面有较高的抗滑性能，又要使摊铺碾压后的路面达到均匀密实的整体结构，故目标配合比设计范围在《公路沥青路面施工技术规范》（JTG F40—2004）AC-13 范围的基础上，适当增加粗集料用量并提高 0.075mm 通过率，目标级配各料仓的矿料比例用量见表 7.17，合成级配及曲线如表 7.18 和图 7.2 所示。

表 7.17 目标级配各料仓的矿料比例用量

级配类型		矿料比例（%）			
		1#仓	2#仓	3#仓	矿粉
AC-13	级配 1	20.0%	38.0%	38.0%	4.0%
	级配 2	23.0%	37.0%	36.0%	4.0%
	级配 3	23.0%	39.0%	33.0%	5.0%

表 7.18 矿料的合成级配

级配类型	通过下列筛孔（方孔筛，mm）的质量百分率（%）									
	16	13.2	9.5	4.75	2.36	1.18	0.6	0.3	0.15	0.075
级配 1	99.0	92.0	76.6	42.3	28.1	21.8	17.9	13.7	11.7	8.3
级配 2	98.9	90.8	73.9	40.4	26.9	20.9	17.2	13.2	11.3	8.0
级配 3	98.9	90.8	73.6	38.8	26.0	20.6	17.2	13.5	11.7	8.4

续表

级配类型	通过下列筛孔（方孔筛，mm）的质量百分率（%）									
	16	13.2	9.5	4.75	2.36	1.18	0.6	0.3	0.15	0.075
上限	100	100	85	68	50	38	28	18	14	10
下限	100	90	68	38	24	15	10	7	5	4

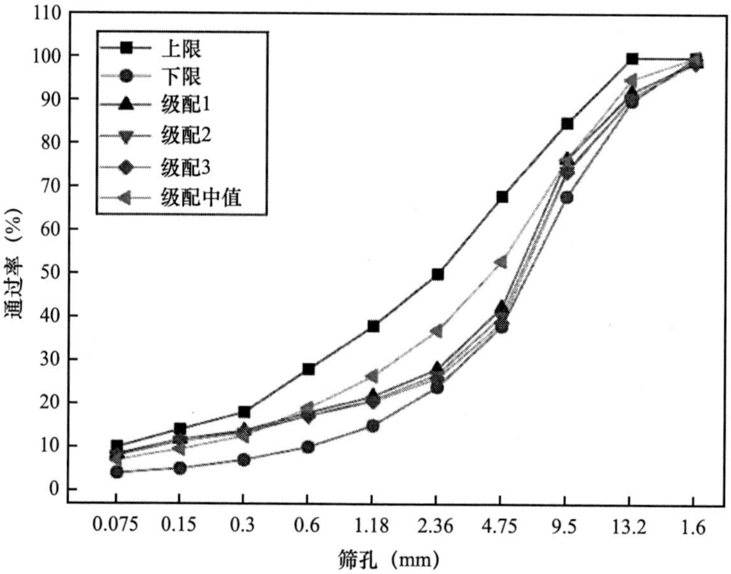

图 7.2　AC-13 环氧沥青混合料设计级配曲线图

采用 5.3% 的油石比对设计的三组矿料级配进行马歇尔检验，试验检测结果见表 7.19。

表 7.19　设计的三组矿料级配马歇尔检测结果

级配类型	油石比（%）	理论最大相对密度	毛体积相对密度（g/cm³）	空隙率（%）	VMA（%）	VFA（%）	MS（kN）	FL（mm）
1	5.3	2.574	2.514	2.4	13.1	82.1	103.44	3.4
2		2.576	2.500	3.0	13.6	78.3	117.46	3.2
3		2.579	2.491	3.4	14.1	75.6	102.03	3.2
要求	—	—	—	≤4.0	≥13.0	≥75	≥40.0	2.0～5.0

从表 7.19 可以看出，三组级配均满足《道路与桥梁铺装用环氧沥青材料通用技术条件》(GB/T 30598—2014) 及相关设计的要求。综合考虑实体工程所在地的气候及工程实际经验，确定级配 2 为设计级配。

2. 最佳油石比的确定

按目标级配的矿料比例，参考《公路沥青路面施工技术规范》(JTG F40—2004) 及文献，采用5.0%、5.3%、5.6%三个油石比进行马歇尔试验，试验结果见表7.20。

表7.20　三个油石比用量下环氧沥青AC-13混合料马歇尔试验结果

油石比（%）	理论最大相对密度	毛体积相对密度（g/cm³）	空隙率（%）	VMA（%）	VFA（%）	MS（kN）	FL（mm）
5.0	2.591	2.480	4.3	14.0	69.5	96.00	3.3
5.3	2.578	2.495	3.2	13.8	76.6	108.94	3.2
5.6	2.567	2.494	2.9	14.1	79.8	108.60	3.4
—	—	—	≤4.0	≥13.0	≥75	≥40.0	2.0～5.0

毛体积密度、稳定度、空隙率、流值、矿料间隙率（VMA）及沥青饱和度（VFA）与油石比的关系如图7.3所示，最佳油石比计算图如图7.4所示。

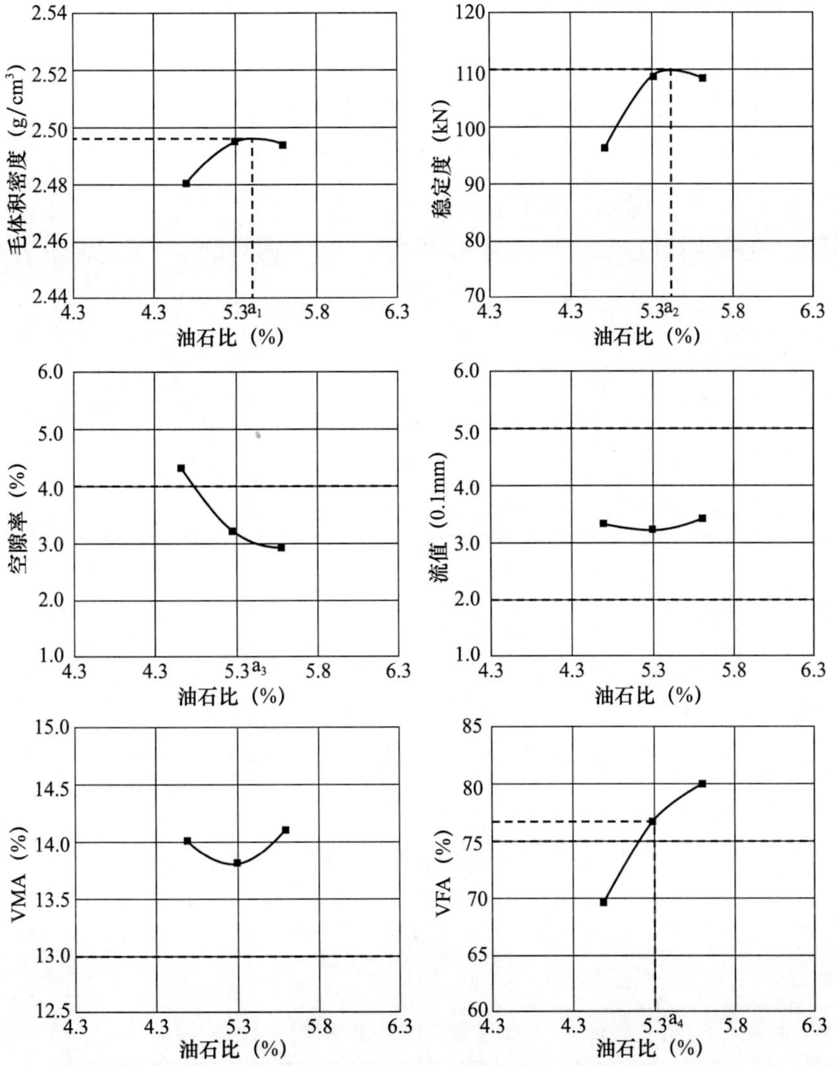

图7.3　马歇尔指标与油石比的关系

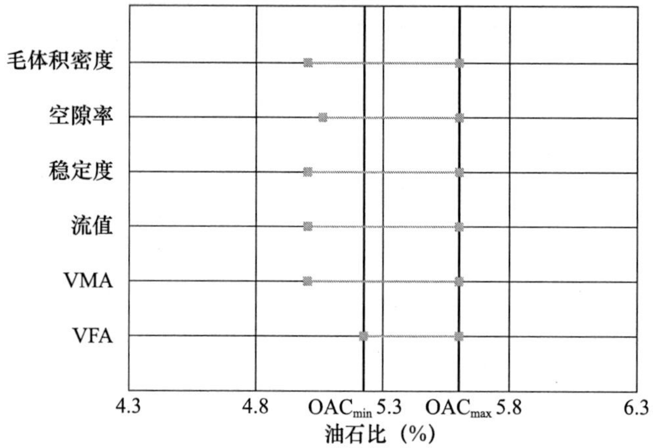

图 7.4　最佳油石比计算图

由图 7.3 可知，a_1＝5.4％，a_2＝5.4％，a_3＝5.4％，a_4＝5.3％，因为所选择的油石比范围没有能覆盖沥青饱和度的要求范围，故 OAC_1＝（a_1+a_2+a_3）/3＝5.4％，OAC_{min}＝5.2％，OAC_{max}＝5.6％，OAC_2＝（OAC_{min}＋OAC_{max}）/2＝5.4％，OAC＝（OAC_1＋OAC_2）/2＝5.4％，综合考虑实体工程所在地的气候及工程实际经验，最终选择 5.3％作为最佳油石比，沥青用量为 5.0％。最佳沥青用量 5.0％的马歇尔试验结果见表 7.21。

表 7.21　目标配合比马歇尔试验结果

理论最大相对密度	毛体积相对密度（g/cm^3）	空隙率（％）	VMA（％）	VFA（％）	MS（kN）	FL（mm）
2.576	2.500	3.0	13.6	78.3	117.46	3.2
—	—	≤4.0	≥13.0	≥75	≥40.0	2.0～5.0

7.4.3　性能检验

根据上述分析结论，在较优矿料级配和最佳沥青用量下，按《公路工程沥青及沥青混合料试验规程》（JTG E20—2011）要求成型相应试件，检验环氧沥青 AC-13 混合料的各项性能，浸水马歇尔试验结果见表 7.22，动稳定度、渗水及构造深度试验结果见表 7.23。

1. 浸水马歇尔试验

表 7.22　目标配合比浸水马歇尔试验结果

试验条件	稳定度（kN）	浸水马歇尔残留稳定度（％）	技术要求（％）
60℃浸水 30min	111.65	91.3	≥90
60℃浸水 48h	101.94		

2. 动稳定度、渗水及构造深度试验

表 7.23 目标配合比动稳定度、渗水及构造深度测试结果

测试指标	试件编号			平均值	技术要求
	1	2	3		
动稳定度（次/mm）	90000	105000	105000	100000	≥8000
渗水系数（mL/min）	7.0	27.0	16.7	17.0	≤120
构造深度（mm）	0.66	0.72	0.72	0.70	≥0.55

从表 7.22 和 7.23 中可以看出，本节设计的环氧沥青 AC-13 混合料的力学性能、水稳定性、高温稳定性能、渗水系数及构造深度均满足《道路与桥梁铺装用环氧沥青材料通用技术条件》(GB/T 30598—2014) 及相关设计的要求。

本节通过试验确定的目标配合比（环氧沥青 AC-13 混合料沥青用量及矿料比例）见表 7.24。

表 7.24 目标配合比

沥青用量（%）	油石比（%）	矿料比例（%）			
		1＃仓	2＃仓	3＃仓	矿粉
5.0	5.3	23	37	36	4

7.5 环氧沥青混合料生产配合比设计

7.5.1 原材料检测

生产配合比可作为沥青混合料生产拌和调试的依据。生产配合比使用的粗细集料为沥青拌和站筛分的热料，其各档的尺寸规格分别为：1＃仓（11～19mm）、2＃仓（6～11mm）、3＃仓（4～6mm）、4＃仓（0～4mm），矿粉尺寸规格为（0～0.6mm）；环氧沥青 B 组分采用项目上面层用国产基质沥青配制。

在实际生产过程中，尤其在赶工期时，拌和站的沥青消耗量很大，沥青罐中的沥青每天都会更新，故有必要在开展生产配合比设计时，再次对其基本三大指标进行测试，具体测试结果见表 7.25，从表 7.25 可以看出基质沥青的三大指标均符合规范要求。

表 7.25 国产基质沥青技术指标测试结果

检测项目	单位	技术要求	检测结果
针入度（25℃，5s，100g）	0.1mm	60～80	69.8
软化点（环球法）	℃	≥45	51.9
延度（15℃，5cm/min）	cm	≥100	>100

粗细集料及矿粉的试验检测结果见表 7.26，粗细集料筛分结果见表 7.27，从表 7.26

可以看出，粗细集料及矿粉的各项检测结果均符合《公路沥青路面施工技术规范》（JTG F40—2004）中相应的要求。

表 7.26　生产配合比用粗细集料及矿粉检测结果

矿料类型	检测项目		单位	技术要求	检测结果
粗集料	表观相对密度	1#仓	—	≥2.60	2.905
		2#仓			2.873
		3#仓			2.814
	吸水率	1#仓	%	≤2.0	1.44
		2#仓			1.54
		3#仓			1.6
	毛体积相对密度	1#仓	—	—	2.788
		2#仓			2.752
		3#仓			2.692
细集料	表观相对密度	4#仓	—	≥2.50	2.687
	毛体积相对密度		—	—	2.687
矿粉	表观密度		t/m^3	≥2.50	2.702
	含水量		%	≤1	0.7
	加热安定性		—	无明显变色	无明显变色
	粒度范围	<0.6mm	%	100	100
		<0.15mm		90～100	90.1
		<0.075mm		75～100	75.6

表 7.27　集料筛分结果

规格	通过下列筛孔（方孔筛，mm）的质量百分率（%）									
	16	13.2	9.5	4.75	2.36	1.18	0.6	0.3	0.15	0.075
1#仓	92.5	58.3	10.5	0.0	0.0	0.0	0.0	0.0	0.0	0.0
2#仓	100.0	98.6	93.2	1.6	0.2	0.2	0.2	0.2	0.2	0.2
3#仓	100.0	100.0	99.4	63.2	0.2	0.1	0.1	0.1	0.1	0.1
4#仓	100.0	100.0	100	98.7	70.7	53.7	44.6	33.3	23.7	9.0

7.5.2　生产配合比设计

1. 矿料级配设计

根据 7.4 节中环氧沥青 AC-13 混合料目标配合比设计结果，初选粗中细三组级配，根据三组级配的试验结果确定生产配合比矿料的较优级配。设计的生产级配各料仓的矿料比例用量见表 7.28，矿料的合成级配及曲线如表 7.29 和图 7.5 所示。

表 7.28 生产级配各料仓的矿料比例用量

级配类型		矿料比例（%）				
		1#仓	2#仓	3#仓	4#仓	矿粉
EAC-13	级配 1	20.0%	38.0%	4.0%	33.0%	5.0%
	级配 2	20.0%	42.0%	0.0%	33.0%	5.0%
	级配 3	19.0%	38.0%	4.0%	33.0%	6.0%

表 7.29 矿料的合成级配

级配类型		通过下列筛孔（方孔筛，mm）的质量百分率（%）									
		16	13.2	9.5	4.75	2.36	1.18	0.6	0.3	0.15	0.075
级配 1		98.5	91.1	79.5	40.7	28.4	22.8	19.8	16.0	12.4	6.8
级配 2		98.5	91.1	79.2	38.2	28.4	22.8	19.8	16.0	12.4	6.8
级配 3		98.6	91.5	80.4	41.7	29.4	23.8	20.8	17.0	13.3	7.6
技术要求	上限	100	100	85	68	50	38	28	18	14	10
	下限	100	90	68	38	24	15	10	7	5	4

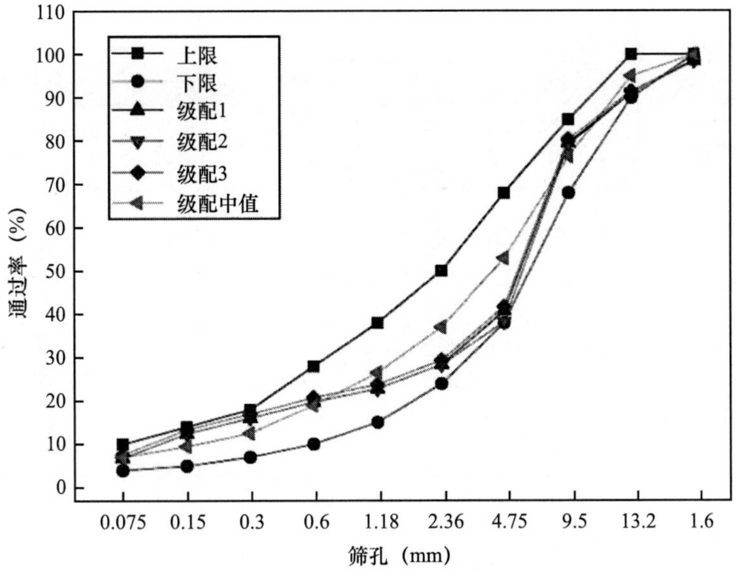

图 7.5 AC-13 环氧沥青混合料设计级配曲线图

以 3%为目标空隙率，采用 5.3%的油石比对设计的三组矿料级配进行马歇尔检测，试验检测结果见表 7.30。

表 7.30 生产级配马歇尔检测结果

级配类型	理论最大相对密度	毛体积相对密度（g/cm³）	空隙率（%）	VMA（%）	VFA（%）	MS（kN）	FL（mm）
级配 1	2.562	2.464	3.8	14.4	73.2	98.91	3.5

续表

级配类型	理论最大相对密度	毛体积相对密度（g/cm³）	空隙率（%）	VMA（%）	VFA（%）	MS（kN）	FL（mm）
级配 2	2.565	2.485	3.1	13.7	77.2	107.07	3.5
级配 3	2.561	2.479	3.2	13.9	76.9	102.30	3.4
技术要求	—	—	≤4.0	≥13.0	≥75	≥40.0	2.0～5.0

从表 7.30 可以看出，级配 1 的有效沥青饱和度不满足技术要求，级配 2、3 均满足《道路与桥梁铺装用环氧沥青材料通用技术条件》（GB/T 30598—2014）及相关设计的要求。综合考虑实体工程所在地的气候及工程实际经验，最终确定级配 2 为设计级配。

2. 最佳油石比的确定

按生产级配的矿料比例，参考《公路沥青路面施工技术规范》（JTG F40—2004）的方法，采用 5.0%、5.3%、5.6%三个油石比进行马歇尔试验，试验结果见表 7.31。

表 7.31　三个油石比用量下环氧沥青 AC-13 混合料马歇尔试验结果

油石比（%）	理论最大相对密度	毛体积相对密度（g/cm³）	空隙率（%）	VMA（%）	VFA（%）	MS（kN）	FL（mm）
5.0	2.578	2.482	3.7	13.5	72.4	90.70	3.1
5.3	2.565	2.491	2.9	13.5	78.6	97.18	3.4
5.6	2.554	2.489	2.5	13.8	81.6	96.41	3.6
—	—	—	≤4.0	≥13.0	≥75	≥40.0	2.0～5.0

毛体积密度、稳定度、空隙率、流值、矿料间隙率（VMA）及沥青饱和度（VFA）与油石比的关系如图 7.6 所示，生产配合比最佳油石比计算图，如图 7.7 所示。

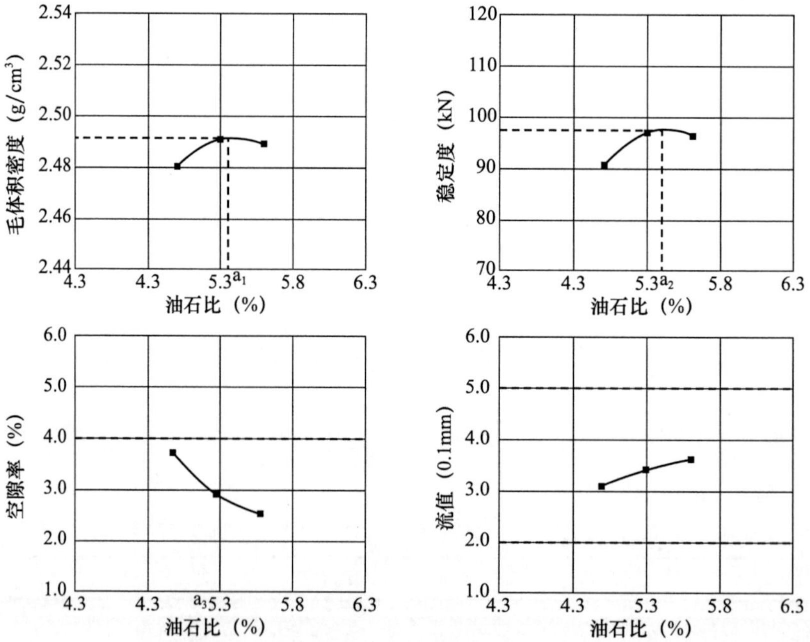

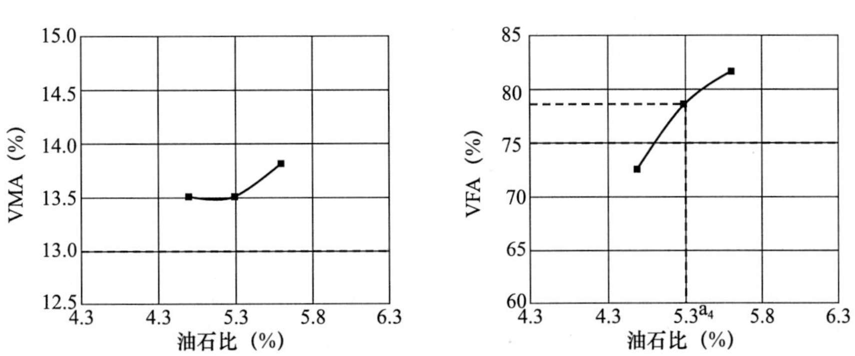

图 7.6　马歇尔指标与油石比的关系

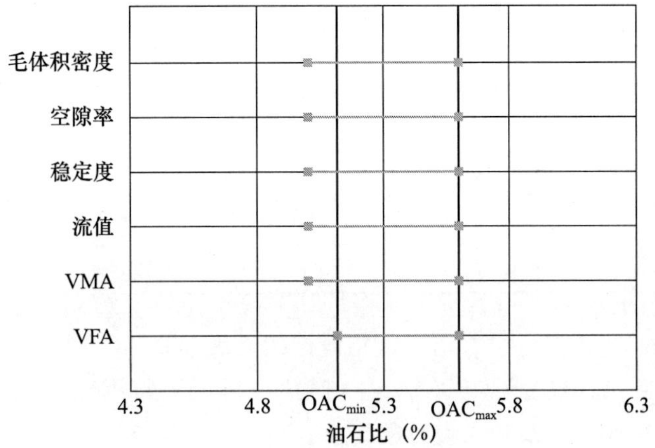

图 7.7　最佳油石比计算图

由图 7.6 可知，a_1=5.4%，a_2=5.4%，a_3=5.2%，a_4=5.3%，因为所选择的油石比范围没有能覆盖沥青饱和度的要求范围，故 OAC_1=（a_1+a_2+a_3）/3=5.3%，OAC_{min}=5.1%，OAC_{max}=5.6%，OAC_2=（OAC_{min}+OAC_{max}）=5.35%，OAC=（OAC_1+OAC_2）=5.3%，最终得出最佳油石比为 5.3%，沥青用量为 5.0%。最佳油石比为 5.3% 的马歇尔试验结果见表 7.32。

表 7.32　生产配合比马歇尔试验结果

理论最大相对密度	毛体积相对密度（g/cm³）	空隙率（%）	VMA（%）	VFA（%）	MS（kN）	FL（mm）
2.565	2.491	2.9	13.5	78.6	97.18	3.4
—	—	≤4.0	≥13.0	≥75	≥40.0	2.0～5.0

7.5.3　性能检验

根据上述检测结论，在较优矿料级配和最佳沥青用量下，按《公路工程沥青及沥青混合料试验规程》（JTG E20—2011）要求成型相应试件，检验生产配合比环氧沥青 AC-13

混合料的各项性能，浸水马歇尔试验结果见表 7.33，动稳定度、渗水系数及构造深度见表 7.34。

1. 浸水马歇尔试验

表 7.33　生产配合比浸水马歇尔试验结果

试验条件	稳定度/（kN）	浸水马歇尔残留稳定度（%）	技术要求（%）
60℃浸水 30min	95.38	99.4	≥80
60℃浸水 48h	94.80		

2. 动稳定度、渗水及构造深度试验

表 7.34　生产配合比动稳定度、渗水及构造深度试验结果

测试指标	试件编号			平均值	技术要求
	1	2	3		
动稳定度（次/mm）	105000	90000	90000	95000	≥8000
渗水系数（mL/min）	10.0	7.0	13.3	10.0	≤120
构造深度（mm）	0.80	0.72	0.80	0.77	≥0.55

从表 7.33 和表 7.34 中可以看出，试验设计的环氧沥青 AC-13 混合料的水稳定性、高温稳定性能、渗水系数及构造深度均满足《道路与桥梁铺装用环氧沥青材料通用技术条件》(GB/T 30598—2014）及相关设计的要求。

通过试验确定的生产配合比（环氧沥青 AC-13 混合料沥青用量及矿料比例）见表 7.35。

表 7.35　生产配合比

沥青用量（%）	油石比（%）	矿料比例（%）				
		1#仓	2#仓	3#仓	4#仓	矿粉
5.0	5.3	20	42	0	33	5

7.6　施工质量检测

7.6.1　燃烧炉级配和油石比检验

使用 LHRS-6 型燃烧炉对拌和楼生产的环氧沥青 B 组分混合料矿料级配和沥青用量进行抽检，煅烧后的环氧沥青 B 组分混合料如图 7.8 所示，矿料级配抽检结果见表 7.36，沥青用量抽检结果见表 7.37。从表 7.36 和 7.37 中可以看出，拌和楼生产出的环氧沥青 B 组分混合料的矿料级配与生产配合比的矿料级配接近，且沥青用量平均值与设定值一致，满足《公路沥青路面施工技术规范》(JTG F40—2004) 及相关设计的要求。

图 7.8　煅烧后的环氧沥青 B组分混合料

表 7.36　级配抽检结果

编号	筛孔尺寸下的通过率(%)									
	16.0	13.2	9.5	4.8	2.4	1.2	0.6	0.3	0.2	0.1
1	100.0	95.8	82.8	40.4	31.8	22.7	17.1	14.3	11.5	7.0
2	100.0	95.7	83.2	40.4	31.7	22.6	17.3	14.2	11.6	6.9
极差	0.0	0.1	0.4	0.0	0.1	0.1	0.2	0.1	0.1	0.1
均值	100.0	95.8	83.0	40.4	31.8	22.7	17.2	14.3	11.6	7.0
设计级配	98.5	91.1	79.2	38.2	28.4	22.8	19.8	16.0	12.4	6.8
级配范围	100	90～100	68～85	38～68	24～50	15～38	10～28	7～18	5～14	4～10

表 7.37　沥青用量抽检结果

拌合楼设定沥青用量(%)	实测沥青用量(%)		
	1	2	平均值
4.53	4.44	4.61	4.53

7.6.2　室内环氧沥青混合料测试结果

为及时评价沥青拌和楼拌制出的环氧沥青 B 组分混合料性能，在拌和楼出料稳定后，使用保温桶将环氧沥青 B 组分混合料从运料车上取至工地实验室，于沥青拌和锅内添加环氧沥青 A 组分并搅拌，成型标准马歇尔试件及车辙板试件，并养生，最后对其力学性能、体积指标、水稳定性及高温稳定性进行测试。马歇尔试验测试结果见表 7.38，浸水马歇尔试验测试结果见表 7.39，车辙试验测试结果见表 7.40。

1. 马歇尔试验

表 7.38　室内马歇尔试验测试结果（理论最大密度为 2.561）

试件编号	毛体积密度（g/cm³）	空隙率（%）	VMA（%）	VFA（%）	MS（kN）	FL（mm）
1	2.474	3.39	14	75.8	81.8	3.4
2	2.481	3.13	13.8	77.3	79.72	3.5
3	2.479	3.21	13.8	76.7	72.8	3.6
4	2.475	3.35	14	76.1	77.56	3.3
5	2.479	3.2	13.8	76.8	83.37	3.4
6	2.474	3.42	14	75.6	88.93	3.3
平均值	2.477	3.3	13.9	76.4	80.7	3.4

2. 浸水马歇尔试验

表 7.39　环氧沥青 AC-13 混合料浸水马歇尔试验测试结果

浸水时间	试件编号	稳定度（kN）	平均值（kN）	残留稳定度比（%）
0.6	1	72.80	80.67	96.3
	2	77.56		
	3	83.37		
	4	88.93		
48	1	79.72	77.65	
	2	73.80		
	3	81.39		
	4	75.67		
技术要求				≥80

3. 车辙试验

表 7.40　环氧沥青 AC-13 混合料车辙试验测试结果

空隙率（%）	车辙动稳定度（次/mm）				
	1	2	3	平均值	技术要求
3.3	63000	57273	70000	63424	≥8000

从表 7.38～表 7.40 中可以看出，拌和楼拌制出的环氧沥青 B 组分混合料在力学性能、体积指标、水稳定性及高温稳定性方面与生产配合比相差不大，均符合相关规范要求。

7.6.3　环氧沥青混合料温度检测

从第 6 章的研究结论可以看出，环氧沥青混合料在各个环节及掺料的温度对其力学及体积指标影响显著，故有必要对每个环节的温度进行实时监控，从原材料方面保障路面的铺筑质量为类似工程的铺筑提供参考和借鉴。拌和楼的沥青、矿料加热温度及环氧沥青 B

组分混合料出厂温度如图 7.9 所示，施工现场得到的环氧沥青 B 组分混合料到达现场温度及环氧混合料摊铺温度、初压温度、终压温度如图 7.10 所示，混合料生产及温度检测如图 7.11 和图 7.12 所示。

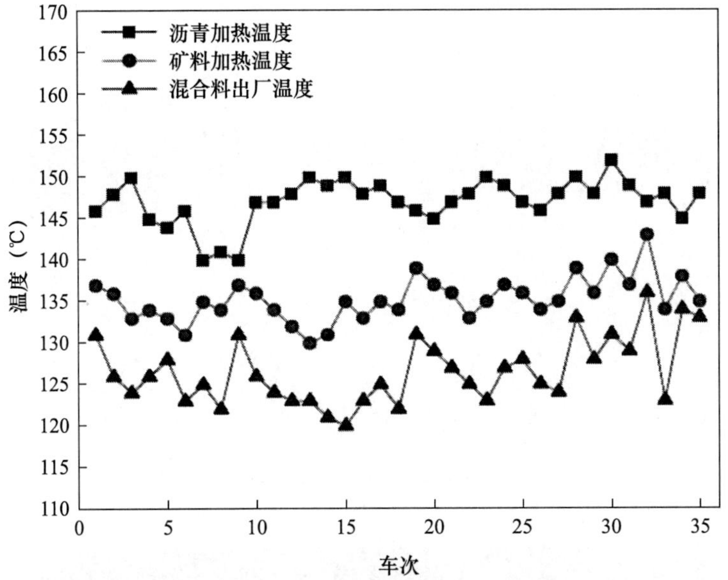

图 7.9　拌和楼温度检测

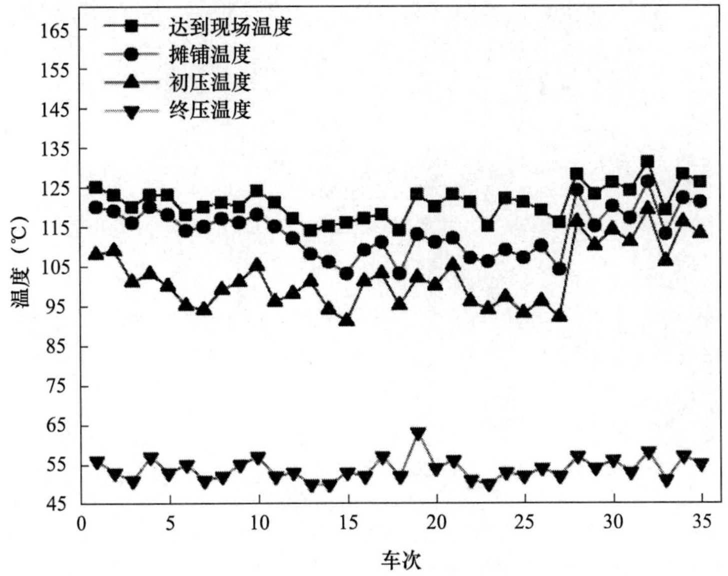

图 7.10　施工现场温度检测

图 7.11　环氧沥青 B 组分混合料生产过程

图 7.12　环氧沥青 B 组分混合料温度检测

7.6.4　现场马歇尔击实试验

由于环氧沥青混合料施工时采用后掺法施工工艺（环氧沥青 A 组分于铺筑现场添加），故通过人工现场成型马歇尔试件的方法可很好地对铺筑质量进行评价。取料时，于标签上记下每次取样的桩号、部位（螺旋、路面）、温度、位置（距中距离）等信息。人工现场成型马歇尔试件的方法为：将导向杆、击实锤、底座及试模带到施工现场，如图7.13所示，需要两人配合完成，在成型试件过程中严格按照《公路工程沥青及沥青混合料试验规程》(JTG E20—2011) 中的要求进行，双面击实75次，施工结束后将现场成型的马歇尔试件带回实验室，在120℃的恒温烘箱中养生4h，室温条件静置24h后，开展其力学及体积指标测试。环氧沥青混合料的理论最大相对密度为2.561，现场击实马歇尔试件测试结果见表7.41。

图7.13 现场成型马歇尔试件

表7.41 现场成型马歇尔试件检测结果

试件编号	取样桩号	取样位置	取样部位	温度（℃）	空隙率（%）	VMA（%）	VFA（%）	MS（kN）	FL（mm）
1	k7+520	居中 2.0m	螺旋	118	3.75	14.3	73.8	67.29	3.6
2	k7+535	居中 6.0m	路面	128.7	5.97	16.3	63.4	64.3	3.6
3	k7+625	居中 11.0m	螺旋	119.5	4.06	14.6	72.2	89.82	3.4
4	k7+640	居中 0.9m	螺旋	131.2	4.49	15	70.1	81.7	3.3
5	k7+648	居中 8.0m	路面	119.1	3.59	14.2	74.7	99.78	3.4
6	k7+660	居中 8.8m	路面	122.7	5.31	15.7	66.2	97.89	3.3

续表

试件编号	取样桩号	取样位置	取样部位	温度（℃）	空隙率（%）	VMA（%）	VFA（%）	MS（kN）	FL（mm）
7	k7+675	居中 5.3m	路面	113.2	5.31	15.7	66.2	96.94	3.4
8	k7+730	居中 10.5m	螺旋	117.6	3.67	14.2	74.2	86.53	3.4
9	k7+775	居中 4.0m	螺旋	121.2	3.55	14.1	74.8	92.13	3.2
10	k7+785	居中 11.5m	螺旋	126.2	4.57	15	69.5	85.17	3.4
11	接缝	边缘	螺旋	97.5	5.82	16.2	64.1	49.01	3.5
极差				33.7	2.42	2.2	11.4	35.48	0.4
变异系数（%）				7.53	19.88	5.51	6.23	15.98	3.59
平均值					4.6	15	69.9	82.8	3.4

从表 7.41 中可以看出，采用环氧沥青混合料后掺法施工工艺铺筑的环氧沥青超薄罩面，在强度指标及体积指标方面均符合规范要求，与 7.4.3 节中生产配合比马歇尔试验检验结果及 7.5.2 节中拌和楼拌制出的环氧沥青 B 组分混合料马歇尔试验检验结果基本一致。同时也可以看出，根据后掺法的工艺特点改装的摊铺机，在路面横纵两个方向上铺筑的环氧沥青混合料均具有较好的均匀性，变异系数较小。

7.7 路面铺筑的效果评价

7.7.1 摊铺厚度

路面厚度是施工过程中质量控制及施工验收的必测项目。铺筑后的第二天，于隧道内的每一个评定路段（1km）选取 10 个测点（100m 设一个测点），使用短脉冲雷达测试系统对其路面铺装厚度进行测试，试验路每个评定路段的厚度测试结果如表 7.42 所示。

表 7.42 摊铺厚度测试结果

桩号	K4～K5	K5～K6	K6～K7	K7～K7+826.55
检测点数	10	10	10	8
厚度平均值（mm）	26	22	23	21
最小值（mm）	21	18	20	18
标准差 S（mm）	3.777	2.221	1.636	2.375
变异系数（%）	14.5	10.1	7.1	11.3

续表

桩号	K4～K5	K5～K6	K6～K7	K7～K7+826.55
单边置信水平$\frac{t_a}{\sqrt{N}}$（保证率95%）	0.580	0.580	0.580	0.670
厚度代表值（mm）	24	21	22	19

该高速公路隧道路面沥青罩面的设计厚度为20mm，根据《公路工程质量检验评定标准 第一册 土建工程》（JTG F80/1—2017）中高速公路沥青上面层的允许偏差值规定（代表值：为设计值的－10%＝－2，合格值：为设计值的－20%＝－4），从表7.42中可以看出四个评定路段的厚度代表值均大于等于设计厚度减去代表值允许偏差，且四个评定路段的每个芯样的厚度均合格，合格率为100%。

7.7.2 密水性能

渗水系数表示路面的抗渗性能，渗水系数越低，路面的抗渗性能越好。于隧道内的每一个评定路段（1km）测定5个测点（每200m设一个测点），每个测点处，在同一断面上，随机选择3个位置测试其渗水系数，求3个位置渗水系数的平均值，代表该测点处的渗水系数，最后计算5个测点的平均值作为该评定路段渗水系数的结果。4个评定路段的渗水系数检测结果如表7.43所示。

表7.43 渗水系数检测结果

桩号	K4～K5	K5～K6	K6～K7	K7～K7+826.55
检测点数	5	5	5	5
平均值（mL/min）	73	76	76	78
标准差S	5.357	6.348	6.877	5.933
变异系数	7.3	8.4	9.0	7.6
最小值（mL/min）	69	66	65	71
最大值（mL/min）	80	83	84	84
合格点数	5	5	5	5
合格率（%）	100%	100	100	100

该高速公路设计的路面渗水系数要求值为小于等于100mL/min，从表7.43中可以看出，4个评定路段的渗水系数均满足该高速公路设计的要求值。

7.7.3 抗滑性能

摩擦系数和构造深度是从微观构造与宏观构造两个角度评价沥青路面抗滑性能的重要指标。为了研究和评价实体工程的路表抗滑效果，本章采用摆式仪测定路面摩擦系数和手工铺沙法测定路面构造深度两个试验方法，对试验路段进行了抗滑性能检测。

1. 摩擦系数

采用 BM-X5 型数字化摆式摩擦系数测定仪对试验路段路面摩擦系数进行测试，每一个评定路段（1km）测定七个测点（大概每 150m 设定一个测点），一个测点前中后选择三个测试位置，求三个摩擦系数的平均值，代表该测点处的摩擦系数值。摩擦系数测试仪如图 7.14 所示，四个评定路段的摩擦系数测试结果见表 7.44。

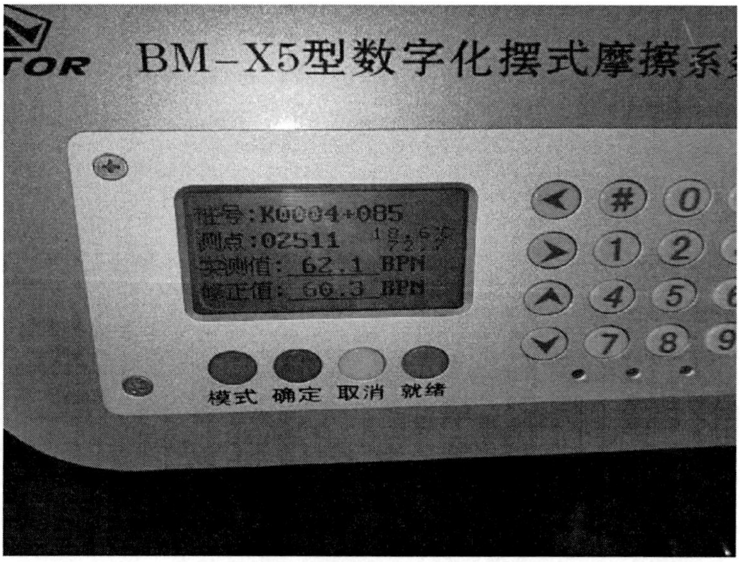

图 7.14　摆式摩擦系数测试

表 7.44　摩擦系数测试结果

桩号	K4～ K 5	K5～ K 6	K6～ K 7	K7～ K 7+826.55
检测点数	7	7	7	6
摩擦系数平均值	66	66	66	66
标准差 S	1.799	1.528	0.816	1.506
变异系数（%）	2.7	2.3	1.2	2.3
最小值	63	64	60	65
最大值	68	69	67	69
合格点数	7	7	7	6
合格率（%）	100	100	100	100

2. 构造深度

采用手工铺沙法对试验路段路面构造深度进行测试，每一个评定路段（1km）测定六个测点（大概 160m 设定一个测点）。每个测点在同一断面上，检测三个不同位置的构造深度，求三个构造深度的平均值，代表该测点处的构造深度值。构造深度测试过程如图 7.15 所示，四个评定路段的构造深度测试结果如表 7.45 所示。

图 7.15　构造深度测试过程

表 7.45　构造深度测试结果

桩号	K4～K5	K5～K6	K6～K7	K7～K7+826.55
检测点数	6	6	6	6
构造深度平均值（mm）	0.85	0.84	0.78	0.75
标准差 S	0.074	0.01	0.043	0.037
变异系数（%）	8.7	8.5	5.5	4.9
最小值（mm）	0.76	0.73	0.71	0.69
最大值（mm）	0.93	0.91	0.83	0.79
合格点数	6	6	6	6
合格率（%）	100	100	100	100

该高速公路设计的摩擦系数和构造深度要求值分别为大于等于 55 和 0.55mm。从表 7.43 和 7.44 中可以看出，环氧沥青超薄罩面在施工完毕后，无论是微观构造还是宏观构造均满足该高速公路的设计要求，具有良好的抗滑性能，能够充分保证车辆在行车过程中的安全性。

7.7.2　平整度

平整度是衡量路面质量、评价行车舒适性的重要指标。本章采用激光平整度仪以约 57km/h 的测试速度对整个隧道环氧沥青超薄罩面实体路段进行平整度检测（以 100m 为计算区间长度）。整个隧道路面的国际平整度指数 IRI 如图 7.16 所示，而平整度（最大间隙率）δ_m 如图 7.17 所示。

《公路工程质量检验评定标准 第一册 土建工程》（JTG F80/1—2004）对高速公路沥

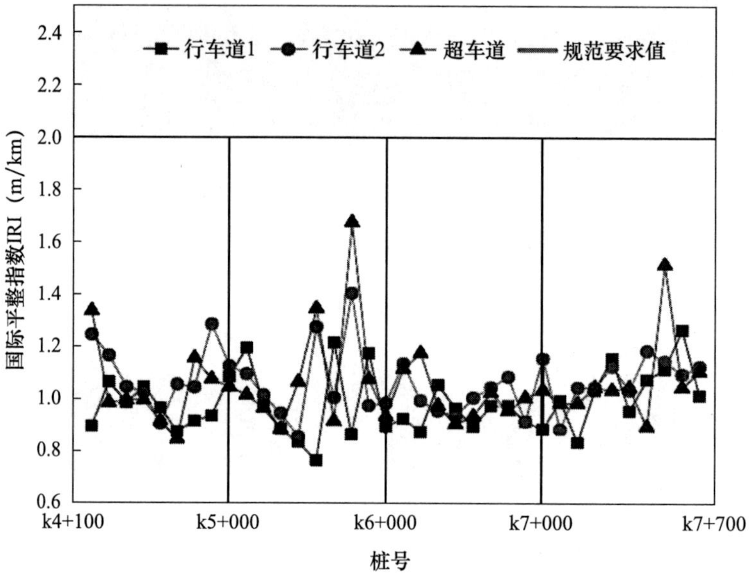

图 7.16　禄劝 1 号隧道国际平整度指数 IRI

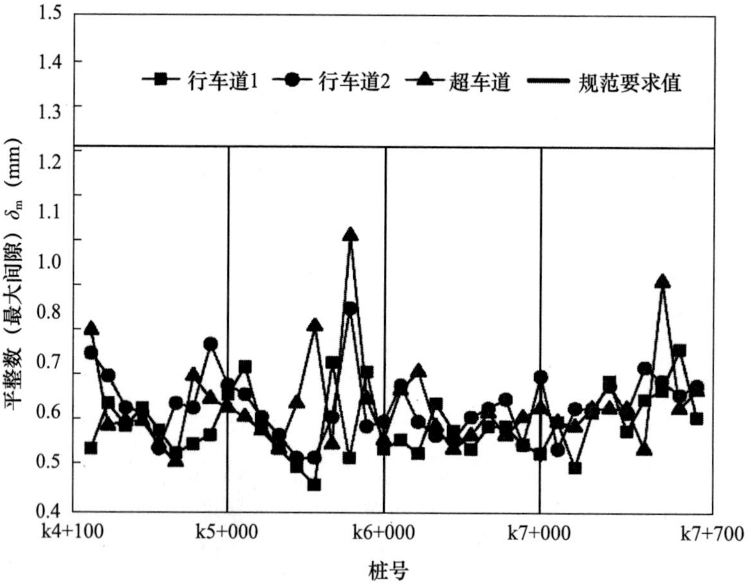

图 7.17　禄劝 1 号隧道平整度（最大间隙率）δ_m

青混凝土面层实测项目中的国际平整度指数 IRI 和平整度（最大间隙率）δ_m 进行了如下规定：IRI≤2.0（m/km），δ_m≤1.2mm，从图 7.16 和图 7.17 中可以看出，实体工程的平整度较好，满足规范要求。